Otfried Höffe
Die Macht der Moral

Otfried Höffe

Die Macht der Moral im 21. Jahrhundert

Annäherungen an eine zeitgemäße Ethik

C.H.Beck

© Verlag C.H.Beck oHG, München 2014
Satz: Fotosatz Amann, Memmingen
Druck und Bindung: Druckerei C.H.Beck, Nördlingen
Umschlaggestaltung: Kunst oder Reklame, München
Gedruckt auf säurefreiem, altersbeständigem Papier
(hergestellt aus chlorfrei gebleichtem Zellstoff)
Printed in Germany
ISBN 978 3 406 66001 6

www.beck.de

Inhalt

Vorwort

Kulturpessimisten glauben, die Welt werde mit jeder Generation schlechter. In Wahrheit hat jede Zeit ihre eigenen Herausforderungen zu meistern, auf die sie in den letzten Dezennien mehr und mehr moralisch sensibel zu antworten sucht. Schon darin zeigt sich die Macht, sogar eine wachsende Macht der Moral.

Niemand sollte freilich so naiv sein zu glauben, man dürfe deshalb mit der heutigen Welt zufrieden sein, weil sie all ihre Herausforderungen sachgerecht und zugleich moralisch angemessen meistere. Ohnehin ist beides umstritten, sowohl die Frage, worin die genaue Herausforderung, als auch die Anschlußfrage, worin die sachgerechte und zugleich moralisch angemessene Antwort liegt. In dieser Situation dürfte der Beitrag der Philosophie von Moral, der philosophischen Ethik, willkommen sein.

Eine Ethik, zumal eine für mündige Bürger, schlägt selbstverständlich keine Rezepte vor. Ihr Medium bilden Begriffe und Argumente, die sich durch eine Rückwendung des Menschen auf sich und seine Welt, also durch den Charakter einer möglichst erfahrungsgesättigten Reflexion, auszeichnen. Auf diese Aufgabe lassen sich die folgenden Überlegungen exemplarisch ein.

Erneut ist meinen Mitarbeitern zu danken, dieses Mal vor allem Karoline Reinhardt, M. A. Und ein besonderer Dank gilt Dr. Wolfgang Hellmich für die Hilfe beim Zusammenstellen dieser Texte.

Tübingen im Sommer 2013   *Otfried Höffe*

1. Einleitung:
Vom Nutzen des Nutzlosen.
Ein Loblied der Philosophie

Einer der «nutzlosen» Zeitgenossen des 20. Jahrhunderts, der Existenzphilosoph Albert Camus, lobt in seiner Autobiographie *Der erste Mensch* die Volksschule. Sie nährte nämlich «einen Hunger, der für das Kind noch wesentlicher war als für den Mann, den Hunger nach Entdeckung» (Camus 1995, 168). Mehr als zwei Jahrtausende früher bringt «der Philosoph», Aristoteles, diese persönliche Erfahrung auf den allgemeinen, anthropologischen Begriff. Seine *Metaphysik* beginnt mit dem Satz: «Alle Menschen streben von Natur nach Wissen.» (980a21)

Wer nach dem Nutzen der Philosophie für heute fragt, muß dieses «heute» bestimmen. Nach meiner Diagnose zeichnet es sich durch vier Faktoren aus. Als erstes leben wir in einem Zeitalter der Ökonomisierung. Mitverantwortlich für diesen Faktor ist ein zweiter, die Globalisierung. Ihretwegen bildet sich ein global gemeinsamer Zivilisationsrahmen heraus, der aber als bloßer Rahmen ein Recht auf Differenz läßt. Dieses Recht macht sich für unsere Breiten der dritte Faktor zunutze, die Entwicklung eines gemeinsamen Europa. Zu den Ursachen der ersten drei Faktoren gehört schließlich der vierte Faktor: Daß wir in einer Wissenschaftsgesellschaft leben. Nach Maßgabe dieser vier Gesichtspunkte, also der Globalisierung und der Ökonomisierung, des gemeinsamen Europa und der Verwissenschaftlichung, fragen wir nach dem Nutzen des Nutzlosen, oder anders ausgedrückt, nach dem Wert der Philosophie (s. auch Kap. 5).

Nutzenfreie Wißbegier

Weder Camus noch Aristoteles binden den Hunger nach Entdeckung an einen Nutzen. Diese Übereinstimmung von Athen bis Algier und über mehr als zwei Jahrtausende enthält eine Botschaft, die die Philosophie unserem Zeitalter der Globalisierung vermittelt: Bei allen Unterschieden darf man nicht das Verbindende übersehen. Andernfalls erliegt man der Fehldiagnose des US-amerikanischen Politikwissenschaftlers Samuel Huntington, der auch politisch gefährlichen These vom «Zusammenprall der Kulturen». In Wahrheit gibt es kulturübergreifende Gemeinsamkeiten. Für die Aufgabe sie herauszustellen, bringt die Philosophie eine besondere Kompetenz mit. Wofür sie gern gescholten wird, erweist sich hier als Vorteil: Als Theorie des Allgemeinen ist sie auch eine Theorie der Humanität, die das die Menschen Verbindende betont. Sie setzt dabei einen Kontrapunkt zum Zeitalter der Ökonomisierung, insofern sie wesentlich das Ziel einer nutzenfreien Wißbegier verfolgt.

Die Rechtfertigung der Philosophie erfolgt nicht etwa über eine obsolete Metaphysik, sondern empirisch. Sie zeigt im Vorübergehen, daß große Philosophie erfahrungsgesättigt ist. Aristoteles beruft sich auf eine Liebe zu den Sinneswahrnehmungen. Diese läßt sich an allen fünf Sinnen durchdeklinieren und wird sowohl von der eigenen Erfahrung, namentlich dem Lernen der Kinder und Jugendlichen, als auch der Sozialforschung bestätigt: Daß der Mensch oft genug das Wissen rein als solches, frei von allen Bedürfnissen und Nützlichkeiten sucht.

Heute, in Zeiten der großen Krise der Europäischen Union, stellt sich die Frage, was Europa denn verbinde, dringender denn je. Ohne Zweifel gehört dazu ein ungestümer Geschäfts- und Handelsgeist. Dessen Folge, ein fast weltweit beneideter Wohlstand, zählt zu den Ursachen der Attraktivität Europas. Wichtiger als Wohlstand ist freilich der Schutz vor Unterdrückung und Bespitzelung sowie vor korrupter Bürokratie und parteilichen Richtern, kurz: eine rechtsstaatliche Demokratie. Und sofern es um Wohlstand und dessen breite Verteilung geht, weiß die Philosophie, daß dies lediglich ein Zwischenziel bildet. Man lebt zwar gern «in Wohlstand», aber nicht «um des Wohlstands willen». Zu den denkbaren Endzielen gehört dagegen die Entdeckungs- und Erfindungslust, und als deren Antriebskraft die Neugier, die sich den Zwängen der Ökonomie nicht beugt. Dafür spielt eine an keine Konfession und Religion gebundene Instanz, die Philosophie zusammen mit den Geisteswissenschaften, eine herausragende Rolle.

Infolgedessen ist diese Situation unverständlich: Während mehr und mehr Studenten aus den neuen EU-Ländern und aus aller Welt an unseren Fakultäten der Philosophie und Geisteswissenschaften studieren, während sie sogar aus China um des Kant-, selbst um des Aristoteles-Studiums willen kommen, schicken unsere Universitätspolitiker sich an, aus der Idee Europa wesentliche Teile herauszubrechen. Denn die universitäre Ausbildung und Forschung gilt ihnen nur dann als förderungswert, wenn sie «Marktfähigkeit» verspricht. Das akademische Prestige mißt sich mehr und mehr an der Fähigkeit, Drittmittel einzuwerben. Statt originärer Forschungsleistungen, nachweisbar in Veröffentlichungen, erwartet man Antrags- und Managerkompetenzen. Nun könnte man die Antrags- und Managerkompetenz für eine Zusatzfähigkeit halten, über die die Professoren, selbst Philosophen verfügen müßten. Tatsächlich fällt man ihnen in den Rücken. Wo man nämlich statt originärer Forschungsleistung Managergeschick prämiert, tritt die fatale Folge ein, daß kreative Selbst-Forscher zu Ideengebern und zu Generalsekretären für die Drittmitteleinwerbung verflachen. In dieser Situation zwingt die Verantwortung für die künftigen Generationen und für den Erhalt des kulturellen Reichtums, ein Loblied auf den Nutzen des scheinbar Nutzlosen zu singen. Die Argumente bündeln sich in der These, daß die Philosophie und die Geisteswissenschaften für demokratische Gemeinwesen, darüber hinaus für eine globale Welt unverzichtbar sind.

Gegen die Vorherrschaft, oft sogar Tyrannis der Ökonomie, eigentlich sogar nur gegen die Diktatur des BWL-Denkens, sollten die Wissenschaften in Solidarität gemeinsam Einspruch erheben. Nur in Klammer: Während kein Kfz- oder Chemie-Unternehmen einen Althistoriker oder einen Astrophysiker in den Aufsichtsrat wählt, schickt man den Hochschulen als Universitätsräte lieber erfolgreiche Unternehmer statt hervorragende Wissenschaftler.

Um bei der Ökonomisierung der Hochschulen leichteres Spiel zu haben, folgen Politiker und Medien dem Grundsatz aufgeklärter Tyrannen: *divide et impera.* So trennen sie die profitfähigen von den profitunfähigen Wissenschaften. Und weil sie die genaue Diagnose scheuen, teilen sie die Welt der Wissenschaften vergröbernd in zwei Hemisphären ein: in die profitschaffenden Naturwissenschaften samt Medizin und Technik und in die profitunfähige Welt der Philosophie und der Geisteswissenschaften. (Man muß die Philosophie hier eigens nennen, da sie nicht nur zu den Geisteswissenschaften gehört. Seit Thales, Pythagoras, Platon, Aristoteles, in anderer Weise seit Descartes und Kant interessiert sie sich nachdrücklich auch, oft sogar primär, für die Mathematik und alle Facetten der Naturforschung.)

Die genannte Diagnose vergröbert die Wirklichkeit nicht bloß, sie verzerrt sie sogar. Denn die Sinologie beispielsweise und die facettenreiche Orientalistik helfen, Kulturen zu verstehen, mit denen wir leben müssen. Dieses Verständnis ist für unsere Medien unverzichtbar, auch für Unternehmer, nicht zuletzt für Politiker, damit sie uns finanziell und politisch kostspielige Fehlentscheidungen ersparen. Eine auch nur halbwegs gründliche Geschichtskenntnis hätte den unheilbringenden Irrtum verhindert, im Irak ließe sich die Demokratie so relativ einfach wie im Nachkriegs-Deutschland einrichten. Denn hier gab es trotz allem anderen eine rechtsstaatliche und demokratische Tradition samt Erfahrung in Pluralismus und weltanschaulicher Toleranz, darüber hinaus eine Bürgergesellschaft und eine liberal-aufklärerische Philosophie und Literatur mit Wurzeln in der gemeinsamen europäischen Kultur. Diese Faktoren waren zwar nicht so gefestigt, daß sie das Hitler-Regime verhinderten; nach Kriegsende konnte man aber gut an sie anknüpfen.

Auf der anderen Seite, den Naturwissenschaften verspricht eine so bahnbrechende Entdeckung wie die spezielle, noch mehr, die allgemeine Relativitätstheorie so gut wie keinen Profit. Ferner: Mit den immer besseren Teleskopen der Astronomen kann man zwar der «Natur» des Universums und mit den immer energiereicheren Beschleunigern der «Natur» der Materie/Energie auf die Spur kommen. Ein wirtschaftlicher Nutzen liegt jedoch, wenn überhaupt, in weiter Ferne. Und im Vergleich mit den Kosten dieser Forschungen erscheinen die der Philosophie gewiß nicht als überhöht. Im Gegenteil: Jeder Finanzminister kann sich über die niedrigen Pro-Kopf-Kosten sowohl der Studenten als auch der Professoren und deren Forschung nur freuen. Trotzdem beugte sich selbst eine aus den Geisteswissenschaften stammende Forschungsministerin der einschlägigen Lobby und setzte zwar Lebens- und Gesundheitswissenschaften sowie Nano- und Automobiltechnologie auf die Prioritätenliste, «vergaß» jedoch die Geisteswissenschaften, obwohl gerade von ihnen seit langem eine Forschung von Weltrang betrieben wird.

Bildung im emphatischen Sinne

Als nächstes ist dem zu kurzsichtigen Verständnis von Wirtschaftlichkeit zu widersprechen. Verlassen wir den Bereich der Texte und verweisen auf Bauwerke wie die ägyptischen Pyramiden und griechischen Tempel, wie die europäischen und außereuropäischen Paläste und Gotteshäuser, ferner auf die großen Parkanlagen der Welt: Sie alle sind weder auf kurzfristigen Nutzen noch aufs bloße Überleben angelegt; sie haben gerade deshalb die Jahrhunderte überdauert und werfen selbst in merkantilen Begriffen, nämlich über den Tourismus, Generation für Generation große Gewinne ab. Die genannten Werke müssen aber erschlossen werden, teils im physischen Sinn, indem man sie ausgräbt oder restauriert, teils im intellektuellen Sinn von Kunstführern und Katalogen. Daß hinter beiden Aufgaben die Arbeit der Geisteswissenschaften steht, weiß – und genießt die Öffentlichkeit seit langem. Und weil man deren Denken längst allerorten studiert, tragen etwa Wittgenstein und der Wiener Kreis den Ruhm von Wien, tragen Hegel, Hölderlin und Schelling den Ruhm von Tübingen und seinem Stift, tragen die Brüder Humboldt mit Hegel und Schleiermacher den Ruhm von Berlin in alle Welt. Schließlich freuen sich die Verleger, daß sie ihre Bücher gut ins Ausland, Heidegger zum Beispiel allein nach Japan etwa zu einem Drittel, verkaufen.

Außerdem darf man nicht vergessen, daß viele Politiker Jus, viele Bankiers und Wirtschaftsführer Volks- und Betriebswirtschaftslehre studiert haben, also Fächer, die von der Warte der Naturwissenschaften zu den politisch geschmähten Geisteswissenschaften gehören. Dort ist aber als Rechtsphilosophie, hier als Wirtschaftsethik die Philosophie gefragt. Auch die innenpolitischen Debatten um die soziale und die intergenerationelle Gerechtigkeit und die entwicklungs- und außenpolitischen Debatten um eine globale Gerechtigkeit lassen sich ohne Begriffe und Argumente einer Philosophie nicht seriös führen. Daher die Gegenthese: Gegen den ökonomistischen Fehlschluß, der die Globalisierung auf die Finanz-, Waren- und Dienstleistungsmärkte verkürzt, verlangt dieses Zeitalter nicht weniger, sondern im Gegenteil mehr an Philosophie. Und aus Gründen der Solidarität darf man ergänzen: auch mehr an Geisteswissenschaften und an naturwissenschaftlicher Grundlagenforschung. Für den sogenannten Realpolitiker mag die These zu vollmundig klingen. Wer sich aber von der dominierenden Hintergrundideologie der Gegenwart löst und für die Realität offen wird, läßt sich überzeugen.

Zuvor eine nicht nur ironische Nebenbemerkung: Unser Zeitalter der Ökokultur bietet jeder überlebensgefährdeten Spezies Schutz an, bis hin zur *Platycleis albopunctata* und der *Metrioptera bicolor*, also der Westlichen und der Zweifarbigen Beißschrecke. Das Minimum einer intellektuellen Ökokultur wäre es, die Philosophie aus Gründen des Artenschutzes zu fördern.

Damit es der Philosophie aber nicht ähnlich wie dem Naturschutz ergehe und sie im Streit mit der Wirtschaft meist den Kürzeren ziehe, suchen wir stärkere Argumente. Ein erstes: In der Philosophie und den Geisteswissenschaften lernt man nicht bloß gewisse Sachverhalte und Techniken; man übt auch Fähigkeiten und Methoden, sogar Haltungen ein, was eine Bildung im emphatischen Sinn erbringt. Man verändert seine Einstellung sowohl gegenüber der sozialen und kulturellen als auch der natürlichen Welt, nicht zuletzt die Einstellung gegenüber sich selbst. Insbesondere die Philosophie vermittelt sehr früh, was bei Philosophen «gebildet» und «allgemein gebildet» heißt. Es ist kein Vorrat konkreter Kenntnisse, der ohnehin rasch veraltet. Gemeint ist der Besitz allgemeiner Gesichtspunkte, mit denen man auch dort treffend mithält, wo man auf neuartige Sachverhalte stößt. Gebildet ist zum Beispiel, wer den Satz vom Widerspruch, also ein grundlegendes Denkprinzip, nicht aus höheren Prinzipien ableiten will, oder wer sachfremde von sachdienlichen Argumenten zu unterscheiden vermag, und heute: wer für die Wirtschaft und die Naturwissenschaften sowohl deren Wert als auch deren Grenzen einzuschätzen versteht.

Nimmt man als Leitfaden der Wertschätzung den vierten Faktor von heute, die Wissensgesellschaft, ernst, so zählen kognitive Kompetenzen. Im Fall der Philosophie, auch der Literatur- und Geschichtswissenschaften, beginnen sie mit einer Art geistiger Wahrnehmung, nämlich der Fähigkeit, selbst komplexe Texte zu lesen. Um simples Lesen, im Fall der Kunst- und Musikwissenschaften um bloßes Sehen und Hören, handelt es sich freilich nicht. Das Wahrnehmen wird zu einer klaren und genauen Beobachtung gesteigert; es wird mit einer Kultur der Phantasie und Einbildungskraft verbunden und zu jener Kunst des Entschlüsselns entfaltet, die den Gegenstand zum Sprechen bringt.

Das Zeitalter der Globalisierung heißt die Philosophie und Geisteswissenschaften auch deshalb willkommen, weil sie mit einer zweiten Wissensleistung, dem Erinnern, den kulturellen Reichtum der Menschheit vergegenwärtigt. Damit verbindet sich drittens eine Urparteilichkeit in der Erinnerung, also anamnetische Gerechtigkeit. Mag andernorts ein Eurozentrismus, häufiger ein Americozentrismus vorliegen – gegen diesen Kulturimperialismus erhebt die Gesamtheit der Geisteswissenschaften einen vehementen Einspruch. Denn studiert werden die sozialen und kulturellen Gegenstände schlechthin aller Gesellschaften und Epochen. Es geschieht freilich nicht – manchen Kollegen ist allerdings zu sagen: es darf nicht geschehen – auf die desaströse Weise, daß man sich auf das Bewahren von Traditionen verkürzt oder gar im Loblied auf Museen mit einer Kompensation des Fortschritts zufrieden ist.

Die Philosophie – mag man einwenden – beschränkt sich in der Regel auf einen kleinen Teil der Weltkultur. Dieser Einwand ist nicht unberechtigt, schlicht berechtigt aber auch nicht. Denn Platon dürfte von ägyptischen Lehren beeinflußt worden sein; im Mittelalter, immerhin einer Epoche von vielen Jahrhunderten, stehen Philosophen sowohl aus der islamischen als auch der christlichen und der jüdischen Welt in engem Gespräch miteinander; die großen Aufklärungsphilosophen Leibniz und Wolff interessieren sich für das chinesische Denken, das in der heutigen Universität im Rahmen der Sinologie ein selbstverständliches Heimatrecht besitzt.

Dabei hat die Philosophie einen großen Vorteil: Sie beruft sich nicht auf kulturelle Besonderheiten, sondern lediglich auf die allgemeine Menschenvernunft und allgemeinmenschliche Erfahrungen. Mag sie auch in *einer* Region der Welt besonders rasch und weit sich entwickelt haben – als Philosophie interessiert sie sich für Grundgedanken aus allen Kulturen und steht ihnen allen offen. Die Philosophie ist von ihrem Wesen her eine die Grenzen, vor allem auch die Religionsgrenzen überschreitende Instanz; sie ist ihrer Natur nach ein Anwalt der gesamten Menschheit.

Im Rahmen der zweiten und dritten Leistung wird eine dem Zeitalter der Globalisierung hochwillkommene Fähigkeit eingeübt, die Sympathie und Empathie mit anderen Kulturen: Wer sich in fremde Denk-, Sprach- und Verhaltensmuster «einlebt», lernt ein dreifaches Verstehen. Er lernt die anderen in ihrer Andersartigkeit, sich und die anderen in ihrer Gemeinsamkeit, schließlich durch den Kontrast sich selbst besser zu verstehen. Damit verbindet sich eine argumentative Klarheit, sprachliche Präzision und methodische Sorgfalt, die dem Vergleich mit den Naturwissenschaften nicht zu scheuen braucht. Und weil man die Kulturzeugnisse, statt sich auf fremde Meinungen zu verlassen, selbst studiert, bildet man sich die eigene Meinung, und gegen die oft fragwürdigen Versprechen politischer Führung entwickelt sich eine kritische Urteilsfähigkeit.

Die Kunst der judikativen Argumentation

Was aber heißt «Kritik»? Gegen eine Verkürzung des Begriffs ist einmal mehr die Philosophie gefragt: Kritisch ist nicht nur, wer sich in der Nachfolge von Marx, in anderer Weise von Nietzsche auf Emanzipation verpflichtet oder wer, wie die Kritiker der sogenannten Globalisierung und der Ökonomisierung, die damit angesprochenen Entwicklungen attackiert. Neben dieser negativen, kompromittierenden oder emanzipierenden Kritik gibt es auch eine positive, also affirmative oder apologetische Kritik. Ursprünglich bedeutet «Kritik» aber, was im intelligenten Feuilleton fortlebt, die Fähigkeit des Unterscheidens und Richtens. So nüchterne Philosophen wie Kant haben diese judikative Kritik beispielgebend praktiziert. Von ihnen lernt man, was die Gegenwart vornehmlich braucht: weder eine bloße Apologie der Globalisierung und Ökonomisierung noch den planen Widerspruch gegen sie, wohl aber die unparteiische Suche nach Für- und Gegenargumenten und deren richterliche Abwägung, eben die judikative Kritik.

Zur judikativen Kritik gehört auch eine «Verblüffungsresistenz», nämlich die Fähigkeit, nicht von jeder Neuerung, weil angeblich eine revolutionäre Veränderung, verblüfft zu sein. Im Zeitalter der Globalisierung beispielsweise erinnert sie an ältere Globalisierungen: Daß sich Philosophie und Wissenschaften, auch Medizin und Technik seit der Antike über die Welt verbreiten; daß dasselbe für viele Religionen zutrifft, die deshalb Weltreligionen heißen; daß schon in hellenistischer Zeit in Annäherung ein Welthandelsgebiet mit Weltmarktpreisen und sogar Welthandelszentren wie Alexandria entstehen und daß in der Zeit der klassischen Goldwährung, also in den Jahren von 1887 bis 1914, der globale Handel zwischen den entwickelten Ländern sich fast auf dem heutigen Niveau bewegt. Auch ist daran zu erinnern, daß ein Völkerbund schon bei den Irokesen und daß Modelle für eine inter- und supranationale Koexistenz schon in der griechischen und der römischen Antike zu finden sind.

Eine andere aktuelle Leistung: Die kritische Hermeneutik befähigt, selbst bei einem heiligen Text, dem Koran, die genuin religiösen Teile von sozialen und kulturellen Anlagerungen zu trennen. Eine dritte, ebenfalls aktuelle Aufgabe: In der Auseinandersetzung mit den «klassischen» Werken der Philosophie und der Literatur, der Musik und der Kunst bildet sich ein Bewußtsein für (überragende) Qualität heraus. Nicht zuletzt befähigt die Philosophie, kulturellen und epochalen Vorurteilen entgegenzutreten. Erneut finden sich die verschiedenen Kritikmuster: die primär negative Kritik, etwa in der Moralkritik von den Sophisten über die europäische Moralistik bis zu Nietzsche und in anderer Weise zu Marx und der kritischen Theorie, die eher affirmative Kritik bei einigen Schülern von Joachim Ritter und die judikative Kritik von Platon und Aristoteles über Kant bis etwa John Rawls.

Unverzichtbar für die globale Welt ist eine weitere Leistung von Aufklärung; sie kann auch Bildung oder Emanzipation heißen. Weil sich die Philosophie letztlich nur auf die allgemeine Menschenvernunft und auf allgemeinmenschliche Erfahrungen beruft, hilft sie leichter als selbst eine aufgeklärte Religion, unsere Neigung zu einer kulturellen, auch epochalen Egozentrik zu überwinden. Sie hilft also, von der Kirchturmperspektive, in der man aufwächst, frei zu werden.

Diese Aufklärung verspricht erfreuliche politische Nebenwirkungen. Kommt die philosophische Bildung nicht bloß einer schmalen

Bildungsschicht zugute, sondern großen Teilen der Bevölkerung, und dies sowohl in den westlichen als auch den muslimischen, hinduistischen und konfuzianischen, aber auch den «per Dekret» atheistischen Ländern, so tritt der Erfolg ein, den wir vom Humanismus als Epoche kennen: Man befreit sich von der engstirnigen Fixierung auf die eigene Kultur, und im Zug der Befreiung entstehen wie von selbst die heute unverzichtbaren Einstellungen – Offenheit und Toleranz.

Während große Politik einen langen Atem hat, ist die jüngere, von einer BWL-Mentalität geprägte Politik zunehmend ungeduldig. Ihr lehren die Philosophie und die Geisteswissenschaften, daß der genannte Lernprozeß seine Zeit braucht. Der Entwicklungsprozeß schon eines einzelnen erstreckt sich über viele Jahre. Da Gesellschaften und Kulturen langsamer zu lernen pflegen, muß man hier mit Jahrzehnten, sogar Generationen rechnen. Der erste und wichtigste Schritt besteht freilich in einer *Metanoia*, in jener oft radikalen Änderung der Sichtweise, wie sie exemplarisch Platons Höhlengleichnis lehrt.

Selbst ein bloß merkantiles Denken investiert lieber in Bildung als beispielsweise in Waffen, denn das Preis-Leistungsverhältnis fällt meist weit günstiger aus. Bekanntlich hat Preußen nach der Niederlage gegen Napoleon vor allem in Bildung investiert und damit nicht bloß den Grundstein für eine bald weltberühmte Lehre und Forschung, sondern auch für eine blühende Industrie gelegt.

Lernen durch Einüben

Nach Marx haben die Philosophen «die Welt nur verschieden *interpretiert*, es kömmt drauf an, sie zu *verändern*» (MEW, Bd. 3, 535). In Wahrheit verfolgt dieses Ziel die politische Philosophie seit Platon und Aristoteles, in der Neuzeit seit Hobbes. Veritable Philosophie sucht freilich nicht die übereilte politische Aktion, sondern unterwirft sich der Arbeit des Begriffs. Große Moral- und Rechts-

philosophen bieten keine schlichten Rezepte an; sie führen Grund-
aufgaben vor, entwickeln deren Schwierigkeiten und suchen erst
danach, in der Regel nach einer Auseinandersetzung mit skepti-
schen Einwänden, eine konstruktive Lösung. Damit betreten sie –
nach (1) Wahrnehmen und (2) Erinnern, nach (3) anamnetischer
Gerechtigkeit und (4) einer facettenreichen Aufklärung – eine weitere kognitive Stufe, die der (5) Orientierungs- und Sinndebatten.
Kein vernünftiger Philosoph (und ebenso wenig ein vernünftiger
Geisteswissenschaftler) beansprucht, die Fragen definitiv zu beantworten. Indem er sich aber mit den Sinn- und Orientierungsfragen
auseinandersetzt, verhilft er aber zu einer methodischen Klärung,
darüber hinaus macht er argumentativ begründete Vorschläge.

Ein kleines Beispiel: Philosophen wie Aristoteles in der *Rhetorik*,
Hobbes im *Leviathan* und Kant in der *Anthropologie* zeigen, welche
Leidenschaften im Menschen schlummern, Leidenschaften, die sich
wie die Ehrsucht, die Herrschsucht, auch die Habsucht, in literari-
schen Texten und Liedern so gut wie aller Kulturen und Epochen
wiederfinden. Damit lernt man hier dreierlei: (1) Daß gewisse Leidenschaften kultur- und epochenindifferent gültig sind, (2) daß
ihretwegen nach einer ebenfalls kultur- und epochenunabhängig
gültigen Antwort, angesichts einer leidenschaftsgetriebenen, oft
maßlosen Gewalt nach einer öffentlichen Gerichtsbarkeit zu suchen ist und (3) daß die Antwort, um nicht bloß intellektuell, sondern auch emotional anerkannt zu werden, entsprechender Erfahrungen bedarf. Der griechische Tragödiendichter Aischylos bringt
den erforderlichen Lernprozeß auf die Formel *pathei mathos*,
«durch Leiden lernen» (*Agamemnon*, Vers 177 f.). In anderer Weise
zeigt es Aristoteles' Lehre der Tugenden: Im Gegensatz zu einem
intellektualistischen Mißverständnis findet das entscheidende Lernen gerade nicht vornehmlich intellektuell statt, es erfolgt vielmehr durch Einüben: Gerecht wird man durch gerechtes, beson-
nen durch besonnenes Handeln.

Die allgemeinmenschliche Vernunft zeigt in Verbindung mit
kritischer Hermeneutik den verschiedenen Religionen, wie diese

mit ihrem religiösen, allerdings auch nur religiösen Wahrheits-
anspruch in der pluralistischen Weltgesellschaft friedlich koexistie-
ren können. Schon deshalb ist die entsprechende Bildung nicht
bloß ein Bürger*recht*, sondern sogar eine Bürger*pflicht*: eine Verbindlichkeit, die jedes Gemeinwesen den Bürgern, einschließlich
den Politikern und Wirtschaftsführern, zuzumuten hat. Dieselbe
Aufgabe obliegt der Weltgemeinschaft. Sie muß von allen Gemeinwesen, Kulturen und Religionen die Bereitschaft einfordern, Neigungen zur imperialen Selbstüberschätzung aufzugeben und sich
in eine zumindest rechtliche Anerkennung der Anderen und des
Anderen zu fügen.

Es gibt ein weiteres, erneut sogar ökonomisches Argument: Im
globalen Wettkampf der Wirtschaftsstandorte spielt die kulturelle
Infrastruktur eine erhebliche Rolle. Dank ihrer Museen, Theater,
Musik und Vortragskultur blüht in Mitteleuropa eine Fülle von
Metropolen, was ohne die intensive Zuarbeit der Philosophie und
den Geisteswissenschaften nicht denkbar ist.

Im Blick auf die derzeit boomenden Lebenswissenschaften und
Medizin drängen sich weitere Argumente auf: Weil viele der einschlägigen Fragen ein existentielles Gewicht haben – geht es doch
um den Beginn und das Ende menschlichen Lebens, um Gesundheit, Krankheit, Leid und Tod – gehören die Debatten der biomedizi-
nischen Ethik in die Öffentlichkeit. Und hier können im säkularen,
überdies multikonfessionellen, neuerdings sogar multireligiösen
Staat im Kern nur philosophische, darüber hinaus auch juristische
und historische Argumente überzeugen.

Wirkliche Freiheit

Lediglich als Ethik ist die Philosophie aber nicht gefragt. Die
Kognitionswissenschaften suchen das Gespräch mit der Philoso-
phie des Geistes, in anderer Weise suchen ein Gespräch mit der
Philosophie die Grundlagenforscher in den Kunst-, Literatur- und

Geschichtswissenschaften, in wieder anderer Weise die der Mathematik und Physik, auch die der Biologie. Erkenntnistheorie und Wissenschaftstheorie wiederum klären, was generell Wissen und Wissenschaft sind.

Trotzdem sind die bislang genannten Argumente zwar gewichtig, aber noch wesentlich unvollständig. Denn in einem weiten Verständnis des Begriffs nehmen sie eine Instrumentalisierung vor. Dem treten Philosophie und Geisteswissenschaften mit ihrem Selbstverständnis als *artes liberales*, als *freie Studien*, entgegen. In einer ersten Bedeutung sind sie frei, weil sie einem dogmatischen und autokratischen Denken widersprechen; statt sich auf die eigene Kultur und Epoche zu fixieren, fördern sie kulturelle Offenheit und Toleranz. Eine zweite Bedeutung tritt im Studium generale und in Senioren-Universitäten zutage: Die Veranstaltungen stehen Personen offen, die sich zumindest vorübergehend dem Zwang zur Erwerbsarbeit entziehen. Mit der dritten, sachlich aber primären Bedeutung von «frei» erinnert die Philosophie Europa an dessen griechische Wurzeln. In der Antike heißt *eleutheros*: «frei», wer sein Leben nicht auf den Tausch funktionaler Beziehungen verkürzen läßt, wer vielmehr um seiner selbst willen lebt.

In diesem Sinn und zu diesem Zweck sensibilisieren die Philosophie und die Geisteswissenschaften für Dinge, für die auch unter Verzichten sich zu engagieren lohnt, für so wesentliche Dinge wie Gerechtigkeit und Moral, wie Literatur und Musik, wie bildende Kunst und Architektur, nicht zuletzt für das eigenständig-kritische Denken, die Philosophie selbst.

2. Animal morabile.
Skizze einer Moralanthropologie

Die philosophische Ethik erörtert vornehmlich normative Fragen und schickt ihr in systematischer Hinsicht metaethische Überlegungen voraus. Trotzdem blendet sie die Frage nicht aus, wozu aus der natürlichen Evolution eine Spezies, der Homo sapiens, hervorgegangen ist, der unter den uns bekannten Spezies ein Moralwesen, anscheinend sogar das einzige Moralwesen ist. Zur Beantwortung der Frage braucht es eine philosophische Disziplin, die heute ein Dasein am Rande der großen Debatten führt, eine philosophische Anthropologie, des näheren eine Moralanthropologie.

Ich gliedere die Überlegungen in sieben Abschnitte. Zu Beginn nenne ich skeptische Einwände gegen jede Anthropologie (*Abschnitt 1*); auf sie folgen Hinweise zur Methode einer philosophischen Anthropologie (*Abschnitt 2*) und zu den biologischen Grundlagen der Moral (*Abschnitt 3*). Nach einem Exkurs zum ethischen Naturalismus (*Abschnitt 4*) verweise ich auf einen unspezialisierten Antriebsüberschuß des Menschen (*Abschnitt 5*), frage, ob Tiere moralfähig sind (*Abschnitt 6*) und schließe mit einer vorläufigen Bilanz (*Abschnitt 7*) (vgl. Höffe 2007, bes. Kap. 3–5, dort nähere Literaturhinweise).

Skepsis gegen Anthropologie

Nach einem spitzen Wort des Philosophen Joseph de Maïstre ist «der» Mensch eine Fiktion, die Unterstellung eines allgemeinen Wesens, obwohl das Menschsein nur in kulturellen Ausprägungen vorkommt: «Es gibt gar keinen Menschen in der Welt. Ich habe in meinem Leben gesehen: Franzosen, Italiener, Russen usw. ... Aber was den Menschen anbelangt, so erkläre ich, daß ich ihm in meinem Leben nicht begegnet bin» (vgl. *Considérations* 1884, 74).

Obwohl de Maïstre ein konservativer, für manche sogar reaktionärer Intellektueller war, stimmen ihm, vermutlich à contre cœur, Marx und der westliche Marxismus bei. Einer der frühen Wortführer, Georg Lukács (1922, 204), hebt die große Gefahr eines jeden anthropologischen Standpunktes hervor, daß er «den Menschen zu fixer Gegenständlichkeit erstarren lassen und damit die Dialektik und die Geschichte beiseite geschoben» habe. Während Lukács seine Bedenken schon vor den Neuentwürfen der Anthropologie formuliert, hält Max Horkheimer (1935) noch zwölf Jahre später an der Kritik fest. Noch einmal zwanzig Jahre danach äußert Habermas im Artikel «Anthropologie» die Befürchtung, «eine Anthropologie, die gewissermaßen ontologisch verfahre und nur das Wiederkehrende, das Immergleiche an Mensch und Menschenwerk zum Gegenstand mache, werde unkritisch und führe am Ende gar zu einer Dogmatik mit politischen Konsequenzen» (1958/1973, 108).

Man kann mit Fug und Recht bezweifeln, ob die Einwände sich ganz auf der Höhe der Diskussion bewegen. Der Einspruch gegen eine fixierende Vergegenständlichung wird nämlich schon lange vorher erhoben und zu einem Motiv der philosophischen Anthropologie selbst transformiert. Der Gedanke, daß sich der Mensch je nach Gesellschaft und geschichtlicher Lage auf eine andere Weise verstehe, daß er insofern viele Wesen habe, läßt sich vielleicht sogar bis in die Antike und ihre mittelalterliche Rezeption zurückverfolgen. Sicherlich klingt er in Rousseaus Begriff der *perfectibilité* (2. *Discours*, Teil 1) an, ferner bei Herder, in der Anthropologie seit den 1920er Jahren ohnehin. Sartre wird später sagen, weil er sich allererst zu dem mache, was er sei, erfinde der Mensch den Menschen (*Ist der Existenzialismus ein Humanismus?* 11). Lange vor Sartre – und deshalb sind Lukács und Horkheimer zu kritisieren – bringt das Motiv in ein geschliffenes Wort Friedrich Nietzsche: der Mensch, sagt er in der *Genealogie der Moral*, ist «unfestgestellter als irgendein Thier sonst» (*Genealogie*, 3. Abh., Nr. 13).

Zur Methode

Wie argumentiert eine philosophische (Moral-) Anthropologie? Methodisch handelt es sich um eine Hermeneutik besonderer Art. Sie legt nicht gewisse Kulturzeugnisse des Menschen, sondern empirische Befunde über den Menschen aus. Dafür legen sich zwei Wege nahe, die sich gegenseitig ergänzen. Einmal wandere man in die Ferne und suche nach Gemeinsamkeiten, die der heutige Mensch unserer Breiten mit zeitlich und räumlich fernen Artgenossen teilt. Zum anderen schaue man in die Nähe und suche nach Unterschieden, die den Menschen vor anderen Lebewesen, insbesondere seinen stammesgeschichtlichen Verwandten, den Primaten, auszeichnen.

Eine methodisch überlegte Moralanthropologie erwartet nicht, die normative philosophische Ethik ersetzen zu können. Manche Erfahrungswissenschaften, vor allem junge Disziplinen, versuchen zwar, ihr eigenes Vorgehen für zureichend zu erklären. Gegen einen derartigen Imperialismus einiger Erfahrungswissenschaftler spricht aber schon die Argumentationslogik: Nach dem unstrittigen Argument des Sein-Sollensfehlers läßt sich aus nur empirischen Behauptungen, also bloßen Seinsaussagen, kein Sollen ableiten; aus Tatsachen allein läßt sich keine Moral begründen.

Eine methodisch überlegte Moralanthropologie ist daher mit der bescheideneren Frage zufrieden, welche biologischen, einschließlich neurobiologischen, Eigentümlichkeiten dafür verantwortlich sind, daß der Mensch ein Moralwesen ist. Damit verbindet sie die Frage, warum die Moral eine allgemeine Grundlage in der (biologischen) Natur hat und doch kulturell bestimmt ist. Eine dritte Frage lautet: Warum hat die Moral den Charakter eines begründeten Sollens, eines Imperativs, ohne, wie Hegelianer befürchten, zum ohnmächtigen Sollen zu degenerieren?

Weil die neuere Ethik das Interesse an der Anthropologie weitgehend verloren hat, empfehlen sich einige Vorbemerkungen. Als erstes ist daran zu erinnern, daß die Sache selbst alt ist. Man denke nur an Platon, hier beispielsweise an den Dialog *Protagoras* (320 ff.), und an Aristoteles' Programm einer die Ethik und die Politik umfassenden Philosophie der menschlichen Angelegenheiten (*Nikomachische Ethik* I, 1094b1–11). Das Wort «Anthropologie» ist dagegen überraschend neu. Als «Lehre von der menschlichen Natur» taucht es erst Ende des 16. Jahrhunderts auf. Noch später, im wesentlichen erst in der Zeit Kants, wird sie zu einer Erfahrungslehre des Menschen.

Eine überragende Bedeutung hat Johann Gottlieb Herders *Abhandlung über den Ursprung der Sprache* (1772). Auch Immanuel Kant spielt unter anderem mit seiner *Anthropologie in pragmatischer Hinsicht* eine wichtige Rolle (1798). Hier sieht er nämlich zu Recht, daß die Anthropologie methodisch eine Zwischenstellung einnimmt. Denn sie ist eine «Weltkenntnis», die man weder durch bloße Philosophie noch durch das damalige Vorbild empirischer Wissenschaft, der Physik, erwirbt (*Anthropologie* VIII, 3 ff.). Später, nach den moralanthropologischen Beiträgen von Friedrich Nietzsche, etwa in *Zur Genealogie der Moral* (1887/1980), blüht in den 20er bis 40er Jahren des letzten Jahrhunderts die Anthropologie vor allem durch drei Philosophen auf, durch Max Scheler 1928, Helmut Plessner 1928 und Arnold Gehlen 1940.

Systematisch gesehen liegt der biologisch fundierten Anthropologie die Kritik einer «idealistischen Tradition» zugrunde, die aus Aristoteles' maßgebender Bestimmung des Menschen als eines logosbegabten Lebewesens zu rasch und einseitig den Logos hervorhebt und zu einer autonomen Geistigkeit verschärft. Dadurch wird der Charakter des Menschen, ein Lebewesen zu sein, entweder verdrängt oder zu einer zweckdienlichen, insofern heteronomen Naturausstattung degradiert. In einem originellen Gegensatz zu dieser Verdrängung sucht die Anthropologie von Herder bis Gehlen eine Position jenseits der als abstrakt verworfenen Alternative von autonomer Geistigkeit und heteronomer Natur. Ihr Versuch, die Einheit des Menschen neu zu bestimmen, kann freilich noch nicht überzeugen.

Insoweit die neue Interpretation nicht von der Einheit, sondern von der anderen Seite der Alternative, der Natur, ausgeht, ist sie nämlich in der Regel zwar erfahrungsgesättigt. Sie erliegt jedoch gelegentlich der Gefahr eines Naturalismus («Biologismus»): Interpretationsbegriffe wie etwa Gehlens Kategorie der Instinktanalogie sind zu stark von der biologischen Zielgröße des Überlebens bestimmt, werden deshalb dem spezifisch Humanen nicht gerecht. Der Grundansatz der neuen Anthropologie bleibt jedoch plausibel. Man kann die Eigenart des Menschen auch dadurch verständlich machen, daß man zunächst seine charakteristische Animalität erforscht und von ihr aus zu Sprache, Selbstbewußtsein und Vernunft, für unser Thema: zu Handlungsfreiheit und Moralfähigkeit, übergeht.

Gegen die von Kritikern geäußerte Befürchtung, der Mensch werde auf ein ungeschichtliches Wesen festgelegt, zeigt die neuere Anthropologie, daß dem Menschen seiner biologischen Natur nach eine Dynamik innewohnt, die sowohl die Kultur im Singular, das nicht bloß organisch-natürliche Menschsein, als auch die Kultur im Plural, die geschichtlich unterschiedlichen Gestalten, schafft. Infolgedessen ist ein dualistisches Denken – hier Natur, dort Kultur – aufzugeben. Auch wenn sich die kulturellen Prägungen nie ganz von den organisch-natürlichen Anlagen freimachen, ist die natürliche Existenz des Menschen durch und durch kulturell geprägt. Die Anthropologie erkennt daher bestenfalls ein Skelett von Menschsein, das erst durch kulturelle, darüber hinaus individuelle Faktoren zu einem konkreten Wesen aus «Fleisch und Blut» wird.

Der heutigen Anthropologie steht zwar weit mehr Erfahrung als dem ausgehenden 18. Jahrhundert, auch mehr als der «klassischen» Anthropologie des 20. Jahrhunderts, zur Verfügung. Die Grundfrage allerdings, auch die zwei Grundaussagen, reichen bis zur Antike zurück: daß der Mensch ein vernunft- und sprachbegabtes Lebewesen und daß er ein Sozial-, näherhin Rechts- und Politikwesen ist (vgl. Aristoteles, *Politik* I 2). Beides ist freilich der Mensch, sowohl das Individuum als auch die Gattung, zunächst nur in Form einer Anlage. Ohne eine gewisse Entwicklung (Evolution) samt eigener Anstrengung gelangen weder die Vernunftnatur noch die politische Natur des Menschen zur Wirklichkeit und zur schließlichen Blüte.

Das Sich-Entwickeln-Müssen schlägt auf die Moral durch. Der Mensch ist nicht sogleich das *animal morale*, das Moralwesen, wohl aber in dreierlei Hinsicht ein *animal morabile*: Er ist zur Moral fähig; er ist zu ihr auch berufen, muß sich aber auch dazu entwickeln. Damit findet unsere dritte Frage eine erste Antwort: Wegen der nötigen Anstrengungen hat die Moral einen Sollenscharakter: Und sie hat ihn in einem noch grundlegenderen als dem vertrauten Sinn. Die Moral tritt nicht nur in Gestalt von vernunftbegründetem Sollen, einem Imperativ, auf. Schon ihrer Entfaltung liegt vielmehr ein Imperativ, ein noch basalerer Imperativ, zugrunde: Das zur Moral berufene Wesen Mensch ist aufgefordert, sich von einem nur potentiell moralfähigen zu einem aktual moralfähigen Wesen zu entwickeln.

Erste biologische Grundlagen der Moral

Wenden wir uns der Frage nach den biologischen Grundlagen der Moral zu: Sehr früh, schon in einer Vorform des rationalen Denkens, im Mythos (s. Platon, *Protagoras*, 320 ff.), fallen beim Menschen im Vergleich zum Tier zwei Eigentümlichkeiten auf, eine Schwäche und eine Stärke. Die Schwäche: In seiner Organ- und Instinktausstattung hat der Mensch deutliche Defizite. Die gelegentlich daraus abgeleitete Diagnose «Mängelwesen» ist aber schon deshalb falsch, weil den Defiziten eine Stärke gegenübersteht, der Geist bzw. die Intelligenz. Man könnte deshalb zusammenfassend «schwacher Körper, starker Geist» diagnostizieren. In Wahrheit greifen aber beide Seiten ineinander, wobei die Schwäche in Stärke umschlägt: Damit die Intelligenz einen Spielraum hat, dürfen die Organ- und die Instinktvorgaben nicht wie bei Tieren eng auf eine bestimmte Umwelt festgelegt sein. Die sachgerechte Diagnose lautet deshalb nicht auf Organschwäche und Instinktmängel, sondern auf Weltoffenheit statt Umweltgebundenheit und auf reflexiven Welt- und Selbstbezug statt unmittelbarem Lebensvollzug.

Was auf den ersten Blick als Schwäche erscheint, offenbart sich jedenfalls bei genauerer Betrachtung als Stärke. Im übrigen darf man die organische Leistungsfähigkeit nicht unterschätzen. Der Mensch sprintet zwar nicht wie ein Hase, klettert nicht wie ein Koala-Bär, schwimmt nicht wie ein Fisch, und nicht einmal ansatzweise kann er wie ein Vogel fliegen. Er verfügt aber über drei der vier Fähigkeiten, das Laufen, Klettern und Schwimmen, und mittels technischer Geräte vermag er sogar zu fliegen.

Unsere Vorfahren – sagt die neuere Forschung – waren so hervorragende Dauerläufer, daß sie viele Tiere bis zu deren Erschöpfung verfolgen konnten, um schließlich mit den Proteinen der durch Laufen erjagten Tiere ein größeres Gehirn zu entwickeln. Das größere Gehirn wiederum diente dem Überleben, da der Mensch zu den Beutetieren gehörte; unter ihnen entkommen aber nur die Schlauesten den Räubern. Ein Beleg: Große Raubtiere wie Leopard, Jaguar und Puma erbeuten mehr Tiere mit gering als mit stärker entwickeltem Gehirn.

Auch in anderer organischer Hinsicht ist der Mensch hochleistungsfähig. So verfügt er über eine enorme Beweglichkeit und Lichtempfindlichkeit des Auges; hinsichtlich Tonhöhen haben manche nicht bloß ein sehr feines, sondern sogar ein absolutes Gehör; die Zunge vermag Gegenstände zu erfühlen, die Bruchteile eines Millimeters dick sind; und mit den Händen kann man ebenso schwere Brocken tragen wie die hochsensiblen Aufgaben eines Goldschmieds, Chirurgen oder Pianisten erfüllen. So ist der Mensch ein Generalist, der fast unbegrenzt vieles vermag, also auch in organischer Hinsicht das Glück der Weltoffenheit genießt. Sie erlaubt ihm zum Beispiel, in allen, auch den unwirtlichsten Regionen der Erde zu leben.

Angesichts der vielfältigen Offenheit seiner Naturausstattung, insbesondere wegen der Instinktentbundenheit, dann wegen der

vielseitig verwendbaren Organe eröffnen die Intelligenz und Sprachfähigkeit dem Menschen eine Regulation zweiter Stufe, die tradi-
tionell Handlungsfreiheit heißt. Der Mensch vermag sich in ein
Verhältnis zu seinen (äußeren und inneren) Lebensbedingungen
zu setzen und kraft dieses Selbst- oder Reflexionsverhältnisses die
Bedingungen wahrzunehmen, zu benennen und zu begreifen. Er
vermag die Bedingungen zu bewerten, und er kann nach Maßgabe
der Bewertungen versuchen, die Lebensbedingungen sich anzu-
eignen und sie entweder schöpferisch zu verarbeiten, oder aber
sich um ihre grundlegende Veränderung zu bemühen. Insofern
kann der Mensch so, aber auch anders handeln und sich bei dem,
was er tatsächlich tut oder läßt, von Überlegungen leiten lassen.

Dabei lebt der Mensch nicht im Augenblick. Er kann aus der
Vergangenheit Erfahrungen ziehen; er kann in der Gegenwart lernen, ausprobieren und erfinden; aufgrund seiner Erfahrungen
kann er gewissermaßen in die Zukunft schauen und Pläne für die
Zukunft machen – mit der Ambivalenz, daß ihn schon heute der
Hunger von morgen plagt und daß er bei zu großer Zukunftsangst
das Glück der Gegenwart verspielt.

Zur näheren Bestimmung der Handlungsfreiheit geht die Interpretation anthropologischer Befunde in eine Begriffs- und Sprach-
analyse samt Metaethik und Handlungstheorie über. Hier genüge
dazu ein einziger Hinweis: Das Selbst- und Reflexionsverhältnis in
bezug aufs Handeln hat zwei Momente. Einerseits ist der Mensch
zu einem bewußten oder wissentlichen Handeln fähig; andererseits
kann er unter verschiedenen Möglichkeiten auswählen, indem er
einige als die seinigen anerkennt. Beide Momente zusammen be-
deuten, daß der Mensch – unbeschadet seiner vielfachen Vorgaben,
Grenzen und Barrieren – zu einem wissentlich-willentlichen und
in diesem Sinn freien Handeln fähig ist. Die Handlungsfreiheit ist
allerdings als ein komparativer, nicht als ein absoluter Begriff zu
verstehen. Denn das Moment des Wissentlichen kann mehr oder
weniger richtig, klar und vollständig sein; ebenso gibt es verschiedene Formen und Grade des Willentlichen.

Die Handlungsfreiheit tritt selbst bei den organischen Grundbedürfnissen zutage. So drängen beispielsweise Hunger und Durst zur Nahrungsaufnahme. Aber was gegessen und getrunken wird, wann, wie oft und in welcher Atmosphäre, wie die Nahrung zu finden, zuzubereiten und aufzubewahren ist – das alles ist dem Menschen überantwortet und mit zusätzlichen (ästhetischen, sozialen ...) Interessen verknüpft. Der Drang zu essen und zu trinken ist nicht einmal in der Hinsicht determiniert, daß er überhaupt befriedigt werden muß. Ob aus Gesundheits-, Schönheits- oder Askesegründen: man kann für einige Zeit fasten, aus religiösen oder politischen Motiven das Essen und Trinken sogar ganz verweigern.

Die hier nur angedeutete vielfältige Weltoffenheit beläuft sich auf einen Horizont, der ein sehr weites Feld eröffnet, aber noch kein «konkretes» Feld bestimmt. Oder mit einem anderen Bild: Der Mensch ist ein Acker, den er selbst zu bestellen hat. Diese Aufgabe nimmt er in Gemeinsamkeit mit anderen wahr, dabei in einer geordneten und auf relative Dauer eingestellten Weise, also in Form einer Kultur. Infolgedessen ist der Mensch schon von seiner Biologie her ein Sozial- und Kulturwesen. Mag er auch unterschiedliche Kulturen, dabei bessere und schlechtere Gestalten entwickeln – ohne jede Kultur, einschließlich deren positiver Moral, kann er nicht leben.

Naturalismus?

An dieser Stelle drängt sich die Frage auf, ob man den Sein-Sollensfehler nicht unterlaufen und die zur Kultur gehörende Moral rein biologisch, folglich aus einem bloßen Sein begründen könne. Vielleicht lasse sich auch der naturalistische Fehlschluß unterlaufen, also die als Fehler deklarierte Annahme, der Grundbegriff «gut» lasse sich naturalistisch, hier: die Moral aus ihrer Lebensdienlichkeit, erklären.

In den einschlägigen Debatten vertritt die eine Seite, ein biologischer oder auch ethischer Naturalismus, die positive, ihr Gegner, der ethische Antinaturalismus, die negative Antwort. Beide Streitparteien pflegen freilich zwei Dinge zu übersehen. Einerseits ist die von den skizzierten Befunden begründete Moral nicht die normative oder kritische, die «moralische Moral», sondern lediglich eine geltende, positive Moral. Ein Unterlaufen des Sein-Sollensfehlers wird also gar nicht versucht, da man im Bereich des Positiven, des Seins, verbleibt. Andererseits bleibt die positive Moral wesentlich unterbestimmt: Wegen der Weltoffenheit braucht es zwar irgendeine positive Moral; deren genaue Verbindlichkeiten werden aber dadurch nicht begründet. Dieses Nichtbegründet-Sein kann man als Toleranz gegen unterschiedliche Positivierungen verstehen. Tatsächlich liegt eine Indifferenz vor, die die Möglichkeit, in gewisser Weise sogar Notwendigkeit für die anderen, die wahrhaft moralischen Argumente frei läßt.

Beim Versuch, auch die nähere Begründung rein biologisch vorzunehmen, pflegt man mit Kriterien zu arbeiten wie beispielsweise Optimierung der Lebensmöglichkeiten. Auch mit diesem Kriterium ist die Moral noch unterbestimmt; zu einem konkreten Moralprogramm ist der Weg noch weit. Insbesondere bleibt die Frage offen, ob die Moral, wie in der Natur anscheinend üblich, dem Überleben der Spezies, oder wie beim Menschen eher der jeweiligen Kultur, letztlich sogar den einzelnen Mitgliedern, den Individuen, dienen soll. Hier zeichnet sich die Alternative von drei Optionen ab – Spezies oder einzelne Kulturen oder Individuen –, die sich mit bloß biologischen Mitteln schwerlich entscheiden läßt. Hinzu kommt eine weitere Alternative, die der bloß biologischen Betrachtung fremd ist: schlichtes Leben (Überleben) oder aber Gutleben. Die zweite Möglichkeit ist nämlich nicht bloß eine Steigerung der ersten, sondern kann ihr widerstreiten.

Zugegeben, auch die Tierwelt kennt ein Phänomen, das man beim Menschen einen heroischen Altruismus nennen würde: daß ein Individuum für andere, daß insbesondere ein Muttertier für die eigenen Jungen sich opfert. Bei Tieren findet das entsprechende

Verhalten aber einfachhin ohne die Rückfrage statt, ob man das Opfer denn bringen soll. Hinzu kommen zwei Ausweitungen, die der Tierwelt fremd sind: Soll man sich eventuell für andere als seine Kinder, vielleicht sogar für Nichtverwandte opfern? Und: Soll man einer (zum Beispiel religiösen, politischen oder kulturellen) Überzeugung unter großen Opfern, sogar unter Inkaufnahme seines Lebens, treu bleiben? Selbst wenn eine positive Moral das Opfer verlangt, kann es genuin moralische Gründe geben, das Opfer bald im Einzelfall, bald generell zu verweigern. Derartige Fragen lassen sich nicht biologisch, sondern letztlich nur mit einer Moral beantworten.

Diese Sachlage trifft auch auf den raffinierten Naturalismus zu, den die Moralphilosophin Philippa Foot vertritt. Gemäß der im Buchtitel vertretenen These *Natural Goodness* (2001) bedeute «gut» generell, was den Mitgliedern einer biologischen Art gut tue. Wie bei allen Tieren, selbst Pflanzen, so bestehe auch beim Menschen das Gute in dem, was seinem natürlichen Gedeihen zuträglich sei: «Ich ziehe es daher vor zu sagen, daß Tugenden im Leben von Menschen eine notwendige Rolle spielen, so wie es Stacheln im Leben von Bienen tun.» (2001/2004, 56)

Foot erklärt keineswegs, Menschen seien letztlich nichts anderes als Bienen. Sie behauptet nur eine semantische, zugleich biologische Gemeinsamkeit. Trotz anderer Unterschiede bedeute für beide, Mensch und Tier: «Gut ist, was die jeweilige Art zum eigenen Leben braucht.» Dabei unterschlägt sie freilich die genannte Unterscheidung, daß es bei den Tieren im wesentlichen um das bloße Leben, dem Menschen aber um mehr geht. Während Stacheln den Bienen zum Überleben verhelfen, dient beim Menschen nur ein Teil der Moral dem Überleben, ein anderer Teil dagegen dem guten Leben. Dabei taucht der den Tieren fremde Konflikt auf: Soll man den Anforderungen des bloßen Lebens zum Preis des Gutlebens oder im Gegenteil den Verbindlichkeiten des guten zulasten des bloßen Lebens folgen?

Ein unspezialisierter Antriebsüberschuß

Kehren wir zu den anthropologischen Befunden zurück. Zum biologischen Multitalent des Menschen gehört als psychologische Eigenart ein unspezialisierter Energieüberschuß. Dessen biologische Grundlage bilden ein Hormon, das zur Leistungssteigerung befähigt, das Noradrenalin, und Dopamin. Im Zusammenhang mit der Intelligenz legt es den Menschen nicht auf gewisse Wege oder Ziele fest, nicht einmal auf die beiden Generalziele, das individuelle und das kollektive Überleben. Infolgedessen ermöglicht der Antriebsüberschuß humane Glanzlichter wie Technik und Medizin, wie Musik, Kunst und Architektur, wie Literatur, Wissenschaft und Philosophie, nicht zuletzt heroische Verzichte und eine sich aufopfernde Wohltätigkeit.

Die neuen Chancen verbinden sich aber mit neuartigen Gefahren, so daß zum Menschen auch die umgekehrte Richtung gehört, der Umschlag einer biologischen Stärke in Schwäche: Der Antriebsüberschuß befähigt den Menschen zu einem so gut wie grenzenlosen Immer-Mehr, nämlich zu Völlerei und zu sexueller Maßlosigkeit sowie zu Ehrsucht, Herrschsucht und Habsucht im wörtlichen Sinn von Sucht. Moralerheblich ist auch, daß der Mensch um Anerkennung kämpft, mit negativen Folgephänomenen wie Neid, Eifersucht, Mißgunst und Rache, während sich auf der positiven Seite Haltungen wie Verzeihen, Sympathie und Empathie («Sich-Einfühlen»), Barmherzigkeit und Wohltätigkeit, aber auch Reue und Scham finden. Überdies kann der Mensch Allmachtsphantasien erliegen. Ein Verlangen, «wie Gott zu sein», kann kein anderes Tier überkommen. Daher kann man den Menschen auch ironisch als einen Affen definieren, der gelegentlich wie Gott sein will.

Anscheinend vermag auch nur er, seinesgleichen und sich selbst ohne Hemmungen zu schädigen. Zimperlich sind beispielsweise Menschenaffen nicht, denn sie reißen ihren Feinden die Fingernägel und Luftröhre aus oder zerquetschen ihre Hoden. Lediglich der Mensch scheint aber auf fremden Befehl oder aus eigenem Antrieb kaltblütig zu morden und es im Sadismus zum Selbstzweck zu machen. Dagegen erhebt die Moral Einspruch, begründet ihren Einspruch und stellt Kriterien auf. Bloß ein Ungeheuer, wie Sophokles sagt, ist der Mensch freilich nicht (*Antigone*, Vers 333 f.). Denn im Unterschied zum Affen knüpft nur er freundschaftliche Beziehungen zu Nachbarn; nur er treibt Handel und hilft bei Katastrophen; und dafür übernimmt die Moral eine wichtige Aufgabe.

Ein weiterer biologischer Grund für Moral liegt im Umstand, daß der Mensch mangels biologisch programmierter Hemmnisse lernen muß, den Antriebsüberschuß zu kanalisieren und produktiv statt destruktiv einzusetzen. Genau zu diesem Zweck muß er sich zu einem Wesen entwickeln, das sein Tun und Lassen selbst entwirft und sein Leben selbst führt; er muß also zu einem Handlungswesen werden.

Sind Tiere moralfähig?

Ob Geist, Vernunft oder Intelligenz genannt – die für das Handeln zuständige Instanz hat wesentlich eine kulturelle Komponente, augenfällig in der Sprachgebundenheit eines Großteils der Intelligenz. Die Umkehrung gilt allerdings ebenfalls: Die Kultur ist eine wesentliche Leistung der Intelligenz. Zu Recht sagt die Kognitionsforschung, daß das den Primaten weit überlegene Hirnniveau des Menschen ein kulturelles Lernen erlaubt, mit der Rückwirkung, daß die Kultur, evolutionär betrachtet, das Hirn zu einer abhängigen Variable macht. Dabei darf man nicht vergessen, daß zum kulturellen Lernen ein enormes Potential an individuellem Lernen und erhebliche Unterschiede in der Lernleistung hinzukommen. Erwachsene Affen erreichen allenfalls das Intelligenzniveau von drei- bis vierjährigen Menschen, also kleinen Kindern.

Gering sind die geistigen und sozialen Fähigkeiten mancher Tierarten nicht. Schon der Aufklärer d'Holbach (1770/1978, 629,

Anm. 50) hatte davor gewarnt, die intellektuellen Fähigkeiten der Tiere zu unterschätzen.

Heute weiß man, daß einige Tiere die Welt im Hinblick auf überlebensrelevante Gegenstände und Ereignisse zu kategorisieren vermögen. Sie sind fähig, eine große Anzahl von selbst erlebten Episoden in der Erinnerung zu speichern und auf diese Weise künftige Zustände ihrer Welt in einem gewissen Maß vorauszusehen. Im Verlauf ihrer Domestikation haben Katzen und noch stärker Hunde ein ebenso weites wie feines Spektrum von Interaktion und Kommunikation mit dem Menschen, also Nichtartgenossen, gelernt. Bei Primaten finden sich Gesten der Beschwichtigung und taktisches Täuschen in Hülle und Fülle. So vermag ein Schimpanse vorzugeben, einen Strauch von Beeren nicht bemerkt zu haben, um ihn, wenn seine Genossen weitergezogen sind, allein abzupflücken. Sogar Vögel, etwa Regenpfeifer, können einen gebrochenen Flügel vortäuschen, um einen Raubfeind von ihrem Nest abzulenken. Ein Schimpanse kann in Anwesenheit eines dominanten Männchens seine Erektion mit der Hand verbergen, und ein Weibchen gegen ein anderes eine versöhnende Geste machen, um darauf sein Opfer umso erfolgreicher zu beißen.

Belegen derartige Täuschungsmanöver die Moralfähigkeit von Schimpansen, da sie gegen die Moral, hier die Offenheit und Ehrlichkeit, verstoßen können? Richtig ist, daß die Täuschungsmanöver nicht bloß zielgerichtet, sondern auch absichtsvoll vorgenommen werden. Es geschieht aber nur in bezug auf das gewünschte Ergebnis. Der eine will das dominante Männchen nicht gegen sich aufbringen, die andere will leichteres Spiel haben. Um das Verhalten als bewußte Täuschung, als Lug und Betrug, deuten zu dürfen, fehlt eine strukturelle Komplikation: daß das Verhalten nicht bloß tatsächlich, sondern *als Täuschung* stattfindet.

Zum bloßen Begriff des Lügens gehört nämlich, daß man bei einem anderen absichtlich eine falsche Überzeugung hervorzurufen sucht. Dafür braucht es eine geistige Fähigkeit, die man bei hochentwickelten Tieren nicht gefunden hat. Das Tier müßte in einem einzigen Denkakt die Vorstellung von etwas Tatsächlichem, in den Beispielen die Geste des Zudeckens oder des Sich-Zurückhaltens, mit der Vorstellung einer nur möglichen oder sogar nur eingebildeten Situation verbinden: Das dominante Männchen ist davon überzeugt, es habe keinen sexuellen Konkurrenten; oder das bedrohte Weibchen hält die Geste der Konkurrentin für ein Versöhnungszeichen und wird dadurch «eingelullt». Zur Fähigkeit des Lügens gehören geistige Spiegelungsprozesse von der Art «Ich weiß, daß du weißt, daß ich weiß», hier: «Ich glaube, daß du glaubst, daß ich die Geste so (als Geste der Versöhnung ...) meine.»

Kontrollversuche zeigen, daß sich das betreffende Verhalten als Erlernen einer in bestimmter Situation wirkungsvollen Handlungsweise erklären läßt. Um das erwartete Ergebnis zu erzielen, brauchen Tiere nicht zu wissen, daß ihre Artgenossen auf der Grundlage entsprechender Überzeugungen handeln. Somit liegt kein Täuschen im strengen Sinn eines absichtlichen Hinters-Licht-Führens, folglich auch kein moralwidriges Verhalten vor. Was manche als Ansätze von Moralfähigkeit bezeichnen, ist in Wahrheit zwar bemerkenswert, aber erst eine Vorstufe der Moral. Ähnliches gilt für die Erinnerungsfähigkeit. Zu einem moralischen Subjekt, «Person» genannt, gehört ein Können, das selbst den Primaten fehlt, nämlich jene Fähigkeit, sich auf die eigene Vergangenheit und Zukunft zu beziehen, die «autobiographisches Gedächtnis» heißen kann.

Vorläufige Bilanz

Eine erfahrungsoffene Moralanthropologie betont weitere moralerhebliche Gesichtspunkte, etwa, wie erwähnt, den Kampf um Anerkennung mit seinen negativen und positiven Folgephänomenen. Andere Innovationen des Menschen sind zwar nur indirekt moralerheblich, beispielsweise die Welt von Technik und Medizin, die Welt der Arbeit und die des Spielens. Es sind aber Welten mit einer fast unbegrenzten Fortschrittsfähigkeit (Perfektibilität), der gegenüber selbst die intelligenteste Schimpansenpopulation seit Jahrtausenden so gut wie auf der Stelle tritt.

Anthropologisch gesehen existiert die Moral beim Menschen zunächst auf zweierlei Weise: wegen der Intelligenz und Weltoffenheit als Moralfähigkeit, wegen des Gefahrenpotentials im Antriebsüberschuß, aber auch wegen der Weltoffenheit als Moralbedürftigkeit. Jedenfalls steht die Moral dem Menschen realiter weder individualgeschichtlich von Geburt an noch gattungsgeschichtlich seit den ersten Menschheitsanfängen zur Verfügung.

Infolgedessen ist die Moral von der Anthropologie aus betrachtet eine merkwürdige Mischung aus Sollen, Bedürfnis und Sein. Denn der Mensch, dieses weltoffene, aber auch gefährdete Lebewesen, braucht Verbindlichkeiten, die der Intelligenz erlauben, was zwar nicht notwendig ist, sich aber schwerlich auf Dauer unterdrücken läßt: die Frage nach dem Guten, letztlich dem uneingeschränkten Guten. Somit erweist sich die Moral erstens als von der Biologie vorbereitet. Zweitens nimmt sie erst in einer Kultur die konkrete Gestalt einer positiven Moral an, so daß man die natürliche Ausstattung und die kulturelle Prägung nicht als Gegensatz verstehen darf. Dank einer allgemeinmenschlichen Vernunft wird drittens die positive Moral einer kritischen Moral ausgesetzt, nicht selten ihr gemäß auch umgestaltet.

Die biologische, einschließlich neurobiologische Natur des Menschen bietet also Rahmenbedingungen, die der Entwicklung von Moral förderlich sind, die sie sogar schon um des bloßen Lebens willen herausfordern. Die Moral selbst muß der Mensch aber aus eigener Kraft und nach eigenen Kriterien entwickeln.

3. Biozentrische Anthropozentrik. Hierarchien des Lebendigen

Zu Beginn ist Pathos zulässig: Über Jahrtausende herrschte in unserer Kultur eine Anthropozentrik vor, ein Selbstbewußtsein der Sonderstellung und Überlegenheit des Menschen, das sich aus den drei Hauptquellen unserer Kultur speist: Nach den Griechen zeichnet sich der Mensch durch die Fähigkeit zu denken und zu sprechen aus, nach dem Juden- und Christentum ist er das Ebenbild Gottes, und in Rom wird er zur Person, während alles andere «res», Sache, ist.

Neuerdings wird die Anthropozentrik, als Gattungsegoismus diskreditiert, von drei Seiten angegriffen, die allesamt eine philosophische Biologie betreffen und daher deren Rehabilitierung nahelegen: Für die Tierethik zählt nicht mehr die für den Menschen charakteristische Sprach- und Vernunftbegabung, sondern, maßgeblich seit Jeremy Bentham und Arthur Schopenhauer, die Schmerz- und Leidensfähigkeit, weshalb eine Pathozentrik oder sogar eine Biozentrik geboten sei, die jedem Lebewesen seine eigene Würde zubilligt. Eine (theoretische) Biologie bezweifelt die Möglichkeit, innerbiologisch niedere und höhere Wertigkeiten zu rechtfertigen, sie schließt sich daher dem biozentrischen Standpunkt an. Und die Philosophie des Geistes erklärt, wir könnten uns nicht in fremde Arten hineindenken, so daß man zu dem, wovon man nicht wissen könne, zu schweigen habe.

Eine nähere Betrachtung erweist diese Gegenargumente als nicht durchschlagend genug, um beides, eine Hierarchie des Lebendigen und den Menschen als die Spitze dieser Hierarchie, zu verabschieden. Daß Tiere einen Schutz verdienen, daher von den Menschen nicht beliebig gehalten und genutzt werden dürfen, ist dabei so gut wie unstrittig. Erstaunlicherweise sind es drei Klassiker der Philosophie, die die Gegenargumente zu entkräften helfen und damit en passant zeigen, daß in der Philosophie die neuesten Beiträge nicht notwendig die relevantesten sind, im Gegenteil die Philosophiegeschichte nicht von archivarischer Bedeutung zu sein braucht. Mittlerweile hat das Thema sogar eine fast tagespolitische Aktualität erreicht: Nachdem das Europäische Parlament und der Rat der Europäischen Union eine Richtlinie zum Schutz der für wissenschaftliche Zwecke verwendeten Tiere erlassen haben, muß der deutsche Gesetzgeber diese Richtlinie in deutsches Gesetz umsetzen. Dabei, und selbstverständlich bei Fragen der Tierhaltung und der Tiertransporte, spielen außer den rechtlichen auch ethische Gesichtspunkte eine Rolle, für die wiederum die Debatte um Anthropozentrik, Pathozentrik und Biozentrik unverzichtbar ist (s. auch Kap. 10).

Differenz zu Artefakten

Der erste der für diese Debatte entscheidenden Klassiker, Aristoteles, ist zwar bei Naturforschern schlecht beleumdet, weil er die frühneuzeitliche Forschung behindert haben soll. Tatsächlich trifft das allenfalls für einen scholastischen Aristotelismus, nicht Aristoteles selbst zu. Dieser verdient dagegen schon deshalb wiedergelesen zu werden, weil er die bei den immer raffinierteren Computern und Robotern von heute dringliche Frage aufwirft: Was unterscheidet ein Lebewesen von einem Artefakt? Auch seine Antwort dürfte aktuell sein: Lebewesen sind Naturdinge, die das Prinzip der Bewegung und des Stillstands in sich tragen.

Zweifellos fallen die heute für Lebewesen üblichen Kriterien – der Stoffwechsel, die Fortpflanzung und der Austausch genetischer Informationen – unter Aristoteles' Bestimmung, die man sich schön mit seinem Gegenbeispiel, einem Werkzeug, erläutern kann: Wäre zum Beispiel ein Beil kein Artefakt, sondern ein Lebewesen, so würde es seine charakteristische Fähigkeit, Holz zu spalten, nicht erst beim Gebrauch durch einen Menschen, sondern in sich selbst haben. Sinngemäß trifft es auf Rechner und Roboter zu, daß sie ihre Bewegungsabläufe nicht aus sich heraus in Gang bringen, an deren allererstem Beginn steht vielmehr ein Mensch. Selbst wenn es Programme gibt, die, wie es großsprecherisch heißt, alles bis auf das Schreiben der Programme abnehmen, bleiben die Programme genau dies. Sie sind in letzter Instanz vom Menschen zu entwerfen. Überdies machen sie nur Vorschläge, die von Menschen anzuerkennen oder zu verwerfen sind.

Biozentrische Hierarchien

Wichtiger ist Aristoteles für eine zweite, bis heute aktuelle Frage: Gibt es bei der faszinierenden Vielfalt der Lebendigkeit qualitative Unterschiede, die eine Unter- und Überordnung erlauben? Man braucht nicht zu bestreiten, daß der Urheber der entsprechenden Ordnung, einer Hierarchie des Lebendigen, nicht die Natur selbst ist, sondern der Mensch, weshalb der Ordnungsvorschlag einen konstruktiven Charakter hat. Der Vorschlag darf aber nicht frei erdichtet sein, sondern hat sich nach der Natur zu richten: Eine Hierarchie des Lebendigen darf keine willkürliche, sie muss eine ihrem Gegenstand gerechte Konstruktion sein. Dafür legen sich zwei grundverschiedene Standpunkte nahe. Entweder geht man vom Menschen oder aber vom Lebendigen selbst aus; dort denkt man anthropozentrisch, hier biozentrisch.

Im täglichen Leben handeln freilich selbst die Kritiker der Anthropozentrik, ob sie wollen oder nicht, anthropozentrisch. Tier- und Pflanzenliebhaber lassen zwar möglichst vielen Lebewesen ihr Eigenrecht. Trotzdem werden sie, sobald sie ein Blumenbeet pflegen, Blattläuse als Schädlinge ansehen. Und gesundheitsschädliche Parasiten werden sie in der Regel ohne Gewissensbisse bekämpfen. Weiterhin heißt niemand in seiner Vorratskammer Mäuse oder Ratten willkommen, Hunde und Katzen werden dagegen geliebt. Wieder andere Lebewesen dagegen sind uns ziemlich gleichgültig.

Insofern praktizieren wir alle eine erste, fraglos anthropozentrische Hierarchie, die aus vier Hauptstufen besteht. Am Boden der Hierarchie befinden sich die für den Menschen schädlichen, in der Mitte die nutzenneutralen, darüber die nützlichen oder geliebten Lebewesen und an der Spitze das Wesen, von dem her die Hierarchie konstruiert und praktiziert wird, mithin der Mensch. Ohne ein Minimum an Anthropozentrik ist dieser auch gar nicht lebensfähig. Selbst der Vegetarier lebt auf Kosten anderer, direkt auf Kosten der betreffenden Pflanzen, indirekt, indem er sie anderen Lebewesen wegnimmt.

Für die anderen Spezies allerdings wiederholt sich diese Hierarchie. Es gibt für sie ebenfalls schädliche, nutzenneutrale und nützliche Lebewesen sowie das Wesen, von dem hier die jeweilige Hierarchie gedacht wird. Damit tritt an die Stelle der einen Hierarchie eine fast unendliche Fülle von Hierarchien. Der Singular weicht einem fast unbegrenzten Plural, was den Gedanken der Hierarchie verflüssigt und am Ende sogar aufhebt. Verliert also die Rede von einer Hierarchie des Lebendigen Sinn und Recht?

Lassen wir uns probeweise auf die biozentrische Betrachtung ein, so finden wir bei deren erster Option, der Anpassung einer Tier-, aber auch Pflanzenart an ihren Lebensraum, erneut den fast unbegrenzten Plural: Alle Arten von Lebewesen lösen die gleiche Aufgabe, in der Welt zu bestehen, ohne bei nächster Gelegenheit ihr Leben zu riskieren, auf je arteigene, jedoch gleichermaßen perfekte Weise. Dank entsprechender Evolution ist jede biologische Art wie ein hochartifizieller Seiltänzer, der, auf je anderen Seilen tanzend, seinen eigentümlichen Tanz beherrscht. So kommt die Wüstenmaus in ihrer Welt ebenso bestens zurecht wie der Pinguin in der Antarktis und das Faultier Aï im Amazonas-Regenwald. Ähnliches trifft auf die anderen Arten zu, so daß erneut jeder von ihnen als Spitze einer Hierarchie gelten kann.

Geht man daher, um den Gedanken einer gemeinsamen Hierarchie nicht vorschnell aufzugeben, zu einer zweiten Option über, zum Maß an Überlebensfähigkeit, so vermutet selbst der Laie, daß an der Spitze kaum der Mensch stehen dürfte. Erstens beweist der Homo sapiens seine Überlebensfähigkeit erst seit einigen Hunderttausenden, die Klasse der Kerbtiere, der Insekten, dagegen seit Zigmillionen von Jahren. Zweitens leistet nur er sich den Luxus der systematischen Selbstzerstörung: Nur Menschen, nicht Tiere führen Kriege gegeneinander. Nicht zuletzt gelingt es bloß den Menschen, mittels Technik, verbunden mit kurzsichtigen Gewinninteressen, eine Fülle von Arten auszurotten. Trotzdem dürfte auf weite Zukunft gesehen die Klasse der Insekten den Menschen an Überlebensfähigkeit übertreffen.

Diese Aussage zur Hierarchie an Überlebensfähigkeit bleibt eine Vermutung. Anders verhält es sich, wenn man die Welt des Lebendigen auf das Maß an Differenziertheit der Organe und an Reichtum der Leistungsfähigkeit hin untersucht. Dann entdeckt man eine Rangfolge, deren Grundmuster in der sogenannten Stufenleiter der Natur, dem Aufstieg zu immer reicheren und komplexeren Lebensvollzügen, besteht.

Nach Aristoteles, dem noch von Darwin hochgeschätzten Beobachter der Tierwelt, besteht das «unterste», vegetative Leben nur in Ernährung, Wachstum und Fortpflanzung. Erst das animalische Leben versteht sich zusätzlich auf Wahrnehmung, wobei die niederen Tiere nur über wenige, höhere Tiere dagegen über alle fünf Sinne verfügen, wieder höhere Tiere überdies ihre Wahrnehmung mit Schmerz oder Lust und Begierde verbinden. Im Fall noch komplexer strukturierter Tiere kommen ein Gedächtnis und Lernen, sogar Klugheit im Sinne von Voraussicht hinzu. Die Fähigkeit endlich, sich etwas bewußt ins Gedächtnis zurückzurufen, und überhaupt Sprache und Vernunft besitzt nur der Mensch.

Gemäß dem Brauch, große Innovationen nach ihren Entdeckern zu benennen, darf die skizzierte Hierarchie des Lebendigen, die bei Aristoteles übrigens noch facettenreicher ausfällt, «aristotelisch» heißen. Sie zeichnet sich durch drei Vorzüge aus. Erstens handelt es sich zwar um eine philosophische Konstruktion, die aber nicht aus einer sachfremden Spekulation – etwa theologisch oder metaphysisch –, vielmehr säkular entwickelt wird, und vor allem erfahrungsgesättigt aus dem Gegenstand in seiner empirischen Fülle. Beispielsweise ist der biblische Gedanke vom Menschen als Krone der Schöpfung Aristoteles völlig fremd.

Zweitens ist das Kriterium der Konstruktion nicht der Welt des Menschen entnommen, sondern der des Lebendigen selbst, weshalb man es biozentrisch nennen darf. Allerdings erweist sich der Mensch nach seinen Leistungsfähigkeiten als so herausragend, daß er im Kontinuum des Lebendigen verbleibt und zugleich an dessen Spitze steht.

Vor allem ist die Hierarchie drittens insofern rein deskriptiver Natur, ein bloßes Ist, als aus ihr keinerlei Privilegien abgeleitet werden. Der Mensch erscheint als der geistige Aristokrat der Natur, gewiß. Daß er deshalb, wegen seiner Sprach- und Vernunftbegabung, Sonderrechte habe, beansprucht die Hierarchie aber nicht. Die behauptete Stufenleiter der Natur ist ein rein wissenschaftliches, ein «theoretisches» und weder ein technikpolitisches noch ein gesellschaftspolitisches Thema.

Anthropozentrik der Macht: *maître de la nature*

Der dritte Vorteil ist außergewöhnlich, wie ein Vergleich mit einem die neuzeitliche Zivilisation prägenden Gedanken zeigt. Vorbereitet vom Wissenschaftspolitiker der Moderne, Francis Bacon, bringt ihn ein Mathematiker, Physiker und Metaphysiker, René Descartes, auf die maßgebende Formel. Diesem Lieblingsgegner sowohl der Tierschutzethik als auch der Hirnforschung kommt es nicht auf die Unterschiede in der vorangehenden Stufenleiter, sondern lediglich auf die Spitze, den Menschen, an. Wenn Descartes ihn «maître de la nature» nennt, so meint er nicht den Gegensatz zum Knecht oder Sklaven, sondern den «maestro», den Meister, der sein Metier souverän beherrscht (*Discours de la méthode*, 6ᵉ partie). Und dieses Meistersein gründet Descartes zufolge in naturwissenschaftlicher Kompetenz: Dank entsprechender Naturforschung sollen zum einen die Mühsal des Lebens verringert und zum anderen die Gesundheit erhalten sowie das Leben verlängert werden. Halten wir dies als eine erste Gestalt der Sprach- und Vernunftbegabung fest: Dank der Naturforschung ist nur der Mensch zu einer in ihrer Leistung fast grenzenlosen Technik und Medizin fähig.

Descartes jedenfalls nimmt eine Utilisierung der Sonderfähigkeit des Menschen vor. Philosophen pflegen ihn als Begründer der modernen Subjektivitätsphilosophie zu loben, Hirnforscher ihn wegen seines Leib-Seele-Dualismus zu kritisieren. Ebenso wichtig ist er aber in einer dritten Hinsicht, als Philosoph einer utilitären, medizinisch-technischen Forschung und einer ebenso utilitären Zivilisation.

Niemand, der noch bei Sinnen ist, wird diesen Grundzug moderner Zivilisation, daß die Forschung primär einen für den Menschen lebenspraktischen Nutzen hat, umstoßen wollen. Er ist so selbstverständlich geworden, daß selbst Biologen ihr berechtigtes Plädoyer für die faszinierende Vielfalt ihres Gegenstandes utilitär begründen. Sie berufen sich nämlich auf den langfristigen Nutzen: Daß die biologische Vielfalt dem Überleben der Menschheit und deren Lebensqualität dient, weil nämlich die Pflanzendecke Kohlenstoff bindet, weil die artenreichen Regenwälder ein Reservoir für künftige Arzneimittel bieten, und nicht zuletzt weil Monokulturen schädlingsanfälliger sind, überdies rascher ermüden.

Anthropozentrik des Wissens: «Theoria»

Einer Naturforschung, die sich auf *curiositas*, Wißbegier, verpflichtet, steht es gut zu Gesicht, die Exklusivität des utilitären Standpunktes zurückzuweisen. Zumindest als Kontrapunkt zu Bacon und Descartes sollte sie sich einer Überlegung anschließen, die erneut auf Aristoteles zurückgeht, hier auf den Einleitungssatz der *Metaphysik*, auf dessen Plädoyer für eine pure, also nutzenfreie Neugier.

Das Plädoyer gründet erstaunlicherweise in einem biologischen Vorrang des Menschen, nämlich in dem, was der komparatistische Zoologe Aristoteles exklusiv beim Menschen findet. Für drei andere Alternativen trifft die Exklusivität nicht zu, weder für die Technik, denn sie läßt sich rudimentär schon im Tierreich beobachten, etwa als Dammbau beim Biber, und auch nicht für soziale Verhältnisse, die es im subhumanen Bereich etwa als Bienenvolk und als Ameisenstaat gibt oder als Kraniche und Krähen, die in Schwärmen leben. Selbst quasi-moralisches Handeln läßt sich, werden wir noch sehen, im Tierreich beobachten.

Anders, sogar grundsätzlich anders, verhält es sich erst bei dem, was die Griechen «Theoria» nennen und die heutige komparatistische, nämlich Tier und Mensch vergleichende Psychologie und Geistphilosophie wiederentdecken sollte. Denn sie pflegt die Intelligenz vieler Tierarten, etwa die der Primaten, Delphine und Krähen, zu betonen und die Differenz zur menschlichen Intelligenz oft zu verringern. Dabei hebt sie vor allem auf Werkzeug-Intelligenz und soziale Intelligenz ab, überdies verweist sie auf eine quasi-moralische Fähigkeit.

Während es hier in der Tat Gemeinsamkeiten zwischen Mensch und Tier gibt – wenn auch meist nur rudimentäre Gemeinsamkeiten –, kennen wir eine aus bloßer Wißbegier betriebene Wissenschaft nur vom Menschen. Aus diesem Grund, einer Exklusivkompetenz, räumt Aristoteles, selber Sohn eines königlichen Leibarztes, also einer utilitär tätigen Person, dem nichtutilitären, weder technischen noch medizinischen noch sozialen, sondern rein theoretischen Weltverhältnis den humanen Vorrang ein. Darin liegt nun ein zweites Argument für den Menschen als Hierarchiespitze. Es ist erneut biozentrischer Natur, was zu einer nur auf den ersten Blick paradoxen Position, einer «biozentrischen Anthropozentrik», führt: Eine aus der menschlichen Sonderfähigkeit, eine aus bloßer Wißbegier betriebene Wissenschaft und ebenso eine lediglich von Neugier inspirierte Zivilisation begrenzen eine imperialistische Anthropozentrik und lassen ihren Gegenstand, die Welt des Lebendigen, möglichst weit in Ruhe.

Anthropozentrik der Verantwortung: Moral

Setzen wir unsere Hierarchieüberlegungen mit einer letzten Frage fort: Gibt es innerhalb dessen, was den Menschen auszeichnet, gibt es innerhalb des Humanen, noch eine weitere Hierarchieoption? Wir erinnern uns: Eine radikale Tierschutzethik wirft der Anthropozentrik Gattungsegoismus vor und verlangt, sie genau deshalb zugunsten einer Biozentrik aufzugeben. Dabei vergißt sie zweierlei. Einerseits übersieht sie, daß der Mensch ein Lebewesen ist, daher um seiner Biologie willen einer Selbstbezogenheit und einer biozentrischen Anthropozentrik bedarf. Infolgedessen besteht zwischen den beiden Betrachtungsweisen, der Anthropozentrik und der Biozentrik, nur scheinbar ein purer Gegensatz. In Wahrheit ist ein gewisses Maß an Anthropozentrik erneut aus biozentrischen Gründen unvermeidbar. Denn die Biosphäre bildet ein System wechselseitiger Nutzung, bei dem jede Spezies ein Auf-sich-Bezogensein, eine Spezienzentrik, pflegt.

Um dies einzusehen, braucht es kein Studium der Biologie. Wie die Alltagserfahrung zeigt, wird jede Kiesgrube, die nicht vergiftet ist, rasch von Flora und Fauna bevölkert. Man darf verallgemeinern: Ob es Pflanzen- oder Tierarten sind – wo sie auf keine externen natürlichen Grenzen stoßen, breiten sie sich mehr und mehr aus. Der in der Natur übliche Artenegoismus ist in der Sprache der politischen Philosophie sowohl imperialistisch als auch despotisch eingefärbt. Die neuere Forschung, die Soziobiologie, lehrt dafür drei gute Gründe. Man kann sie auch als Gebote der Klugheit formulieren, diktiert von der Logik des Überlebens in der globalen Konkurrenz um knappe Ressourcen (vgl. Höffe [4]2000, Kap. 12).

Erstes Gebot: Zur Erhaltung seiner Lebensprozesse muß jedes Lebewesen der Natur Ressourcen entziehen und sie zugunsten der eigenen Bedürfnisse verändern. Ich nenne das «Oikopoiese» und verstehe darunter die Aufgabe, die Natur zur eigenen Heimstatt, zum «oikos», umzuarbeiten («-poiese»). Was nach der *Genesis* für den Menschen charakteristisch sein soll, gilt in Wahrheit für die gesamte Biosphäre: In artspezifischer Variation machen alle Lebewesen sich die Erde untertan.

Angesichts knapper Ressourcen setzt sich nun zweitens diejenige Art gegen die Konkurrenz durch, die mittels wachsender Zahl von Exemplaren einen Druck auf die anderen Arten ausübt. Dieser Umstand führt zum Expansionsgebot der *Genesis* und trifft erneut nicht bloß auf den Menschen zu: «Mehret euch und füllet die Erde». Gegen eine Praxis, die in vielen humanen Bereichen dringend nötig wäre, gegen ein Nullwachstum, erhebt die Logik des Überlebens Einspruch. Die naturübliche, «biozentrische» Bevölkerungspolitik ist imperialistisch.

Drittens verbietet der Konkurrenzdruck, das (aufgeklärte) Selbstinteresse einzuschränken und auf die Interessen anderer Arten Rücksicht zu nehmen. Das existentielle Interesse am Überleben kennt keine internen Grenzen; naturüblich ist nicht der limitierte, sondern der unlimitierte, sowohl expansive als auch despotische Egoismus.

Hier drängt sich nun die Frage auf, wie die Natur, wenn in ihr ein expansiver Artenegoismus vorherrscht, die doch so bewunderte Fähigkeit zur Koexistenz zustande bringt. Verantwortlich sind zwei Leitfaktoren: Erstens kann man nicht; zweitens will man nicht; dort fehlt die Macht, hier das Interesse. Die Macht fehlt, weil irgendeine zum Leben notwendige Ressource für jede Art nur begrenzt verfügbar ist. Das einfache Exempel: Eine Raubtierart, die ihr Beutetier ausrottet, rottet sich selbst mit aus. Das Interesse wiederum fehlt, weil vielfach die Kooperation einträglicher ist als der rücksichtslose Kampf mit Zähnen und Klauen. Wie im humanen, so bringt auch im subhumanen Bereich die Kooperationsfähigkeit oft einen evolutionären Vorteil. Ein dritter, vermutlich sogar der wichtigste Faktor besteht in einem zweiten Machtdefizit: Die Expansionstendenz jeder Spezies stößt auf dieselbe Tendenz der vielen anderen Arten. In der Natur herrscht also statt einer speziesinternen und dann unzuverlässigen Limitation die speziesexterne und hochverläßliche soziale Limitation vor, die Begrenzung durch die Konkurrenten.

Bekanntlich geht beim Menschen diese naturinterne Begrenzung mehr und mehr verloren. Im Laufe der Zivilisationsgeschichte wächst nämlich die Stärke des Menschen, und in der Neuzeit nimmt sie aus zwei Gründen sogar exponential zu: Dank einer wissenschaftsgeprägten Technik wird der Mensch machtmäßig überlegen. Und dank einer kulturellen Veränderung, einer Metamorphose von ehemals moralisch kritisierten Lastern zu moralisch neutralen Interessen, nutzt der Mensch seine Überlegenheit kräftig, oft genug gnadenlos aus. Beispielsweise wird aus dem Laster der Habgier eine vielfach bewunderte Geschäftstüchtigkeit. Die Verbindung eines so gut wie unbegrenzten Könnens mit einem ebenso unbegrenzten Wollen führt nun zu einer Zivilisationsform, die das naturübliche «Recht» des Stärkeren in alle Richtungen ausspielt, dabei zunächst fremde Arten, dann sogar das arteigene Überleben gefährdet.

Diese soziobiologischen Überlegungen hängen mit jener bislang dominanten Hierarchie des Lebendigen zusammen, die dem Vorwurf der Anthropozentrik ausgesetzt ist: Wer wie manch radikaler Naturethiker das «Recht» des Stärkeren aufzugeben verlangt, schreibt dem Menschen einen überlegenen Rang zu. Wer das anthropozentrische Denken ernsthaft verabschieden will, muß sich also vorab darüber im klaren sein, daß dieses Denken nicht nur tatsächlich wirkt, sondern selbst in der Kritik an ihm immer schon gegenwärtig ist.

Eine Naturethik, die sich für radikal deshalb hält, weil sie die bislang vorherrschende Anthropozentrik überwindet, erweist sich hier als inkonsequent, sogar widersprüchlich. Wenn eine Spezies so mächtig wird, daß sogar die Gesamtheit aller anderen Spezies ihr nicht mehr Paroli bieten kann, wenn die naturübliche, speziesexterne Limitierung entfällt, bleibt nur die speziesinterne Begrenzung übrig. An die Stelle der Kontrolle von außen tritt jene Selbstkontrolle, die wir «Moral» nennen; an die Stelle fremder Konkurrenz tritt also die eigene Moral.

Nicht daß der Mensch sich in den Mittelpunkt stellt, auch nicht daß er zur Technik fähig ist, zeichnet ihn exklusiv als Spitze einer Hierarchie des Lebendigen aus. Das erste findet sich vielmehr bei allen Spezies, das zweite zumindest bei einigen. Neuartig ist erst zweierlei: eine nutzenfreie kognitive Aktivität, die «Theoria», und die Fähigkeit, das naturübliche Sich-in-den-Mittelpunkt-Stellen einzuschränken. Wegen der zweiten Fähigkeit, der Fähigkeit zur Moral, ist der Menschen das *animal morabile*, das Tier, das zwar nicht immer moralisch handelt, das aber zur Moral fähig und seinem eigenen Wesen nach dazu berufen ist.

Ohne diese Fähigkeit, deretwegen der Mensch dann doch einen höheren Rang einnimmt, ohne die Moralfähigkeit, sind übrigens eine ökologische Naturethik und eine Tierschutzethik undenkbar. Nur eine Spezies, die sich bei der Selbstbehauptung als weit stärker als alle anderen Spezies erweist, macht diese Ethik nötig. Und nur eine Spezies, die das Prinzip Selbstbehauptung überwindet und sich damit als von Grund auf höherrangig erweist, macht sie möglich.

Ohne Zweifel findet sich in der Tierwelt moralanaloges Verhalten, insbesondere auch dessen negative Seite. Sogar Vögel, etwa Regenpfeifer, können einen gebrochenen Flügel vortäuschen, um einen Raubfeind von ihrem Nest abzulenken. Derartiges Verhalten läßt sich aber nur dann als Verletzung von Moral, nämlich als bewußte Täuschung, als Lug und Betrug, deuten, wenn eine strukturelle Komplikation gegeben ist: daß das Verhalten *als* Täuschung stattfindet. Zum Begriff des Lügens gehört, daß man bei einem anderen absichtlich eine falsche Überzeugung hervorzurufen sucht, wofür es eine geistige Fähigkeit braucht, die man bei hochentwikkelten Tieren noch nicht gefunden hat. Folglich liegt bei den gern angeführten subhumanen Beispielen kein absichtliches Hinters-Licht-Führen, kein moralwidriges Verhalten, vor. Das, was manche Tierforscher als Ansätze von Moralfähigkeit bezeichnen, ist in Wahrheit erst eine Vorstufe. Sollten aber künftig Gegenbeispiele gefunden werden, so wären die betreffenden Wesen in die Rechtswelt von Vertragsrecht, Strafrecht und Völkerrecht zu integrieren. Daß in Wahrheit niemand daran denkt, zeigt deutlich genug, wie man die geistigen Fähigkeiten auch hochentwickelter Tiere tatsächlich einschätzt: Als höher denn – angeblich – bislang angenommen, aber nicht als so hoch, daß man ihnen eine veritable Moral- und Rechtsfähigkeit unterstellt. Man straft zwar Menschen, die Tiere quälen, aber keine Katzen, die mit der Todesangst von Mäusen spielen. Und niemand denkt an Völkerrechtsverträge, die Gruppen von Menschen mit Gruppen von Primaten, Delphinen oder Krähen abschließen.

Bleiben wir dabei, den Entdecker des einschlägigen Argumentationsmusters zu würdigen und wenden uns dem dritten angekündigten Denker zu. Er ist einer der bedeutendsten Philosophen des Lebendigen, auch wenn er als solcher kaum wahrgenommen wird: Immanuel Kant. Seine *Kritik der Urteilskraft* (Paragraph 83) sieht die einschlägige Besonderheit des Menschen im Verstand, hebt aber nicht dessen kognitive, sondern die praktische Seite hervor, das Vermögen, sich selbst willkürlich Zwecke zu setzen. Insofern nur der Mensch dieses Vermögen besitzt, liegt darin ein Vor*rang,* an den Kant das Vor*recht* anschließt, legitimer Herr der Natur zu sein.

Bloß als Naturwesen betrachtet, steht der Mensch im Kontinuum der Natur; er hat, wie man in Westafrika erzählt, mit den Tieren den gleichen Vater. Und er teilt, wie die Molekularbiologie präzisiert, selbst mit einfachen Tieren einen Großteil der Gen-Ausstattung. Kant führt übrigens eine Variante der Stufenordnung an, die nichtidyllische Variante: Das Pflanzenreich, «Gewächsreich» genannt, bietet dem Tierreich Nahrung, und im Tierreich dienen die pflanzenverzehrenden Tiere den Raubtieren zur Nahrung. Es herrscht das Gesetz des Fressens und Gefressenwerdens. Dieses Gesetz, entdramatisiert «Nahrungskette» genannt, findet sich im üppigen Regenwald nicht mehr als in der nur scheinbar lebensfeindlichen Arktis und Antarktis, hier von der kleinsten Kieselalge über Schnecken, Krebse und den Krill bis zu den Bartenwalen.

Die Gesamtheit dieser Naturreiche kann nun der Mensch auf jene vielfache Weise gebrauchen, die ihm sein Verstand lehrt; er ist fähig, die Natur zu beherrschen. Was Kant hier nicht erwähnt, aber zur wechselseitigen Instrumentalisierung bloßer Naturwesen gehört: Wenn sich der Mensch nicht vorsieht, kann auch er Opfer von fleischverzehrenden Tieren und können seine Pflanzungen und Beete zum Opfer pflanzenverzehrender Tiere oder expansiver Pflanzen werden.

Aus der Fähigkeit der Nutznießung folgt allerdings noch kein Recht; dazu braucht es einen Perspektivenwechsel. Solange man sich in biozentrischer Perspektive im gemeinsamen Horizont der Natur bewegt, ist der Mensch ein Naturwesen, das dank seiner Intelligenz utilitäre Naturforschung betreiben und mit ihrer Hilfe die Natur zu beherrschen vermag. Von einem Recht auf Herrschaft wie überhaupt von Rechten kann man erst dann sprechen, wenn man den Horizont der Natur zum Horizont von Freiheit, hier verstanden als Zurechnungsfähigkeit, hin überschreitet, mithin den Horizont von Recht und Moral betritt. Lediglich als Naturwesen betrachtet, kann und darf der Mensch sowohl Täter als auch Opfer von Instrumentalisierung sein. Erst wegen seiner Moralfähigkeit sperrt er sich dagegen und verlangt, was wir von Kants kategorischem Imperativ wissen: nie bloß als Mittel, sondern stets auch als Zweck behandelt zu werden.

Aus diesem, aber auch nur diesem Grund, als Moralwesen, erhält der Mensch ein veritables Recht zur Naturbeherrschung. Selbstverständlich ist es nur ein Recht, das seinem moralischen Wesen gerecht wird, also nicht willkürlich, schon gar nicht despotisch und ausbeutend wahrzunehmen ist.

Damit ergibt sich ein drittes Argument und zugleich eine dritte Option für den Menschen als Spitze der Hierarchie. Sofern der Mensch nicht in einer nutzenfreien Forschung die Natur in Ruhe lässt, ist er als Moralwesen aufgefordert, in die Natur, und zwar die doppelte Natur – sowohl in die äußere, materielle Natur, als auch in die eigene, innere, denkende Natur –, lediglich nach Maßgabe von Moral einzugreifen. Somit ist allein der Mensch zu etwas verpflichtet, was keinem anderen Wesen in der uns bekannten Welt aufgebürdet wird, nämlich zu einer Verantwortung für die Welt außerhalb der eigenen Spezies, zu einer speziestranszendierenden Einstellung.

Fraglos braucht der Mensch die Zweckmäßigkeit in der subhumanen Natur weder zu verbessern noch zu steigern, denn dank der Evolution darf man die Natur für wohlgeordnet halten. Selbst ein Laienbeobachter sieht, daß beispielsweise die Pflanzen außer ihrem Eigenwert den pflanzenfressenden Tieren und diese wiederum den Raubtieren dienen. Und Raubtiere, die ihre Beutetiere geschlagen haben, legen sich hin und gönnen sich nach genossener Mahlzeit Ruhe. Der Mensch in seiner Unersättlichkeit treibt dagegen einen durch Technik, Ökonomie und Gier gesteigerten Raubbau an der Natur, der angefangen mit dem Überjagen und Überfischen das bisherige Gleichgewicht kräftig stört. Für die Ordnung in der Natur sorgt er daher am besten, indem er sich selbst zur Ordnung ruft.

Ziehen wir Bilanz: Will man eine Hierarchie des Lebendigen entwerfen, so kann der Mensch in dreierlei Hinsicht als deren exklusive Spitze verstanden werden. In jeder der drei Hinsichten ist Anthropozentrik nicht vermeidbar, die neueren Versuche, sie zu verabschieden, sind daher übereilt. Ihre Argumente sind durchaus triftig: Die außerhumane Natur verdient Respekt; die Rede von einem höheren Rang bzw. Wert des Menschen läßt sich nicht ausschließlich innerbiologisch rechtfertigen; und der Versuch, sich in fremde Arten hineinzudenken, stößt auf epistemologische Schwierigkeiten.

Die Tragweite der Argumente wird aber überschätzt. Die Anthropozentrik hat sich zur Biozentrik zu öffnen, gewiß. Eine schlichte, zugleich imperialistische und despotische Anthropozentrik, wenn sie denn jemals ernsthaft vertreten wurde, läßt sich nicht mehr vertreten. Eine zur Biozentrik hin geöffnete Anthropozentrik bleibt jedoch in dreierlei Hinsicht, dank des Könnens, dank des Wissens und dank der Moralfähigkeit des homo sapiens, unaufhebbar. Die erste Hinsicht ermöglicht dem Naturwesen Mensch ein naturimmanentes Überschreiten der Natur; in beiden anderen Hinsichten überschreitet er die Natur radikal.

Der Mensch hat also wie jede Spezies ein «Recht», nach Maßgabe seiner Fähigkeiten sein Leben zu sichern und zu erleichtern. Dank seiner wissenschaftsgestützten Intelligenz, dank einer nutzenorientierten Naturforschung, hat er wie keine andere Spezies die Befähigung zum «maître de la nature», zum medizinisch-technischen Meister über die Natur. Die Intelligenz befähigt den Menschen aber auch, sich von aller Nutzenorientierung freizumachen und nach Aristoteles' Muster als nutzenfreier Naturforscher in purer Neugier das Wissen um seiner selbst zu suchen.

Als Moralwesen schließlich übernimmt der Mensch, wie Kant herausgearbeitet hat, Verantwortung für sich und die Welt. Dabei erhält Descartes' «maître de la nature» eine kritische, jetzt nicht kognitive, sondern praktische Reflexivität. Wenn er mit ihrer Hilfe nicht alles Machbare auch tatsächlich macht, dann kann die Eule der Minerva, der Göttin der Weisheit, die laut Hegel nur am Abend fliegt, ihren Flug rechtzeitig, also am Abend davor beginnen.

4. Können Tiere denken?
Ein Literaturbericht

Drei Modelle

Manche Tierphilosophen halten die Wertschätzung der intellektuellen Fähigkeiten ihres Gegenstandes für neu. In Wahrheit treten im Lauf der Philosophiegeschichte drei Modelle auf. Und das eine von ihnen – es mag theriophil (von griechisch *thērion*: Tier, und *philos*: lieb, befreundet) heißen – schätzt die Fähigkeiten der Tiere als hoch und die Differenz zum Menschen als gering ein. Im Gegensatz dazu steht das theriophobe, tierfeindliche oder besser anthropophile, menschenfreundliche Modell, das die intellektuellen Fähigkeiten des Menschen als so exzeptionell ansieht, daß sie den Tieren schlicht abgesprochen werden.

Theriophil ist beispielsweise der Mathematiker, Philosoph und Guru Pythagoras. In seiner Seelenwanderungslehre sieht er zwischen Mensch und Tier keinen prinzipiellen psychischen Unterschied. In der Neuzeit ist nachdrücklich theriophil der Skeptiker und Moralist Montaigne. Aller Selbstüberschätzung abhold, bestreitet er dem Menschen alle angeblichen Sonderfähigkeiten. Auch Tiere besäßen nämlich Affekte, Tugenden, Voraussicht und eine zum Lernen befähigende Urteilskraft. Weil man das Innere von Tieren nicht kenne, könne man sie nicht einmal für frei von Religion erklären.

Ein anderer Mathematiker dagegen, zugleich Physiker und Metaphysiker, legt auf die Differenz wert. Auch wenn die verbreitete Einschätzung als theriophob die Position überspitzt, trifft doch die Kennzeichnung als anthropophil zu. Im Rahmen der Grundunterscheidung von Seele/Geist und Körper, von *res cogitans* und *res extensa*, von denkenden und ausgedehnten Wesen, hält Descartes die Tiere für Maschinen, die allerdings empfindungsfähig und von Gott unvergleichlich besser geordnet seien, als der Mensch je eine Maschine erfinden könnte.

Das dritte Modell nimmt eine umsichtigere Bewertung vor. Es ist der überragende Zoologe der Antike, der noch von Darwin überaus hochgeschätzte Aristoteles, der einen mittleren Weg zwischen Theriophilie und Anthropophilie einschlägt, nämlich die Wertschätzung der Tiere mit klarem Differenzbewußtsein verbindet. Aufgrund einer für die damalige Zeit ungewöhnlich reichen Erfahrung, ergänzt um eine ontologische Toleranz, ist ihm jede ontologische Geringschätzung von Tieren fremd. Er spricht allen Tieren den Tast- und Geschmackssinn zu, den freibeweglichen auch die höheren Sinne des Sehens und Hörens, außerdem Lust- und Schmerzempfindungen und die Fähigkeit des Begehrens. Einige verfügen sogar über Vorstellungskraft und die Fähigkeit des Erinnerns. Freilich fehle ihnen allen die Vernunft im engen und strengen Sinn, sowohl die Fähigkeit, Allgemeinbegriffe zu bilden, Urteile zu fällen und Schlußfolgerungen zu ziehen, mithin eine theoretische Vernunft, als auch jene praktische Vernunft, die sich Vorstellungen von Gut und Schlecht, von Recht und Unrecht macht und mit ihrer Hilfe politische Gemeinschaften zu bilden vermag.

Anders als viele Tierethiker und Hirnforscher sollten sich daher Tierphilosophen nicht an (einem verkürzten) Descartes messen. Als methodische Einstellung können sie Montaignes theriophile Skepsis übernehmen und sich ständig vergewissern, ob die angeblichen Sonderfähigkeiten der Menschen nicht bloß eingebildet sind. Wo Unterschiede zutage treten, sollten sie aber weder verleugnet noch verkleinert werden. Dafür drängt sich als Muster Aristoteles' Fähigkeit auf, im Ausgang von einer breiten empirischen Basis gleichermaßen Wertschätzung und Differenzbewußtsein zu pflegen. Heute ist beispielsweise anzuerkennen, daß die Menschen mit den Schimpansen nicht weniger als 98%, selbst mit Mäusen noch 95% der DNA teilen. Daraus zu folgern, Mäuse teilten mit Menschen

95%, mit Schimpansen sogar 98% des geistigen Lebens, wäre aber methodisch ein offensichtlicher Fehlschluß und widerspräche aller Erfahrung. Die auf den ersten Blick überraschend enge genetische Übereinstimmung ist kein Argument für eine auch nur annähernd enge kognitive Verwandtschaft.

Daß auch subhumane Wesen über ein gewisses Maß an geistigen Fähigkeiten verfügen, darf mittlerweile als unstrittig gelten. In einem geradezu enzyklopädischen Kompendium und unter Berücksichtigung von etwa eineinhalbtausend Fachtiteln stellt eine russische Verhaltensforscherin, Zhana Reznikova 2007, die einschlägigen Ergebnisse sowohl der Feld- als auch der Laborforschung vor. Dabei stellt sie nicht die Primaten und andere «höhere» Tiere wie Delphine in den Vordergrund, auch wenn sie selbstverständlich mitbehandelt werden. Als Prüfstein gelten vielmehr die seit E. O. Wilsons «Sociobiology» (1975) auch Laien vertrauten Ameisen.

Da sich also den Tieren geistige Fähigkeiten nicht länger abstreiten lassen, kann die «vernünftige» Frage nur noch lauten, über wie viel davon sie verfügen und wo Grenzen liegen, derentwegen sie an den Menschen nicht annähernd heranreichen. Auf theoretischer Seite lautet die Frage: «Können Tiere denken?», auf praktischer Seite: «Können Tiere handeln; sind sie moralfähig und politikfähig?» Dort geht es um kognitive, hier um konative (Strebens-)Fähigkeiten.

Können Tiere denken?

Während eine Verhaltensforscherin konzeptuelle Überlegungen beiseite schieben darf, muß der Philosoph sich auf sie einlassen. Auf die unverzichtbare Vorfrage, was denn die Bausteine des Denkens, die Begriffe, sind, antworten einige analytische Philosophen mit verschiedenen, zunächst sehr bescheidenen, dann zunehmend anspruchsvolleren Arten von Begriffen. Diese Vorarbeit erlaubt es, das Verfügen über einfache Begriffe eventuell auch Tieren zuzusprechen, ferner intelligenten Maschinen und nicht zuletzt dem Menschen in seiner ontogenetischen Frühphase, also dem Kleinkind. Über die anspruchsvolleren Bedingungen verfügt allerdings nur der kognitiv entwickelte Mensch.

Hans-Johann Glock 2007 und 2008 unterscheidet in seiner Züricher Antrittsvorlesung drei Positionen. Die erste Position, ein der Theriophobie nahekommender «Lingualismus» vom Typ des einflußreichen US-Philosophen Donald Davidson, streitet nichtsprachfähigen Tieren jede Fähigkeit zu Begriffen ab. Die zweite, Mentalismus genannt, spricht auch Tieren Gedanken zu, die sich zudem von menschlichen Gedanken nur gradmäßig unterscheiden. In Aristoteles' gleichermaßen theriophilem wie anthropophilem Geist vertritt Glock selbst die dritte, mittlere Position. Sie erkennt für Tiere ein Denken an, aber nur deren recht einfache Art, eine weder an Begriffe noch an Sprache gebundene Gestalt.

Zwei weitere Philosophen, der Bochumer Albert Newen und sein Bonner Kollege Andreas Bartels, stellen ebenfalls begriffsanalytische Überlegungen an, greifen aber über sie hinaus. Sie führen nämlich die erstaunlichen Fähigkeiten einiger aus der Forschungsliteratur bekannter Tiere vor, beispielsweise des Papageis Alex und des Bonobo-Affen Kanzi: Alex kann die Eigenschaft «rot» an sehr verschiedenen Gegenständen und an demselben Gegenstand verschiedene Eigenschaften wie «aus Holz» und «quadratisch» unterscheiden. Kanzi wiederum vermag abstrakte Symbole in neuen Situationen zu verwenden und auf eine ihm nicht vorher beigebrachte Weise neu zu kombinieren. Newen und Bartels schließen daraus, daß sowohl Alex als auch Kanzi über wahrnehmungsbasierte Begriffe verfügen (2007, 299 ff.).

Dieser Ansicht widerspricht Reinhard Brandt 2009. Aus einer umfassenden Kenntnis der einschlägigen philosophischen und tierpsychologischen Literatur beantwortet er seine Titelfrage «Können Tiere denken?» mit einem klaren «Nein». Der Marburger Philosoph streitet den Tieren zwar weder die Fähigkeit zum diskriminatorischen Wahrnehmen noch zum Sich-Freuen oder Sich-Erschrecken ab. Ohnehin sind erstaunliche kognitive und emotionale Fähigkeiten vieler Tierarten dem Menschen seit langem bekannt. Denken im strengen Sinn aber könnten Tiere nicht. Aufgrund ihrer Natur fehlen ihnen nämlich, sagt Brandt, zwei Voraussetzungen. Sie verfügen durchaus über ein «analogon rationis», also etwas zur Vernunft Analoges. Aber die bloß auf Wahrnehmung beruhenden kognitiven Fähigkeiten erreichen noch nicht die Stufe des Denkens: Tiere «verfügen über keine geeigneten Begriffe, und sie kennen keine gemeinsame Öffentlichkeit, die durch das Zeigen geschaffen und im Urteil vertieft wird» (2008, 10).

Brandt konzentriert sich in seinem Essay auf das Denken, also auf die theoretische bzw. kognitive Sonderbegabung des Menschen (vgl. dazu Perler/Wild 2005). Die emotionale und die praktische, namentlich moralische Seite wird nur kurz gestreift, obwohl ihm, dem Kant-Forscher, weder das Thema noch dessen Tragweite fremd sind.

Menschliche Kommunikation ist grundlegend kooperativ

Auch der Leipziger Schimpansenforscher und Entwicklungspsychologe Michael Tomasello setzt zur Einschätzung der Fähigkeiten von Tieren im vorsprachlichen Bereich an. Mit diesem Ansatz will er aber nichts weniger als das Geheimnis über die Herkunft der menschlichen Sprache lüften (2009, 9). Der Kodirektor am Leipziger Max-Planck-Institut für Evolutionäre Anthropologie will an die Stelle von Spekulationen eine endlich überzeugende Erklärung setzen. Die eventuell als «bloß spekulativ» zu entlarvenden Vordenker tauchen allerdings nicht auf – weder Platon noch Aristoteles, weder Hobbes noch Herder oder Humboldt, noch die großen philosophischen Anthropologen der ersten Hälfte des 20. Jahrhunderts. Gleichwohl läßt sich Tomasello philosophisch inspirieren, jetzt aber von Ludwig Wittgenstein, der jedem Kapitel ein Motto beisteuert.

Seine Hauptthese, menschliche Kommunikation sei grundlegend kooperativ, führt Tomasello auf den Sprachphilosophen H. Paul Grice zurück (ebd.). Ein Philosoph darf aber auch an Aristoteles erinnern, der am klassischen Ort für die politische Natur des Menschen (*Politik*, I 2) die beiden anthropologischen Bestimmungen, die Sprach- und die Politikfähigkeit, zusammenführt und dabei den kommunikativen Charakter der Sprache hervorhebt.

Wie Glock und Newen/Bartels so fixiert sich auch Tomasello nicht auf die Sprache. Nicht Allgemeinbegriffe, Aussagen und Schlußfolgerungen gelten als Lackmustest für die Ausnahmestellung des Menschen, sondern ein sowohl ontogenetisch als auch phylogenetisch weit elementareres Phänomen. Er stellt aufmerksamkeitsheischende Gesten in den Mittelpunkt, in denen er sogar das *missing link* im Hinblick auf die menschliche Kommunikation sieht. Sein Argument: Sie führen eine Aufspaltung ein «zwischen der referentiellen Intention, daß der Empfänger auf etwas blicken soll, und der sozialen Intention, daß er infolgedessen etwas tun soll» (2009, 67).

Während nun Primaten lediglich über diese «intentionale» Kommunikation verfügen, versteht sich nach Tomasello allein der Mensch auf eine «kooperative» Kommunikation. Damit unterscheidet der Autor zwei grundlegend verschiedene Kooperationsstufen, worin man den aristotelischen Geist von Wertschätzung der Tiere mit gleichzeitigem Differenzbewußtsein entdecken kann: Primaten können Ziele und Wahrnehmungen nur verstehen, Menschen vermögen sie miteinander zu teilen. Und diese sowohl typisch als auch spezifisch menschliche Kommunikation beginnt vorsprachlich mit zwei Arten natürlicher Gesten. Beide, die Zeigegeste und die ikonische Geste, das Gebärdenspiel, werden, belegt Tomasello mit einfallsreichen Experimenten, nur von Menschen, aber von ihnen allen, benutzt (2009, 68 ff.).

Folgerichtig erklärt Tomasello, die Entwicklung des menschlichen Geistes beginne nicht mit Konflikt und Konkurrenz, sondern mit einer besonderen Art von Kommunikation, ihrer nicht bloß intentionalen, sondern kooperativen Gestalt.

Die detailliert vorgestellten Forschungsergebnisse haben eine enorme Tragweite. Erstens beginnt die hier anerkannte Sonderstellung des Menschen nicht, wie häufig angenommen, bei der Sprache, sondern wesentlich vorsprachlich. Zweitens greifen bei der vorsprachlichen Ausnahmefähigkeit zwei kommunikationsorientierte Leistungen ineinander, die bei der Sprache aufeinander bezogen bleiben: der intentionale Bezug auf Gegenstände der (objektiven) Welt und die soziale Beziehung zu seinesgleichen.

Auf einen weiteren Punkt geht Tomasello selbst nicht ein: Daß seine Ergebnisse auf die unter Philosophen umstrittene Theorie der Wahrheit durchschlagen. Im Vordergrund der einschlägigen Debatten stehen drei Theorien: Die Korrespondenztheorie der Wahrheit hebt auf den Gegenstandsbezug ab, die Kohärenztheorie auf den inneren Zusammenhang eines Bündels von Aussagen und die Konsenstheorie auf die Übereinstimmung der urteilenden Subjekte. Übernimmt man Tomasellos Einsichten, so kann man diese drei Theorien nicht länger als Konkurrenten ansehen, die entweder exklusiv oder prioritär richtig sind. Vielmehr ergänzen sie sich, und dies geschieht schon auf der vorsprachlichen Stufe: Menschen, die Gesten austauschen, beziehen sich in ein und derselben Geste auf einen Gegenstand, teilen diesen Gegenstand (Korrespondenz plus Konsens) und verstehen sich in ihrer Gestik aufgrund vorgängig gemeinsamer Erfahrungen (Konsens plus Kohärenz).

Tomasello selbst legt auf eine andere Bedeutung wert. Er vermeint, den Vorschlag des Sprachphilosophen Noam Chomsky «vom Kopf auf die Füße» (2009, 21) zu stellen. Was genau er Chomsky zuschreibt, sagt er nicht. Vermutlich denkt er an die These, das Sprachvermögen sei eine so komplexe kognitive Fähigkeit, die vom Menschen nicht in der bekannt kurzen Zeit und aufgrund unzulänglicher Erfahrungsdaten erworben werden könne. Anzunehmen sei vielmehr eine reiche, dem menschlichen Geist angeborene Struktur. Nach Chomsky ist das Sprachelernen als eine Art von Heranreifen zu verstehen, das zwar günstige Umweltbedingungen braucht, im Kern aber genetisch festgelegt ist. Tomasellos Gegenthese lautet nun: Die grundlegenden Aspekte menschlicher Kommunikation werden «als biologische Anpassungen zur Kooperation und sozialen Interaktion … aufgefaßt» (2009, 21 f.). Dagegen werden «die im engeren Sinne sprachlichen Dimensionen der Sprache, einschließlich der grammatikalischen, kulturell konstruiert und von einzelnen Sprachgemeinschaften weitergegeben» (2009, 22). Diese Gegenthese wird aber von Tomasellos Befunden kaum gedeckt. Eindrucksvoll sind sie, gewiß. Aber begründen sie auch, was das Bild «vom Kopf auf die Füße stellen» suggeriert? Können sie den «Idealisten» oder «Rationalisten» Chomsky zugunsten des «Materialisten» oder «Empiristen» Tomasello widerlegen?

Anders verhält es sich zu den sprach- und geistphilosophischen Überlegungen von Glock und Newen/Bartels. Sie werden von Tomasello zwar nicht entwertet, in ihrer Tragweite aber in dreierlei Hinsicht relativiert: Zum ersten entscheidet sich die Besonderheit des Menschen nicht am (gradualisierten) Begriff des Begriffs. Zum zweiten beginnt die Differenz von Mensch und Tier sowohl begrifflich als auch in zweifacher Hinsicht historisch, nämlich phylogenetisch und ontogenetisch, vor der Begriffsfähigkeit. Schließlich sind die kognitiven Fähigkeiten des Menschen nicht bloß sekundär, sondern originär als kooperativ-kommunikativ einzuschätzen.

Die größere biologische Nähe

Intelligente Vertreter der Philosophie des Geistes verstehen ihre Arbeit als Teilbeitrag in einem wesentlich interdisziplinären Forschungsverbund. Auch wenn sie selbst zu den anderen Disziplinen keinen kreativen Beitrag leisten, machen sie sich doch kundig, beispielsweise bei einer komparatistischen Psychologie. Das erste Titelwort der einschlägigen Vergleichsstudie des polnischen Psychologen Wojiciesch Piscula erinnert an den berühmten Einleitungssatz von Aristoteles' *Metaphysik*: «Alle Menschen streben von

Natur nach Wissen.» Muß der Mensch auch diese anthropologische Besonderheit, eine natürliche Wißbegier, mit den Tieren teilen? Piscula bietet einen informativen Ein- und Überblick über die Forschung. In den kundigen Ausführungen findet man alle großen und manche nicht so großen Namen, selbstverständlich auch Tomasello. Als plausibel erscheint die leitende Hypothese, daß für die Evolution der Wirbeltiere drei Faktoren eine Rolle spielten, die häufig als Sonderfähigkeit des Menschen verstanden werden (2009, 13). Wer aber zu ihnen, der Neugier, dem Spiel und der Intelligenz, genaue Differentialanalysen erwartet, einerseits zu den drei Faktoren selbst, andererseits zu deren verschiedenartiger Präsenz bei den unterschiedlichen Tierarten, wird enttäuscht.

Ein anderes Beispiel für einen Forschungsbereich, in dem sich Philosophen klugerweise umschauen, ist die interdisziplinäre Altersforschung. Angeregt durch den demographischen Wandel in entwickelten Ländern wie den USA (hier erwartet man für das Jahr 2030 eine Verdoppelung der Zahl der über 65jährigen), bieten die auf Verhaltens- und Zell-Neurowissenschaft spezialisierte Psychologin Jennifer Bizon und die mit biomedizinischer Beratung befaßte Alisa Woods in einem Sammelband Antworten auf die Frage (2007): Wie sieht ein «gesundes», «erfolgreiches» kognitives Altern aus? Oder: Wie tritt man der altersbedingten Abnahme von Gedächtnisleistungen entgegen? Aber auch: Wie geht man mit pathologischem Altern, etwa der Alzheimer Krankheit, um? Ein wichtiges Motiv, zu diesen Fragen eine Tierforschung zu betreiben, liegt auf der Hand: Mit Tieren erscheinen Versuche als erlaubt, die sich beim Menschen wegen seines moralischen Status verbieten.

Auch hier kann man eine gewisse Enttäuschung nicht verdrängen. Die Forschungsergebnisse, die ausgebreitet werden, sind zwar beachtlich. Aber einen so bedeutenden Altersforscher wie den früheren Max Planck-Direktor Paul B. Baltes, der auch in den USA gewirkt hat, oder ein so wegweisendes interdisziplinäres Forschungsprojekt wie die Berliner Altersstudie sucht man schon im Index vergebens. Auch liest man die meisten Kapitel nur mit allgemeiner Neugier.

Für die Philosophie des Geistes interessant ist allenfalls die in den Sammelband aufgenommene Vergleichsstudie von Mark Baxter, da sie sich sowohl mit Nagetieren als auch nichtmenschlichen Primaten, schließlich mit den Menschen selbst befaßt (2007, 59 ff.). Bei diesen drei Lebewesen, erfahren wir, treten Verschlechterungen der Kognition als Fehlfunktionen im präfrontalen Kortex altersbedingt auf. Auf dieser Ebene ist die Verwandtschaft von Mensch und Tier in der Tat sehr eng. Infolgedessen liegt eine forschungspolitische Forderung auf der Hand, die denn auch erhoben wird: eine Verstärkung der neurobiologischen Forschung, von der effiziente Behandlungsmethoden altersbedingter Verfallserscheinungen zu erwarten seien.

Nicht aus Vorliebe für sein Fach, sondern um der Sache willen darf ein Philosoph diese vorläufige Bilanz ziehen: Die jüngste Forschung bringt manche neue Erkenntnis, gewiß; grundlegend neu ist sie aber kaum. Und etwas mehr an Offenheit für die Philosophiegeschichte würde vielerorts zu umsichtigeren Einschätzungen führen.

5. Forschungsethik: Rechtsmoral vor Tugendmoral

Mit der Moral verhält es sich ein wenig wie mit dem Geld: In der Regel spricht man nur dann darüber, wenn man zu wenig hat. Zur Berufsmoral derjenigen, die professionell genügend Geld haben, der Bankiers, gehört es deshalb, diskret und verschwiegen zu sein. Erst wenn das Geld knapp wird, an Wert verliert oder zu verlieren droht, gerät es in den Strudel öffentlicher Auseinandersetzung.

Genauso ergeht es der Moral der Medizin- und Naturforschung und ihrer philosophischen Untersuchung, der Forschungsethik. Nicht deshalb erfreut sie sich seit Jahren einer internationalen Hochkonjunktur, weil die Forscher als Musterknaben moralischer Verantwortung gelten. Im Gegenteil sind massive Zweifel aufgekommen. Freilich besteht zwischen dem Geld und der Moral ein feiner Unterschied: Über das Geld redet, wer selber zu wenig hat, über die Moral dagegen, wer sie bei den anderen vermißt. Deshalb gehören zur entsprechenden Debatte der moralische Zeigefinger und eine Stimme der Empörung.

Warum aber braucht die neueste Forschung, worauf sie früher weitgehend verzichten konnte, das Gespräch mit der methodischen Erforschung der Moral, mit der philosophischen Ethik? Warum verdient sie vielleicht sogar Empörung?

Ethische Transformation

Die Antwort ergibt sich aus Besonderheiten der modernen und modernsten Naturforschung. Diese wiederum gewinnen ihr Profil vor dem Hintergrund der Wissenschaftsgeschichte. Denn sie zeigt, welche Veränderungen das Gespräch mit der Ethik herausfordern und welcher Art die geforderte Ethik ist.

Dieses Vorgehen hat zwei Vorteile. Zum einen entgeht es der Gefahr einer wirklichkeitsfernen Moralisierung. Statt bei einem externen und oft sachfremden Blick setzt es bei der Wirklichkeit der Forschung an und erarbeitet sich aus ihr eine moralische Aufgabe. Daher tritt es zum anderen einer weit verbreiteten Verkürzung der Forschungsethik entgegen und erweitert die bekannte Kritik- und Kontrollethik (s. Kap. 14) um grundsätzlich andere Aufgaben.

Fünf Phasen der Ethik

Durchläuft man nun die Wissenschaftsgeschichte in Siebenmeilenstiefeln, so ragen fünf Phasen heraus. Für jede von ihnen ist ein besonderes Verhältnis zur Ethik charakteristisch.

Erste Phase: Im Alten Orient hat es die Wissenschaft moralisch gesehen leicht. Ob Medizin, Beobachtung der Sterne oder mathematische Meßverfahren – planmäßige Beobachtungen und deren rezeptartige Überlieferung stehen im Dienst des menschlichen Lebens, was die Forschung so offensichtlich rechtfertigt, daß sich ein Gespräch mit der Ethik erübrigt. Moralisch bedenklich ist allenfalls, daß die Leistungen vornehmlich einer kleinen Schicht zugute kommen: dem Herrscher, seiner Familie, dem Adel und den hohen Beamten. Nur wenig zugespitzt: Die Wissenschaft ist humanitär, aber nicht gerecht.

Zweite Phase: Hinter den enormen Fortschritten im griechischen Kulturraum steht eine wissensbezogene, epistemische Revolution, die im Alten Orient vorbereitete Entdeckung der «logischen» Ordnung der Natur. Sie entmachtet den gesamten Mythos. Der Regenbogen beispielsweise gilt nicht länger wie im überlieferten Mythos als eine Göttin namens Iris. Er ist vielmehr, wie der Philosoph Xenophanes sagt, auch «nur eine Wolke, purpurn und hellrot und gelbgrün zu schauen» (Diels/Kranz, 21 B 32).

Zwei Aspekte dieser epistemischen Revolution verdienen eine Betonung, beide haben das Gewicht von epistemischen Evolutionsschüben, vielleicht sogar von Revolutionen. Der eine, wissenschaftstheoretische Evolutionsschub nimmt dem Wissen seinen rezeptartigen Charakter und macht es sowohl überprüfbar als auch in höherem Maße lehr- und lernbar: Das Wissen im vollen Sinn bestimmt sich durch allgemeine Begriffe und ebenso allgemeine Gründe, Ursachen und Gesetze.

Etwas, das die neueste, zunehmend anwendungsverpflichtete, sogar merkantil orientierte Forschungspolitik gern verdrängt: Um die epistemische Revolution zustande zu bringen, braucht es eine zweite, jetzt intentionale Revolution: Eine Legitimation der Forschung, die sie von Nutzenerwartungen weitgehend entlastet. Diese Entlastung hat eine doppelte, für uns fremd gewordene Tragweite. Erstens eröffnet sie eine neuartige Forschungsethik, eine die Forschung initiierende und sie legitimierende Ethik. Und zweitens schmälert sie den Rang des heute dominanten humanitären Wissens.

Obwohl uns heute weithin fremd, hat diese skizzierte Entlastung eine allgemeinmenschliche, anthropologische Wurzel: Wie unsere Freude an Sinneswahrnehmungen zeigt, unsere Lust zu hören, zu riechen, zu fühlen, zu schmecken und vor allem unsere Augenlust, hat der Mensch ein natürliches Interesse am Wissen. Dieses Interesse läßt sich nun steigern, indem man Sinneswahrnehmungen festhält («Erinnerung»), Zusammenhänge sieht («Erfahrung»), deren Ursachen und Gründe erforscht («Wissenschaft»), um schließlich die höchsten, allgemeinste Ursachen und Gründe zu erkennen und diese Erkenntnis nur um der Erkenntnis willen sucht. Wie der Freie im Unterschied zum Knecht bzw. Sklaven um seiner selbst willen lebt, so wird das im epistemischen Sinn höchste, freie Wissen um seiner selbst willen gesucht (Aristoteles, *Metaphysik* I 2, 982b 26–28). Dieser Rang gebührt übrigens nicht nur der Ersten Philosophie, die man später auch Metaphysik nennt, sondern ebenso der Mathematik, sofern sie mehr als bloß Dienerin der Landvermessung ist, ferner der Astronomie, sofern sie nicht bloß Kalender erstellt, und vor allem der theoretischen Physik und theoretischen Biologie.

Unter der Wissenschaftsfreiheit verstehen wir heute ein Grundrecht: den subjektiven Anspruch der Wissenschaftler, ihre Themen, Methoden und Hypothesen selbst zu wählen. In der Antike lernen wir eine weitere Bedeutung kennen: Daß die Forschung sich in keinerlei Dienste begibt und genau darin, im Fehlen jedes epistemisch externen Interesses und jeder epistemisch externen Verpflichtung, ihre Rechtfertigung findet.

Viele denken bei der Ethik nur an Verbote und halten sie deshalb für neuerungsfeindlich. In Wahrheit fragt sie auch nach dem guten und gelungenen, dem glücklichen und zugleich humanen Leben. Infolgedessen verbindet sich die zweite epistemische Revolution mit einer weiteren, jetzt moralischen Revolution oder, bescheidener gesagt, mit einem moralischen Evolutionsschub: Da die pure Wißbegier zur Natur des vernunftbegabten Lebewesens Mensch gehört, hat eine Forschung, die sich in keinerlei Dienste begibt, also die epistemisch freie Forschung, einen humanen und zugleich moralischen Rang. Die Kriterien des antiken Moralprinzips, der «Eudaimonia», des Glücks, erfüllt sie nämlich im höchsten Maß. Denn bei der im epistemischen Sinn freien Forschung vollendet sich die Logos-Natur des Menschen und dieser Vollendung wegen auch das Glück. Zugleich, allerdings stillschweigend, wird der moralische Rang der humanitären Forschung entwertet. Nicht etwa die dem Kranken helfende Medizin, sondern die epistemisch freie Forschung erhält den (höchsten) moralischen Rang (vgl. Aristoteles, *Nikomachische Ethik* X 6–7).

Wer Philosophie oder reine Naturforschung betreibt, führt ein «*eu zēn*»: ein glücklich-gelungenes, kurz: ein gutes Leben. Diese Einschätzung bildet nun den Kern einer unvertrauten Wissenschafts- und Forschungsethik. Sie zwingt die Forschung nicht auf die Anklagebank, ersetzt vielmehr die kompromittierende Kritik durch eine positive Rechtfertigung, man kann auch sagen: affirmative Kritik. Da diese aber nicht auf der Hand liegt, es überdies mehr als nur einen Rechtfertigungsgrund gibt, empfiehlt sich der Forschung ein erstes Mal die Ethik, hier als forschungsinitiierende und forschungslegitimierende Ethik. Diese weist die freie Forschung als eine Höchstform humanen Lebens aus:

Was Emanzipation und Aufklärung noch suchen, ist hier schon gefunden, nicht bloß ein Medium für menschliche Würde, sondern ein Ausdruck dieser Würde selbst. Der große Vertreter dieser forschungsinitiierenden und forschungslegitimierenden Ethik, Aristoteles, leugnet nicht den Wert des väterlichen Arztberufes. Am Maßstab des freien Wissens gemessen, steht aber nicht die Medizin an der Spitze der Wissenshierarchie, sondern nachdrücklich alle nichtutilitäre, also auch alle nichthumanitäre Wissenschaft und Philosophie.

Wo sich die Forschung auf möglichst allgemeine Ursachen und Gründe richtet, droht die Gefahr, die Natur in ihrer unendlichen Vielfalt zu vernachlässigen. Dem tritt der wohl bedeutendste Zoologe vor Darwin, erneut Aristoteles, mit einem zweiten forschungslegitimierenden Argument entgegen: Selbst die niedrigsten Tiere haben in ihrer Zweckmäßigkeit etwas Bewundernswertes an sich (*De partibus animalium* I 5, 645a 4–26). Diese Bewunderung der Natur in ihrem unendlichen Reichtum beläuft sich nun auf einen dritten epistemischen Evolutionsschub. Seinetwegen trägt Aristoteles ein so immenses Beobachtungsmaterial zusammen, daß niemand Geringerer als Darwin ihn «einen der größten, wenn nicht den größten Beobachter, der je gelebt hat», nennt (Brief an Crawley, 12.2.1879).

Im Rahmen der Medizin erbringen die Griechen nicht bloß bedeutende diagnostische und therapeutische Fortschritte. Ihnen gelingt auch ein zweiter moralischer Evolutionsschub, die feierliche Selbstverpflichtung der Ärzte. In ihr deutet sich eine zweite Forschungsethik an, die uns vertraute, sogar dominante Kontrollethik. Im Wissen um die Gefahr des Mißbrauchs allen utilitären, auch des humanitären Wissens unterwirft sich der hippokratische Arzt zwei moralischen Verbindlichkeiten, die in wenig abgewandelter Form für die gesamte biomedizinische Forschung bis heute gültig sind. Allerdings verstehen sie sich im wesentlichen von selbst, weshalb es hier zwar die Moral, aber noch kaum das Gespräch mit der philosophischen Ethik braucht: Die erste hippokratische Verbindlichkeit, ein Gebot, enthält einen dritten forschungslegitimierenden, zugleich auch forschungskontrollierenden Grund. Er ist ein erstes Element der Kontrollmoral: Das Wohl des Patienten bzw. der Menschen sei höchstes Gesetz (*salus aegroti suprema lex*). Die zweite Verbindlichkeit, ein Verbot, stellt eine Grenze auf, sie erweitert die Kontrollmoral bzw. die forschungskontrollierende Ethik um das Verbot zu schädigen (*nil nocere*). Und die neuere medizinische Ethik fügt einen dritten Grundsatz hinzu, das Gebot der aufgeklärten Zustimmung.

Dritte Phase: Durch das Christentum wird ähnlich wie im Judentum, später im Islam, alle natürliche Wißbegier mit einer rangmäßig überlegenen Weisheit konfrontiert, der göttlichen Offenbarung. Ihretwegen fordert in der Spätantike und im Übergang zum christlichen Mittelalter ein Philosoph und Theologe, Augustinus, zu einem gottesfürchtigen Forschen auf (*religiose quaerere: Confessiones* V 3). Damit wirft er all denen Hoffart und überheblichen Stolz vor, die sich nur für Naturgesetze und die durch sie ermöglichten Prognosen interessieren, statt dahinter auch den Schöpfer, Gott, zu suchen. Die Folge ist dem antiken, besonders Aristotelischen Denken fremd: daß das pure Wissenwollen, die *curiositas*, als eine Begierde (*concupiscientia*) gebrandmarkt wird, die zu einem Laster auszuwachsen droht. Der Theologe mag es anders beurteilen – der Philosoph sieht darin eine Gefährdung des epistemisch freien Wissens.

Unter Rückgriff auf Aristoteles werden Albert der Große und Thomas von Aquin die autonome Vernunft wiederentdecken. Sie bleiben aber dem epistemischen Augustinismus insoweit verhaftet, als sie einer natürlichen Neugier, die sich selbst absolut setzt, statt hinter der Natur den Schöpfer zu sehen, *acedia*, (intellektuelle) Sorglosigkeit und Trägheit vorwerfen (Thomas von Aquin, *Summa theologica*, II^a–II^{ae} 35, 3). Um dem entgegenzutreten, braucht es ein zweites Mal das Gespräch mit der Ethik, hier mit einer forschungslegitimierenden Ethik, die sich entweder auf einen humanitären Zweck oder aber auf die natürliche Wißbegier berufen kann.

Vierte Phase: Vor dem doppelten Gegenbild, der Antike und dem Mittelalter, entfaltet sich die Forschung der frühen Neuzeit. Wer sich nicht in wissenschaftsgeschichtlichen Spezialstudien verlieren will, vertiefe sich in das berühmte Bild, das das Hauptwerk eines Propheten der wissenschaftlich-technischen Zivilisation schmückt: die *Instauratio magna* bzw. das *Novum Organum* (1620) von Francis Bacon:

Das Titelkupfer zeigt ein Schiff, das von seiner Reise auf dem unbegrenzten Ozean zurückkehrt und sich wieder der Meerenge nähert, die es auf dem Hinweg hinter sich gelassen hat. Dieses Bild visualisiert zwei für die Neuzeit charakteristische Evolutionsschübe. Daß das Schiff sich von den Fesseln der Meerenge befreit hatte, symbolisiert eine intellektuelle Emanzipation, die gegenüber dem Mittelalter wieder unbegrenzt freie Wißbegier. Trotzdem wird nicht die im antiken Sinn freie Forschung erneuert. Denn das Schiff, das sich auf den grenzenlosen Ozean hinausgewagt hatte, steht für ein «Abenteuer des Entdeckens», das die Suche nach einem qualitativ höchsten Wissen, die nach allgemeinsten Ursachen und Gründen, zugunsten einer rastlosen Forschung relativiert. An die Stelle von Aristoteles' Erster Philosophie tritt jetzt die humanitär verpflichtete Innovation.

Andererseits verlangt Bacon, um den Erfolg der entfesselten Neugier zu sichern, was er als Justizminister (Lordkanzler) gewohnt war – «lawful evidence», gerichtsfeste Beweise. Bei der Forschung bestehen sie in nachprüfbaren Experimenten. Kant wird zu Recht in diesem weiteren Evolutionsschub eine epistemische Revolution sehen: Wie die Tätigkeit des Segelns andeutet, wird die Natur nicht mehr passiv beobachtet, sondern aktiv bearbeitet, indem man sich präzise Fragen, Hypothesen, ausdenkt und mit Hilfe von Eingriffen, den Experimenten, auf Antwort dringt.

Bacon und Kant übersehen aber eine moralische Folgelast, deretwegen die Forschung erneut eine Kontrollmoral und jetzt auch ihre methodische Erörterung als Ethik braucht: Wer mittels Experimenten in die Lebenswelt des Menschen eingreift, lädt sich Verantwortung für das auf, was er in der Welt und an der Welt tut, einschließlich für die Risiken, die er in die Welt setzt.

Bacon erläutert sein Forschungsprogramm durch einen sprechenden Vergleich: Die Wissenschaft soll die Natur ganz neu zu sehen lernen, so unvorbelastet und vorurteilsfrei wie kleine Kinder. Der Vergleich ist treffender, als der Autor gemeint hat. Denn Kinder leben nicht bloß unvorbelastet, sondern handeln auch in einer bestimmten Hinsicht gedankenlos: Negative Nebenfolgen werden nicht wahrgenommen und die Kosten einer Unternehmung lieber übersehen.

Die Unschuld der Theoria

Lange Zeit hat die Neuzeit versucht, in diesem Stand der Unschuld zu leben und ihren Innovationen zu unterstellen, sie hätten keinerlei Folgelast. Unschuldig ist aber nur die «Theoria», die allenfalls Gedankenexperimente durchläuft, die Natur aber unberührt läßt, nicht jedoch eine mittels Experiment in die Natur eingreifende Wissenschaft. In der Frühzeit war die entsprechende Unterstellung vielleicht fruchtbar, setzte sie doch ungeheure epistemische Kräfte voraus; heute läge darin fatale Blindheit:

Nicht etwa, weil früher geringere moralische Ansprüche erhoben wurden, war die Kontrollmoral zunächst inaktuell, sondern weil die Experimente in der Regel, beispielsweise als Galileis Fallversuche, unbedenklich waren. Auch die neuerdings erforderliche Kontrollmoral bleibt der richterlichen Unparteilichkeit der Ethik treu. Sie beginnt nicht als Anklage, sondern als Entlastung: Solange (1) die Experimente im Kleinmaßstab erfolgen, sie (2) leblose Materie betreffen, (3) ihre Veränderungen an der Natur gut abschätzbar sind, sie (4) keinen erheblichen Schaden und überdies (5) einen reversiblen Schaden anrichten, ist die Forschung entlastet.

Bacons dritter Evolutionsschub und zweiter Grund, warum er das antike Ideal freier Forschung nicht erneuert: Was in der aristotelischen Wissenschaft gewissermaßen naiv geschah, wird jetzt zum wissenschaftlichen Programm. Hier der Vorläufer einer utilitaristischen Ethik, verpflichtet Bacon den wissenschaftlichen Fortschritt auf das menschliche Wohlergehen. Im Prinzip schon zu Beginn, bei Bacon, in der Realität aber erst in den späteren Jahrhunderten geraten mehr und mehr alle Menschen in den Genuß der humanitären Forschung. Für dieses Mehr-und-Mehr ist allerdings ein forschungsexterner Faktor verantwortlich. Augustinus' qualifiziertes Neugierverbot wird durch ein generelles Humanitätsgebot abgelöst.

Solange diese moralische Verpflichtung, wieder eine Initialmoral, jetzt aber für humanitäre Forschung, aus einer allgemeinmenschlichen, natürlichen Moral erfolgt, bedarf es wie schon im Alten Orient und bei Hippokrates keines Gespräches mit einer (philosophischen) Ethik. Um sein Forschungsprogramm gegen die Augustinische Verdächtigung der *curiositas* zu verteidigen, braucht sich Bacon nur auf das christliche Gebot der Nächstenliebe zu berufen. Während das christliche Mittelalter kontemplative Wissenschaften wie Philosophie und systematische Theologie höher schätzt, erhebt paradoxerweise die nicht mehr so christliche Neuzeit das christliche Ideal der Nächstenliebe zum Leitprinzip. Weil die Forscherrepublik von Bacons wissenschaftlicher Utopie, *Neu-Atlantis* (1627), Mittel gegen Hungersnöte, Seuchen und Krankheiten sucht, stellt sie sich, etwas zugespitzt, unter die Devise «Medizin statt Metaphysik». Und in dieser Hinsicht ist die Forschung grenzenlos, in Bacons Worten: «But there is no excess of charity» (*The Instauratio magna* II 23), frei übersetzt: von einer humanitären Forschung kann es nie genug geben.

Erneut lädt sich die neuzeitliche Forschung eine Folgelast auf, die die Ethik, jetzt als ideologiekritische Ethik, auf den Plan ruft:

Die Forschung wird für zweierlei verantwortlich, zum einen wird sie zwar nicht allein-, aber doch mitverantwortlich für die Einstellungsänderung, für das neue utilitaristische Selbst- und Weltverhältnis; zum anderen trägt sie Verantwortung für das Einhalten ihres humanitären Versprechens. Der Gefahr, zu hohe oder sogar falsche Erwartungen zu wecken, tritt nun die Ethik mit einer Kritik von Illusionen, zumal Allmachtsillusionen, entgegen:

Einer der ersten großen Anhänger Bacons, René Descartes, nahm an, «daß man unendlich viele Krankheiten sowohl des Körpers als auch des Geistes würde loswerden können, vielleicht sogar auch die Altersschwäche» (*Abhandlung über die Methode*, 6. Teil). In dieser Annahme bündeln sich viele kleine Hoffnungen zu einer Utopie im wörtlichen Sinn. Denn wir wissen längst, daß sich die Annahme niemals und nirgendwo einlösen läßt. Trotzdem werden immer wieder überzogene Erwartungen laut, nicht nur in einer Pharma-Werbung, die da sagt: «Damit sie außer Liebesproblemen keine Herzprobleme mehr haben.»

Ein besonders krasses Beispiel unseriöser Erwartungen liefert ein 1962 in London abgehaltener Kongreß führender Molekularbiologen. Denn damals erwartete man eine keimfreie, folglich der Gefahr von Infektionskrankheiten enthobene Welt, ein schmerzfreies, überdies dank Organtransplantationen unendliches Leben und schließlich – immer für den Menschen – eine Verbesserung der genetischen Ausstattung.

Wider eine Forscherhybris

In ihrer richterlichen Unparteilichkeit weist die ideologiekritische Ethik auch Allmachts*unterstellungen* zurück. Den beliebten Vorwurf an manche biomedizinische Forschung, sie wolle Gott spielen, entkräftet schon Bacon. Den Mittelpunkt des genannten zweiten Hauptwerks, *Neu-Atlantis*, bildet eine Forscherrepublik. Sie trägt den Namen «Kolleg des Sechs-Tagewerkes», weil sie das gesamte

Schöpfungswerk nachschaffen und im Nachschaffen, aber auch nur *Nach*schaffen, vollenden soll. Denn was Gott vermag, kann der Mensch nie; er vermag niemals, sich oder die Natur aus dem Nichts zu erschaffen. Dazu kommt eine zweite Ohnmacht, sichtbar in dem Umstand, daß bei Bacons Nachschaffen der siebente Tag der Schöpfung fehlt, das Sich-Ausruhen, das mit Wohlgefallen auf das Erreichte blickt.

Die ideologiekritische Ethik sagt freilich: Das Defizit besteht zu Recht. Als Gattung einer übermächtigen, bald hilfreichen, bald gefährlichen Natur ausgesetzt; als Individuum von Geburt aus hilfsbedürftig und ein Leben lang von Krankheiten, Unfällen und Schmerzen bedroht: gezwungen, im Schweiße des Angesichts sein Brot zu verdienen, hat der Mensch ein nie endgültig gestilltes Interesse an Innovationen. In einer neuartigen Gier, einem Immer-Mehr-Wollen an humanitärer Forschung, sollen diese Ziele immer nachdrücklicher erreicht werden: daß das menschliche Leben teils gesichert und verlängert, teils erleichtert und angenehmer gestaltet werde.

Ein Forschungsverbot – «ab hier und jetzt werde nicht mehr geforscht» – widerspricht beiden, sowohl der dem Menschen angeborenen Wißbegier als auch zusätzlich dem kaum minder angeborenen Interesse an Lebenserleichterung und Lebensverbesserung. Dabei gibt es kein prinzipielles Ende. Auch bei einer noch so weit fortgeschrittenen Forschung kann der Mensch zwar vorübergehend eine Pause einlegen, aber nie endgültig sagen, was Gott, der Schöpfer, am siebenten Tag sprach: «Und er sah, daß es gut war.» Weder ist die Gesamtheit menschlicher Schöpfungen je unverbesserbar gut, noch gelingt dem Menschen je ein säkulares Paradies.

Fünfte Phase: Auch dort, wo sich die neueste Forschung keine grundsätzlich neuartigen Verantwortungsbereiche auflädt, kann sie das Gespräch mit der Ethik benötigen. Die Forschung verändert nämlich die Randbedingungen so grundlegend, daß die schon in der Frühen Neuzeit entstehenden Verantwortlichkeiten massiv aktuell werden. Der erste moralische Evolutionsschub der Neuzeit, die gesellschaftliche Verantwortung für das Handeln in und an der Welt, enthält nämlich einen Zeitzünder. Solange die genannten fünf Bedingungen erfüllt sind, ist die Forschungsethik inaktuell. Wer wie Galilei die Fallzeit eines Steins mißt, achtet darauf, daß niemand im Fallweg steht; ansonsten trägt er keine gesellschaftliche Verantwortung.

Sobald die Folgen, lebenspraktisch gesehen, irreversibel sind, entsteht eine neue Situation. Galilei kann den gefallenen Stein an seinen alten Platz zurückstellen, freigesetzte Radioaktivität hingegen läßt sich nicht «wieder einsperren». Weil die Radioaktivität auch natürlicherweise vorkommt, liegt freilich in der Irreversibilität allein noch kein zureichendes Argument. Experimente im Kleinmaßstab wie bei Fritz Haber, Lise Meitner und Fritz Straßmann waren noch ungefährlich. Die Folgen müssen auch, wie bei Atomversuchen, signifikant schädlich sein.

Noch umfassender werden die Randbedingungen der frühen Neuzeit in der Genforschung verletzt. Denn hier experimentiert man mit den Bausteinen des Lebens und kann die Folgen auf die Welt außerhalb des Labors kaum abschätzen. Bekanntlich befürchtete man vor allem zu Beginn verhängnisvolle Folgen, etwa weltweite Epidemien. Ob derlei Gefahren überhaupt drohen und gegebenenfalls mit welcher Wahrscheinlichkeit, vermag die philosophische Ethik nicht zu entscheiden. Sie kann aber die der Sache angemessene Verantwortung benennen und als Teil der Kontrollethik eine Risikoethik entwickeln.

Man muß nicht, wie Hans Jonas gegen Blochs *Prinzip Hoffnung* (1938–47), ein Privileg der Furcht vertreten (*Prinzip Verantwortung*, 1979). Beim Gang in riskantes Neuland bewege man sich aber wie ein umsichtiger Skifahrer, der von Nebel überrascht wird: Statt drauofloszuforschen, betreibe man eine substantielle Risikoforschung, für die nun die Ethik ein Verlaufsmuster skizziert (vgl. Kap. 8):

Zunächst erkunde man, welche Arten von Gefahren drohen. Sodann überlege man, ob die noch unbekannten, daher unheimlichen

Gefahren sich in bekannte, daher überschaubare Risiken überführen lassen. Diese wiederum versuche man insofern zu domestizieren, als man sie in beherrschbare Risiken umwandelt, indem man beispielsweise biologische und physikalische Sicherheitsvorkehrungen trifft. Nicht zuletzt ist nach dem Preis zu fragen, zu dem die Gefahren, wenn sie überhaupt beherrschbar sind, tatsächlich beherrscht werden. Und die Währung, in der der Preis bezahlt wird, besteht nicht bloß in Geld. Zu berücksichtigen sind auch personale, soziale und kulturelle, selbst ästhetische Kosten. Dabei darf man allerdings nicht vergessen, daß die Risiken, die man auf sich zu nehmen bereit ist, nicht ahistorisch zu bestimmen sind, sondern nur kulturabhängig.

Weil im Konkurrenzsystem «Wissenschaft» geringere moralische Skrupel einen Wettbewerbsvorteil erbringen, verläßt sich die Risikoethik besser nicht allein auf die personale Gestalt der Moral, das Gewissen. Damit der moralisch agierende Forscher nicht als der Dumme dasteht, sind soziale Vorkehrungen vonnöten, die allerdings so flexibel sein müssen, daß sie die Kreativität der Forschung nicht ersticken. Schon um ihren Kredit nicht zu verspielen, also aus Eigeninteresse, könnte die internationale Forschergemeinschaft berufs- und standesethische Regeln entwickeln und mit ihrer Hilfe einem aufgeklärten Eigenwohl zur Wirklichkeit verhelfen: Wer gegen die Regeln verstößt, büßt jene Reputation unter Kollegen ein, die zu den stärksten Antriebskräften ehrgeiziger Forscher zählt, außerdem zur Einwerbung von Drittmitteln unabdingbar ist. Weil aber mit Grenzen der Selbstkontrolle zu rechnen ist, außerdem mit internationalen Standortkonkurrenz, muß der nationale Gesetzgeber, um seine Forscher nicht zu benachteiligen, auf international gültige Regeln dringen.

Die Epoche der Lebenswissenschaften

Auch der zweite moralische Evolutionsschub der Neuzeit kommt erst mit einem Zeitzünder zum Tragen. Bis ins letzte Jahrhundert dienen viele überragende Forschungsleistungen primär der reinen Erkenntnis. Die Newtonschen Gesetze und Darwins Evolutionstheorie, die Quantentheorie und die Relativitätstheorie, selbst die Entschlüsselung der DNS sind nicht von humanitären Antriebskräften, sondern von purer Wißbegier inspiriert. Die Ethik sollte, statt zu einer puren Verbotsethik zu degenerieren, diese Seite der Forschung unterstützen, indem sie an den humanen Rang einer freien Forschung erinnert. So wie jede Gesellschaft bedauernswert arm ist, die nicht Musik, Theater, Museen und andere Künste blühen läßt, so ist es eine Gesellschaft, die die Wissenschaften nur noch an ihrer merkantilen Verwertbarkeit mißt. Die derzeitige Wertschätzung zeigt aber in die Gegenrichtung. Daß weltweit die Epoche der Lebenswissenschaften angebrochen ist, dürfte auch deshalb der Fall sein, weil in der bislang dominanten Wissenschaft, der (mathematischen) Physik, das bloße Wissenwollen noch ein größeres Gewicht behält, während man von der neuen Dominanzwissenschaft, den Lebenswissenschaften, den höheren Nutzen erwartet.

Eine der lebenswissenschaftlichen Leistungen, die Entzifferung des genetischen Codes, markiert eine strukturelle Veränderung. Sie besteht in einer neuen Abfolge von Theorie und Praxis; ihretwegen läßt sich eine Grundlagenforschung binnen kurzem in eine neuartige Technik umsetzen. Technisch verwertbar waren schon die Mendelschen Erbgesetze. Sie liefern aber nur den theoretischen Überbau zu einer längst praktizierten Technik, der traditionellen Pflanzen- und Tierzüchtung. Bei der Molekularbiologie kehrt sich dagegen die Reihenfolge um; die Theorie geht der Technik voran. Mehr noch – die Grundlagenforschung eröffnet fast von allein Anwendungsmöglichkeiten, die man ebenfalls fast von allein wegen des Imperativs der grenzenlosen Verbesserung möglichst weit auszuschöpfen sucht.

Unmittelbar auf der Hand liegen die Techniken zwar nicht. Es bedarf noch einer Zwischenforschung, einer Erforschung der Anwendungsgrundlagen. Ihretwegen ist erneut die ideologiekritische Ethik gefordert: Wer schon für die Zwischenforschung, beispielsweise an embryonalen Stammzellen, den humanitären Gewinn beansprucht, ist nicht nur unseriös, er begeht auch einen humanitaristischen Fehlschluß. Denn er beruft sich auf eine Hilfsmöglichkeit, obwohl er erst mit Vorarbeiten befaßt ist, über deren Potential er noch gar nicht sicher sein kann. Hier gilt folgendes Gebot: Weil vor allem schwerkranke Patienten und ihre Angehörigen nach jeder realen Chance wie nach einem Strohhalm greifen, darf man ihnen keine zu vollmundigen Versprechen abgeben.

Selbst wer neue Hilfsmöglichkeiten zusichern kann, leistet noch keine aktuelle Hilfe. Wer diesen Unterschied unterschlägt, begeht vielmehr einen zweiten humanitaristischen Fehlschluß.

Unseriös ist auch manche Einschätzung der epistemischen Innovation. Beispielsweise wird zwar das menschliche Genom, aber nicht der Mensch selbst entschlüsselt: Was der Mensch ist, wie er zum Verbrecher wird, wie er Glanzleistungen hervorbringt oder eine globale Rechts- und Friedensordnung schafft – für diese Fragen braucht es – dies darf man angesichts des Booms der Lebenswissenschaften nicht vergessen, die Philosophie und die Geisteswissenschaften. Und der glückliche Umstand, daß die nicht nur im Alten Orient vorherrschenden Privilegien in liberalen und sozialen Demokratien längst aufgegeben sind, daß nämlich die Segnungen der Medizin allen Bürgern zugute kommen, ist eine forschungsexterne Leistung. Sie verdankt sich der gesetzlichen Krankenversicherung, generell dem Sozialstaat, dessen Rechtfertigung erneut einer Ethik, jetzt der Sozialethik, obliegt.

Auf einen neuen, fünften Evolutionsschub beläuft sich die Molekularbiologie *menschlichen* Lebens. Dieser Evolutionsschub hat vielleicht sogar drei Gesichtspunkte:

Erstens dürften beim Menschen die molekularbiologischen Verhältnisse per Saldo noch komplizierter sein als im subhumanen

Bereich. Zweitens ist die Gesundheit ein elementares Gut, so daß eine Forschung in ihren Diensten zweifellos einen humanitären Rang hat. Allerdings darf man hier keine voreiligen Versprechen abgeben. Noch gravierender ist der dritte Aspekt: Weil der Mensch und er allein den Rang eines Selbstzweckes hat, den wir auch «Menschenwürde» nennen, besteht hinsichtlich der Mittel eine höhere moralische Verantwortung.

Als Beipiel bietet sich die künstliche Befruchtung an, mit der man eine schicksalhafte Unfruchtbarkeit zu überwinden sucht. Hier fragt die Ethik als erstes, ob es überhaupt erlaubt ist, die Macht des Schicksals einzuschränken. Da die Antwort darauf kaum «Nein» lautet, überlegt sich die Ethik als nächstes sowohl Argumente, die im Rahmen einer künstlichen Befruchtung für eine Präimplantationsdiagnostik (PID) als auch gegen sie sprechen und nimmt eine Abwägung der Argumente vor. Schließlich unterscheidet die Ethik die Frage, was der Gesetzgeber erzwingen darf, von der Frage, was man für sich als richtig ansieht und gegebenenfalls Freunden und Verwandten rät (zur PID s. auch Kap. 6).

Nach diesem Beispiel komme ich zum Schluß. In ihm formuliere ich ein Kriterium für die bei der Forschung an Menschen moralisch zulässigen Mittel. Das Kriterium wird aus einer langen Tradition von Moral und Recht beglaubigt, nicht zuletzt vom hippokratischen Verbot zu schädigen vorgegeben. Die philosophische Ethik bringt das Gebot «nur» auf den Begriff. Sie unterscheidet zwischen der einander geschuldeten Rechtsmoral und der freiwilligen Mehrleistung einer Tugendmoral und stellt fest:

Im Namen der Tugendmoral darf man nicht die Rechtsmoral verletzen, vor allem darf man im Namen des Hilfsgebotes kein menschliches Leben töten. Von Notwehr abgesehen, darf man es nicht einmal schädigen.

6. Ethik als «Fortschrittskiller»?

Gelegentlich sind Philosophen seltsam eigensinnig. Wo die Antwort einfach erscheint, komplizieren sie die Sache. Meine Komplikation zur Frage, ob die Ethik ein «Fortschrittskiller» sei, erfolgt in drei Schritten zunehmender Länge:

Erstens und am kürzesten zeige ich, daß es gar nicht so klar ist, worin denn «Fortschritt» besteht. Zweitens und schon etwas länger erläutere ich, was «Ethik» heißt. Hier biete ich einen Schnellkurs in Ethik. Dazu führe ich, drittens, Beispiele an, der Zahl nach drei: ein Beispiel für Medizinethik (die Präimplantationsdiagnostik), ein Beispiel für Politische Ethik (die humanitäre Intervention) und ein Beispiel für Wirtschaftsethik (die Managervergütung)

Fortschritt

Worin besteht Fortschritt? Der Anfang ist einfach. Fortschritt findet dort statt, wo es vorwärtsgeht und im Vorwärts die Sache besser wird. Was aber heißt «besser» und – vorab – was «gut»? Für die Antwort brauchen wir unseren zweiten Schritt, den «Crash Course» in Ethik. Dessen erste und wichtigste Aussage lautet: Ethik ist nicht gleich Moral.

Nicht durch Instinkte festgelegt, ist der Mensch ein weltoffenes Wesen, daher frei sowohl zum Guten als auch zum Schlechten. Nun haben «gut» und «schlecht», «besser» und «schlechter» mehrere Bedeutungen. Wer beispielsweise reich werden will, braucht trivialerweise weit mehr Einnahmen als Ausgaben. Einen Fortschritt macht hier, wer in erheblichem Maße entweder seine Einnahmen steigert oder seine Ausgaben senkt. Darin liegt ein technisches Gutsein, ein gutes Mittel für einen beliebigen Zweck, und in der Verbesserung dieses Mittels liegt ein Fortschritt im technischen

oder strategischen Sinn; «technisch gut» heißt «gut für irgend-
etwas».

Warum aber soll man reich werden? Weil einem dann mehr
Güter und Dienstleistungen offen stehen, weil man sich Sicherheit
verschafft, weil es Ansehen erbringt, auch Macht; weil man großzügig sein kann, vielleicht sogar seine Selbstachtung steigert, kurz:
weil es zum Wohlergehen beiträgt, worin ein pragmatischer Fortschritt liegt. «Pragmatisch gut» heißt «gut für jemanden». Das aber,
sagt die Ethik, trifft beim Reichtum nur begrenzt zu. Menschen, die
auf nichts anderes als auf Geld und andere materiellen Werte wie
Immobilien und Aktien aus sind oder auf Kunstwerke, die sie nur
als Wertanlage erwerben, verrennen sich im wörtlichen Sinn. Ein
Beleg aus der Lebenserfahrung: Der Mensch lebt zwar gern «in
Wohlstand», aber nicht «um des Wohlstands willen».

Schließlich gibt es als grundsätzlich höchste Stufe das moralische Gutsein und den moralischen Fortschritt, etwa ein Mehr an
Hilfsbereitschaft und Toleranz, an Freiheit, Menschenrechten und
friedlicher statt gewalttätiger Konfliktlösung.

Ethik

In seinem Lustspiel *Leonce und Lena* läßt Georg Büchner sagen: «Es
gibt nur drei Arten, sein Geld auf menschliche Weise zu verdienen:
es finden, in der Lotterie gewinnen, erben». Sieht man von lukrati-
ver Arbeit, Börsenspekulation oder patentierbaren Erfindungen ab,
so gibt es nur noch eine weitere Option: «Oder in Gottes Namen
stehlen, wenn man die Geschicklichkeit hat, keine Gewissensbisse
zu bekommen» (1. Akt, 1. Szene).

. Die Moral ist strenger. Sie verbietet generell Diebstahl, Betrug
und alle Gewalt. Die Moral besteht in derartigen Verbindlichkeiten
höchster Stufe, die Ethik dagegen im Nachdenken über Gut und
Schlecht, besonders über Gut und Böse. Die Moral stellt Kriterien
oder Maßstäbe auf und die Aufforderung, ihnen zu folgen. Und

weil der Mensch ihnen nicht von allein folgt, tritt sie in Geboten und Verboten auf, auch in vorbildlichen Lebensformen. Dabei werden noch zwei Stufen unterschieden. Die unterste Stufe besteht in Verbindlichkeiten, deren Anerkennung die Menschen einander schulden, etwa in den Verboten von Betrug, Diebstahl und Totschlag oder dem Gebot der Menschenrechte, die obere Stufe in verdienstlichen Mehrleistungen wie Hilfsbereitschaft und Wohltätigkeit.

Im Unterschied zur Moral ist die Ethik eine Reflexionsinstanz auf die Moral. Deren Reflexion erfolgt wiederum in zwei Stufen. Die grundlegende Ethik, die Fundamentalethik, klärt den Begriff der Moral, der, wie gesagt, in einer höchststufigen Verbindlichkeit besteht. Sie sucht Prinzipien auf, zu denen es vor allem drei Positionen gibt.

Der Eudaimonismus orientiert sich am Glück im Sinne von «Eudaimonia», von gutem und gelungenem Leben. Der Utilitarismus verpflichtet uns auf das größte Glück der größten Zahl, auf das maximale Kollektivwohl. Und nach Kants Prinzip der Autonomie zählt zuletzt die innere Antriebskraft, die Selbstgesetzgebung des Willens.

Zum Beispiel künstliche Befruchtung

Ich komme zur nächsten Stufe der Ethik, zur angewandten Ethik, die wie gesagt an drei Beispielen erläutert wird. Mein erstes Beispiel kommt aus dem medizinischen Bereich, der künstlichen Befruchtung. Früher war Unfruchtbarkeit ein Schicksal, in das man sich ergeben mußte. Wer trotzdem ein Kind wollte, mußte es adoptieren. Seit der künstlichen Befruchtung kann man sich immer noch dem Schicksal ergeben, muß es aber nicht. Eine erste ethische Frage lautet: Darf der Mensch die Macht des Schicksals zurückdrängen?

Wenn die Ethik «Nein» sagt, wenn sie also ein absolutes Veto aufstellt, wäre sie in der Tat ein Fortschrittskiller. Jedoch trifft das nicht zu. Ob man den Menschen säkular als vernunftbegabtes Lebewesen bestimmt oder religiös als Ebenbild Gottes – er hat die Fähigkeit und das Recht, nicht zuletzt die Pflicht, sein Leben selbst in die Hand zu nehmen. Das schließt die künstliche Befruchtung nicht, zumindest nicht grundsätzlich aus. Insofern spricht die Ethik kein grundsätzliches Veto aus. Statt dessen schaut sie sich die näheren Verfahren an. Dafür macht sich die angewandte Ethik als erster kundig. Zum Beispiel befaßt sie sich mit der Präimplantationsdiagnostik, abgekürzt: PID (ausführlicher: Höffe 2011).

Die PID besteht streng genommen nur in einem Diagnoseverfahren. Angewandt wird es bei Eltern, die ein hohes Risiko tragen, daß ihr Kind an einer schweren erblichen Krankheit leiden wird. Das Verfahren verhilft dann zur Geburt eines Kindes, das die Erbanlage für die betreffende Krankheit nicht in sich trägt. Vorgenommen wird die Diagnose wenige Tage nach der künstlichen Befruchtung der Eizelle und vor («prae») der Entscheidung über eine Implantation oder Nichtimplantation in die Gebärmutter. Von diesem ersten Komplex streng zu unterscheiden ist die eventuell im Anschluß erfolgende Auswahl unter mehreren Embryonen. Dort ist der Arzt zuständig, hier allein die Frau, die das Kind austragen wird.

Als nächstes überlegt sich die Ethik die Argumente dafür und dawider. Nach Ansicht von Gegnern verstößt die Präimplantationsdiagnostik gegen drei verfassungsrechtliche Höchstwerte: gegen die Menschenwürde, gegen das Lebensrecht des Embryos und gegen das Diskriminierungsverbot. Nach dem ersten Gegenargument geht mit der Präimplantationsdiagnostik in der Regel eine Zerstörung von Embryonen einher, was gegen deren Lebensrecht verstoße. Nach dem zweiten Einwand droht die Gefahr der Ausweitung der Indikationen: das Argument der Dammbruchgefahr. Dem dritten Vorbehalt zufolge diskriminiert die Präimplantationsdiagnostik jene Menschen, die mit den Krankheiten leben, deren Vermeidung die Präimplantationsdiagnostik dienen soll.

Die Befürworter einer begrenzten Zulassung hingegen argumentieren vor allem mit den Interessen und Rechten der Eltern. Diese normative Begründung liegt auch der Gesetzgebung in den meisten Ländern zugrunde, in denen die PID zugelassen ist.

Was ist von den Argumenten zu halten? Für Paare, die ein großes Risiko tragen, daß ihr Kind an einer schweren erblichen Krankheit leiden wird, kann neben dem Erleben von Tod oder Fehlgeburten die lebenslange Versorgung eines schwerstkranken Kindes ein Problem sein, das für sie subjektiv, nicht selten aber auch objektiv nicht zu bewältigen ist. Das Problem verschärft sich, wenn schon ein schwerstkrankes Kind zu versorgen ist. Für Eltern stellt sich dieses Thema über die eigene Lebenserwartung hinaus. Im übrigen kann die Versorgung schwerstkranker Kinder auch zu lebenslangen negativen Folgen für andere Kinder des Elternpaares führen.

Im dritten Schritt trennt die Ethik zwei Gesichtspunkte voneinander ab: «Was darf der Gesetzgeber erzwingen?» von «Was rät man Verwandten und Freunden?» Ich beschränke mich im folgenden auf die erste Frage. Hier muß sich der Gesetzgeber vor Wertungswidersprüchen hüten. Als nicht widerspruchsfrei erscheint eine Position, die dem frühen Embryo (vor einer Präimplantationsdiagnostik) in der Glasschale einen höheren Lebens- und Würdeschutz zuerkennt als dem deutlich reiferen Fötus im Mutterleib (vor der Pränataldiagnostik). Daher legt sich die folgende Einschätzung nahe:

Man weiß seit Jahrhunderten, daß es schwere Erbkrankheiten gibt. Einige davon können dazu führen, daß eine Totgeburt zu erwarten ist oder daß der Säugling bald nach der Geburt stirbt. Vor der Möglichkeit der Präimplantationsdiagnostik mußten sich die betroffenen Eltern entscheiden, ob sie lieber ganz auf Kinder verzichten. Für sie stellt nun die Präimplantationsdiagnostik eine Chance dar, ein Kind zu bekommen, das der Gefahr einer schweren erblichen Krankheit nicht ausgesetzt ist. Das ist meines Erachtens ein bemerkenswerter Fortschritt.

Zum Beispiel humanitäre Intervention

Mein zweites Beispiel kommt aus der politischen Ethik: Die Grausamkeiten in vielen Teilen der Welt, für das ansonsten friedensverwöhnte (West-)Europa augenfällig beim Zusammenbruch von Jugoslawien, drängen eine Frage auf, für die die Regierungen, aber selbst die Intellektuellen unvorbereitet waren: Kann Waffengewalt auch außerhalb der Selbstverteidigung legitim sein?

Persönlich darf man selbst ungerechtfertigte Angriffe ohne Gegenwehr ertragen. Bedenklich ist die Einstellung absoluter Gewaltlosigkeit aber bei Personen, für die man, wie etwa bei den eigenen Kindern, eine Schutzverantwortung übernommen hat. Etwas schwieriger ist der dritte Falltyp, der der Selbstverteidigung und Schutzverantwortung am nächsten kommt: Darf man auch die Rechte fremder Menschen notfalls mit Gewalt verteidigen? Ist die sogenannte humanitäre Intervention legitim? (Ausführlicher: Höffe 2004, Kap. 14).

Der entscheidende Grundsatz ist unstrittig: Wer jemandem hilft, der sich in Not wehrt, begeht kein Unrecht, eher derjenige, der die Hilfe verweigert. Die soziale Fortsetzung der Notwehr, die Nothilfe, ist eine ethisch anerkannte Praxis. Wird beispielsweise jemand überfallen, so sind Augenzeugen moralisch verpflichtet, ihm im Rahmen der eigenen Möglichkeiten zu helfen.

Auch auf internationaler Ebene ist unterlassene Nothilfe kein Ausdruck überlegener Moral, sondern das Zeichen fehlenden Könnens oder Ausdruck fehlenden Willens. Wer dem Opfer ungerechter Gewalt zu Hilfe eilt, muß allerdings sechs Bedingungen erfüllen:

Unstreitig kann der Anlaß humanitärer Intervention nur in massivem Unrecht bestehen, namentlich in schwersten Menschenrechtsverletzungen wie dem massenhaften Mord und der «systematischen» Vergewaltigung, auch Brandstiftung. Derartige Untaten sind als schwere Verbrechen interkulturell anerkannt, nachzulesen in jedem Strafgesetzbuch.

Nach der zweiten Legitimitätsbedingung fällt die Intervention dem Täter bei seinem Unrecht in den Arm. Sie setzt die Opfer in ihr Recht und macht vor allem Vertreibungen rückgängig, damit dem Opfer nicht weiterhin Unrecht getan wird oder der Täter sich seines Unrechts weiterhin erfreut. Nicht zuletzt sind die Haupttäter und ihre Helfer, ein wenig auch die vielen willigen Mitläufer zur Rechenschaft zu ziehen.

Wichtig ist auch, drittens, die Frage des legitimen Trägers der Intervention. Wer innerstaatlich in seinem Recht verletzt wird, darf nicht persönlich einschreiten, da jede Privatjustiz als Unrecht gilt. Für die zwischen- und überstaatliche Ebene fehlen aber hinreichend autorisierte Gewalten. In dieser Situation ist jede Intervention lediglich ein zweitbester Weg, eine Notlösung mangels besserer Möglichkeiten. Zulässig ist sie nur als Interims- und Ausnahmerecht, einerseits nur solange, wie es an einer legitimeren und zugleich handlungsfähigeren Weltorganisation mangelt, andererseits bloß analog zur innerstaatlichen Notwehr, also dort, wo man einem zur Notwehr Berechtigten im Rahmen von dessen Notwehr hilft.

Nach der nächsten Bedingung, der rechtsethischen Vertretbarkeit der Maßnahmen, bildet die militärische Gewalt die allerletzte Möglichkeit. Sie ist eine Ausnahme, die nur dort legitim ist, wo alle anderen Maßnahmen versagt haben. Infolgedessen sind andere, weniger massive Interventionsmöglichkeiten zu überlegen, am besten ein fein abgestuftes System von Sanktionen, das das Militär nur als *ultima ratio* zuläßt.

Fünftens muß die Intervention eine deutlich positive Erfolgsbilanz erwarten lassen, daher rasch und wirkungsvoll, überdies mit Klugheit, Augenmaß und zur rechten Zeit erfolgen. Dazu gehört, daß der Nothelfer keinesfalls mehr Not stiften darf, als er lindert. In keinem Fall ist der Intervenierende zu einer Strafexpedition oder einem Strafkrieg berechtigt. Denn es gibt keine Kollektivschuld, die es erlaubte, ein ganzes Volk wegen Greueltaten zu bestrafen. Ohnehin steht keinem Nothelfer eine Strafbefugnis zu. Diese liegt allein bei der zuständigen öffentlichen Gewalt, einer Gerichtsinstanz.

Weil sechstens die Intervention von Staaten getragen wird, hat zumindest in Demokratien deren Souverän, die Bürgerschaft, zu entscheiden. Da es sich um eine im wörtlichen Sinn lebenswichtige Entscheidung handelt, ist die Bürgschaft sich schuldig, diese Entscheidung nicht an die Regierung abzutreten, sondern das Thema zunächst öffentlich zu diskutieren und danach die Entscheidung entweder unmittelbar oder über die Abgeordnete selbst zu treffen. Der Einsatz militärischer Waffen erfordert generell, was die bedeutendste Friedensschrift der Philosophie, Kants Essay *Zum ewigen Frieden* verlangt: die «Beistimmung der Staatsbürger».

Daß die Völkergemeinschaft massivem Unrecht nicht tatenlos zusieht, ist ohne Zweifel ein großer Rechtsfortschritt. Erneut stellt die Ethik kein absolutes Veto auf, wohl aber entwickelt sie strenge Kriterien. Ohne deren Anerkennung wird die humanitäre Intervention zu einem oft eklatanten Unrecht.

Zum Beispiel Managervergütung

Mein drittes Beispiel kommt aus der Wirtschafts- und Finanzethik: Wer von den hohen Vergütungen erfährt, die diese Unternehmensführer, noch mehr die Investmentbankiers erhalten, wird rasch neidisch. Neid ist aber ein schlechter Ratgeber und vor allem kein ethisches Maß. Nur der Kreativitätsneid, der zu größeren Leistungen anstachelt, bildet eine Ausnahme. *Wenn* dank der hohen Vergütungen Arbeitsplätze geschaffen werden, über die Familien ernährt werden, die den Geschäftsleuten Kunden und den Gemeinwesen Steuern einbringen, die sogar Arbeitslosen wieder eine Berufschance bieten und die Sozialhilfe großzügig bemessen lassen, *dann* wird sich kein Vernünftiger, auch keine Ethik beschweren. Wie sieht es aber mit dem Wenn aus?

Vielerorts herrscht der Rotstift vor, der die Arbeitsplätze nur streicht und lediglich Steuern zu vermeiden sucht. Hinter die Gemeinwohlleistung ist jedenfalls nicht pauschal, aber bei manchen

Spitzenmanagern doch ein Fragezeichen zu setzen. Dieses Fragezeichen muß politische Folgen haben. Weil den enormen Schaden, den Manager (im Fall Griechenlands aber auch Politiker) am Finanzmarkt angerichtet haben, das Gemeinwesen auszubügeln hat, muß es tätig werden. Daß dies mit Augenmaß geschehe, versteht sich von selbst.

Nicht nur vom Gemeinwohl aus betrachtet, sondern schon aus Verantwortung für die eigene Belegschaft, also sowohl aus gesellschaftlicher als auch aus unternehmerischer Verantwortung, müßten die Vergütungen sinken: bei Entlassungen, überdies bei Rückgang oder Ausbleiben des Gewinns. Hier verdient die angebliche moralische Selbststeuerung von Unternehmen, die Regelung der guten Unternehmensführung, die «corporate governance», Kritik; und diese Kritik hätte schon früher, vor allem auch von innen kommen sollen. Ein Wort, das Machiavelli für die Politik gemünzt hat, gilt nämlich auch für Unternehmensführer: Wer drohende Übel erst erkennt, wenn sie sich deutlich zeigen (beim Finanzdebakel: Wer auf eine soziale Katastrophe erst reagiert, wenn sie schon eingetroffen ist), der verletzt seine Grundaufgabe.

Auch unternehmensintern gesehen ist keineswegs jede hohe Vergütung leistungsbezogen. Lange Zeit galten Gehalts- und Bonuszahlungen, die die Spitzenmanager jenseits des Atlantiks verdienten, diesseits des Ozeans als unanständig hoch. Weil aber in den Chefetagen leider nicht nur der Kreativitätsneid regiert, wurde manche transatlantische Kooperation eingefädelt, die die hiesigen Gehälter enorm zu steigern erlaubte. Als sich die Kooperation als Fehlschlag erwies, ist jedoch das einmal erreichte Gehaltsniveau kaum gesunken.

Die Frage, wie hoch das Gehalt eines Spitzenmanagers ausfallen darf, ist zweifellos schwierig zu beantworten. Ein fairer Ansatz setzt das Gehalt in Relation zu dem der Facharbeiter oder deren Äquivalente. Denn auch sie stehen, zumal bei den Spitzenprodukten der Weltwirtschaft, in weltweiter Konkurrenz. Warum sollte aber ein Unternehmen, dessen Leistung zu einem Großteil auf der Leistung ihrer Facharbeiter beruht, ihren Spitzenmanagern viel mehr an Gehalt gewähren? Viele Generationen lang, sagen Kenner, betrug das Verhältnis etwa eins zu fünfundzwanzig, maximal eins zu vierzig, nach dem legendären Zeiss-Unternehmer Abbe sogar nur eins zu zehn. Heute verdienen Spitzenmanager im Vergleich zu ihren Facharbeitern weit mehr. Daß sie auch weit besser agieren als frühere Spitzenmanager, wird aber niemand ernstlich behaupten.

Selbst Investmentbankiers und Spitzenmanager sind Menschen. Daher darf man an sie die altmodisch klingende, in Wahrheit aber allgemeinmenschliche Frage stellen: Sind gewisse Vergütungshöhen nicht schlicht unanständig?

Schon eine vorläufige Analyse des Finanzdebakels zeigt, daß die überhohen Vergütungen zuerst die Sitten verdorben haben und danach das Geschäft. Hinzukommt, daß unter den Reichen jenes Landes, das man sich gern zum Vorbild nimmt, der Vereinigten Staaten, schon des längeren die Devise geschätzt wird: «Wer reich stirbt», das heißt sein Vermögen nicht größtenteils gemeinnützigen Stiftungen überläßt, «stirbt in Schande».

Für die Finanzkrise werden unsere Kinder bezahlen müssen. Schon jetzt sind die Mittel für deren Zukunft, für Bildung und Ausbildung, für Wissenschaft und Forschung, nicht zuletzt für die Kultur, gefährdet. Unter den zahlreichen Ursachen des Finanzdebakels dürfte der Wettlauf um immer höhere Vergütungen keine geringe Verantwortung tragen. Wie dem Wachstum der Industrialisierung und der Bevölkerung, muß man daher auch dem Wachstum der Managergehälter entgegentreten. Dafür braucht es ein Umdenken, was keineswegs utopisch ist.

Europa hat gelernt, seine über Jahrhunderte vorherrschende Kriegsbereitschaft in einen friedlichen Wettstreit zu überführen. Ähnlich sollte sich auch die Neigung von Managern nach Geld und immer mehr Geld nicht vollständig, aber zu einem erheblichen Teil in die andersartigen, zudem weit gratifizierenderen Währungen von Selbstachtung und Ansehen transformieren lassen. Ein führender Bankier hat recht, wenn er im Gewinn eine wesentliche Antriebskraft für Menschen sieht. Aber niemand, der ein glücklich-gelungenes Leben anstrebt, definiert den Gewinn ausschließlich oder auch nur vornehmlich finanziell.

Moralischer Fortschritt

Ich ziehe Bilanz: Philosophische Ethik überlegt erstens, wofür sich zu leben lohnt, und erklärt, wichtiger als Reichtum, Macht oder Ansehen ist eine Selbstachtung, die sagen darf: »Ich bin einer der wenigen Menschen, die anständig sind.«

Die Ethik überlegt zweitens, welcher Fortschritt denn erstrebenswert ist, und antwortet: zweifellos nicht ein Fortschritt im technischen Verständnis, wohl ein pragmatischer, noch mehr ein moralischer Fortschritt.

Schließlich nimmt sich die Ethik schwierige Problemlagen vor und führt eine umsichtige Diagnose durch, die Kriterien für die Therapie enthält, nämlich Gesichtspunkte, um die Probleme moralisch vertretbar zu lösen.

7. Überleben, Machtsteigerung und Luxus: Zur Ethik der Technik

Für die Philosophie ist die Technik, abgeleitet vom griechischen Wort *technē*, nicht der Inbegriff von Geräten und Maschinen, sondern eine intellektuelle Fähigkeit. Gemeint ist ein methodisches Wissen, das sich mit bloßer Information, mit einem «Know-that», nicht zufriedengibt. Der Techniker versteht, mit einer Sache umzugehen. Er verfügt über ein «Know-how», über eine Fertigkeit und Kompetenz. Wer diese Kompetenz in hohem Maß besitzt, heißt übrigens *sophos*. Wir übersetzen dieses Wort in der Regel mit «weise». Treffender ist es, vom vollendeten Fachmann zu sprechen, vom «Kenner und Könner», dem Sachkundigen von hohen Gnaden.

Bei Aristoteles steht *technē* für ein Expertenwissen, das sich auf Anwendung bezieht. Auch hier ist eine bestimmte praktische Fachkompetenz gemeint. Der *technitēs*, Techniker, versteht sich auf alle Arten des Hervorbringens, Herstellens und Zustandebringens.

Der Anwendungsbereich ist ungewöhnlich weit. Er umfaßt die Tätigkeit von Handwerkern und Geschäftsleuten, von Ärzten, Bildhauern, Künstlern, sogar, da sie «Verse schmieden», von Dichtern. Nicht zuletzt hat technischen Charakter, was guten Rednern, Schauspielern und Musikern gelingt: Sie können Leidenschaften wecken, zügeln oder auch umlenken.

Heute stellt sich die Technik als eine universale Macht dar. Sowohl die äußere als auch die innere Natur, sowohl gewachsene Lebensformen als auch die geschichtliche Umwelt – nichts von dem, was einmal als vorgegeben galt, ist der Technik aus technischen Gründen entzogen. Gleichwohl bleibt das Kernelement unverändert. Die Technik ist weiterhin eine Fertigkeit oder Kompetenz im Zustandebringen von so gut wie beliebigen Zielen und Zwecken.

In der Frühzeit der Menschheit beruht ihr Können lediglich auf individueller Erfahrung; später geht es in lehr- und lernbare Regeln über, die Technik wird zum Handwerk. Und in ihrer heutigen, weit entwickelteren Form stützt sie sich auf die genaue Kenntnis der Kräfte und der ihnen zugrunde liegenden Gesetze: die Technik ist zur Wissenschaft geworden.

Ob wissenschaftlich oder vorwissenschaftlich – die «Technik» genannte Fachkompetenz unterscheidet sich grundlegend von zwei anderen Wissensformen. Die eine Form ist den meisten Menschen von heute, man darf sagen: der modernen Gesellschaft, weithin fremd geworden. *Theoria* genannt, betrachtet dieses Wissen die Welt, wie sie ist, ohne jedes Interesse an Eingriffen und Veränderung. Es sucht das Wissen um seiner selbst willen, ohne irgendein Interesse an Nutzbarkeit, an Anwendung. Die andere Wissensform ist die Lebensklugheit. Wer sie besitzt, versteht sich auf ein gutes und gelungenes, auf ein glückliches Leben.

Besäße der Mensch nur diese zwei Wissensformen, wären ihm viele Probleme erspart. Wäre die Menschheit lebensklug, gäbe es beispielsweise weder Kriege noch eine Überbevölkerung noch die ihretwegen stattfindenden großen Wanderbewegungen. Und weil die Theoria-Beziehung zur Natur die Natur vollständig in Ruhe läßt, gäbe es weder Umweltverschmutzung noch eine Ausbeutung der Naturressourcen. Wäre es also besser, der Mensch hätte nie eine Technik erfunden?

Die Technik – ein Übel?

Die Antwort besteht in einem entschiedenen Nein. Mein Titel nennt schon die wesentlichen Gründe für dieses Nein; sie bestehen in drei Antriebskräften. Der Mensch braucht die Technik schon für sein Überleben. Unbescheiden, wie er ist, gibt er sich freilich damit nicht zufrieden. Einmal auf den Geschmack der in der Technik liegenden Macht gekommen, will er seine Macht steigern. Und mit dem Notwendigen nicht zufrieden, sucht er jenes Überflüssige, das mit dem Angenehmen und Sicheren beginnt und über das Behagliche bis zum Luxus reicht.

Die erste Antriebskraft liegt auf der Hand. Sie ergibt sich aus zwei Eigentümlichkeiten: einmal aus Besonderheiten des Menschen, die sich im Begriff des Mängelwesens bündeln, zum anderen aus dem teils defizitären, teils destruktiven Charakter der Natur. Beide Eigentümlichkeiten bedrohen das Überleben des Menschen.

Der etwas mißverständliche Ausdruck «Mängelwesen» besagt, daß der Mensch im Vergleich zu manchem Tier defizitär ist. Es fehlt ihm an Kraft, an Schnelligkeit, an natürlichen Werkzeugen wie Klauen oder Hörner, an einem Haarkleid, das ihn gegen Kälte und Wärme schützt. Der Mensch sprintet nicht wie ein Hase, klettert nicht wie eine Gemse, schwimmt nicht wie ein Fisch, und wie ein Vogel fliegen kann er nicht einmal ansatzweise. Weiterhin fehlen ihm Instinkte, mit denen er seine lebenswichtigen Aufgaben wie von allein richtig bewältigt.

Auf der anderen Seite kann die Natur zwar großzügig sein und sich als ein Land von Milch und Honig darstellen. Sie kann aber auch defizitär sein und dem Menschen selbst für die elementaren Bedürfnisse des Essens, Trinkens und des Schutzes vor einer unwirtlichen Witterung zu wenig bieten. Die Natur kann den Menschen verhungern und erfrieren lassen.

Außer dieser defizitären Natur gibt es noch die destruktive Natur, die dem Menschen Wirbelstürme, Überflutungen und Trockenperioden beschert oder, wie die Bibel sagt, «Wanderheuschrecken, die das Ägypterland überfallen und alles Grünkraut des Landes fressen: alles, was das Hagelwetter übriggelassen hat» (*Exodus* 10,12).

Glücklicherweise bringt der Mensch gegen beide Bedrohungen eine Therapiefähigkeit mit. Und genau deshalb ist der Ausdruck

«Mängelwesen» mißverständlich. Denn es handelt sich nur um scheinbare Mängel. Nur wenn der Mensch kein Mensch, sondern ein Hase sein sollte, wäre er mangels Sprintfähigkeit fehlkonstruiert, ebenso wenn er eine Gemse, ein Fisch oder ein Vogel sein sollte. Tatsächlich ist er ein Mensch. Dessen Heilmittel besteht in der Intelligenz, zu der wiederum die Technik gehört. Denn sie sucht die scheinbaren Mängel zu beheben und die widerständige Natur zu überwinden, was ihr auf Dauer auch gelingt. Insofern ist der Mensch durch biologische Vorgaben, durch seine Organe und seine Instinkte, nur begrenzt determiniert. Statt dessen lebt er immer schon in einer intelligenzvermittelten Form.

Die technikgestützte Naturnutzung wurde nicht irgendwann erfunden; es gibt sie, seitdem es den Menschen gibt. Wer zur Natur ein radikal anderes Verhältnis sucht, dürfte sich nicht damit begnügen, eine «technische Zivilisation» im Namen einer «natürlichen» Form zu kritisieren; denn technikgeprägt ist jede Naturbeziehung, die der Mensch eingeht.

Für sich betrachtet ist die technische Intelligenz zwar nur eine Möglichkeit. Für deren Realisierung zu einer «einsatzfähigen» Kompetenz sind andere, nichtkognitive Faktoren vonnöten. Diese liegen aber auf der Hand, weshalb die entsprechende Entfaltung der Technik seit der Frühzeit der Menschheit stattfindet. Denn die Stimulierung der Möglichkeit erfolgt schon von seiten der Natur:

Den ersten Anreiz liefert die Natur in der erwähnten zerstörerischen Gewalt. Um die destruktive Natur zu bändigen, braucht es eine Technik, die Herrschaftscharakter annimmt und trotzdem, im Gegensatz zur Herrschaftskritik, legitim bleiben kann. Nur eine einseitige Technikkritik übersieht, daß es die Technik als Mittel elementarer Selbstbehauptung, als Gegengewalt und Defensivgewalt, braucht. Nennen wir sie die *defensive* Technik.

Den zweiten Anreiz bietet die defizitäre Natur; die einschlägige, *ökonomische* Technik setzt sich mit Situationen von Knappheit und Mangel auseinander. Hierhin gehören sowohl die Züchtung von Haustieren und Kulturpflanzen, die bald höhere, bald sicherere Erträge abwerfen, als auch jene *kompensatorische* Technik, die teils artspezifische, teils individuelle Mängel ausgleicht.

Die beiden ersten Aufgaben, die defensive und die ökonomische Technik, bestätigen das Sprichwort: Wo vieles fehlt und fast alles Mühe macht, dort sucht man Abhilfe; Not macht erfinderisch. Analoges gilt für die dritte Aufgabe, für die Verringerung der Mühsal und für eine vierte Aufgabe, die Bewältigung von Gesundheitsproblemen. Denn auch hier drängen elementare Interessen auf eine Entfaltung der technischen Intelligenz.

Technik und Lebensklugheit

In all diesen Fällen verdankt sich die Ausbildung der Technik dem Zusammenspiel von drei Faktoren: (1) Eine anthropologische Fähigkeit, die Intelligenz, realisiert sich (2) aufgrund naturaler Anreize (3) aus Gründen teils des Überlebens, teils des angenehmen und sicheren Lebens. Der Entwicklung der Technik liegt also nicht wieder ein technischer Imperativ zugrunde, sondern ein Gebot der dritten Wissensart, der persönlichen und der gesellschaftlichen Lebensklugheit. Die Natur überhaupt zu nutzen ist klug, sie mittels Technik zu nutzen klüger.

Man kann sogar, wie schon der Prophet der modernen Wissenschaft und Technik, Francis Bacon, eine moralische Rechtfertigung vornehmen. Man kann sich nämlich auf das Hilfsgebot berufen: Gegen die vielfältige Not, in die der Mensch geraten kann, ist eine wirksame Hilfe oft nur mittels eines speziellen Könnens möglich. Infolgedessen gebührt der Entwicklung des entsprechenden Könnens ein moralischer Rang.

Man darf sogar über Bacon hinausgehen und bei einem Teil der Technik von einer Gerechtigkeitspflicht sprechen. Denn dem «System von Not und Hilfe», durch das sich eine Gesellschaft auch definieren läßt, kann sich niemand auf Dauer entziehen. Man denke nur an den hilflosen Säugling, ferner an Krankheit und Alter, auch an Unfälle und Naturkatastrophen. Wer nun aus Mangel an einschlägiger Kompetenz stets nur als Bittsteller auftritt, verhält sich im «System von Not und Hilfe» als Trittbrettfahrer. Um eine derartige Ungerechtigkeit zu verhindern, besteht eine Pflicht, und zwar eine durchaus geschuldete Pflicht, eben eine Gerechtigkeitspflicht, selber Hilfsfähigkeiten zu entwickeln.

Dem archaischen Menschen stellte sich die Natur als eine Übermacht mit zwei Gesichtern dar: Er fürchtete ihre zerstörerische Gewalt und bewunderte die Schönheit, den unerschöpflichen Reichtum und eine fast unbegrenzte Regenerationskraft. Mit dem Ziel, das der Natur innewohnende Doppelgesicht aufzuheben, versucht die technische Zivilisation, die Natur gleichsam zu spalten. Sie will die destruktive von der konstruktiven Natur, also den Gegenstand der Angst von dem der Bewunderung, isolieren und, ohne die konstruktive Macht aufs Spiel zu setzen, die destruktive Macht brechen. Übrig bleiben soll am Ende eine nur noch konstruktive Natur. Mit diesem Projekt überschätzt der Mensch seine Kraft.

Zur Herrschaftskritik in Richtung Technik noch eine Bemerkung: Wir verstehen den Ausdruck «Herr», französisch: «maître», gern als Gegenbegriff zu «Knecht» und «Sklave». In Wahrheit bedeutet er zuerst, geschichtlich gesehen sogar primär den, der sein Metier souverän beherrscht, den «Meister». Ebenso wie beim griechischen Wort *sophos* spricht sich im «maître» die Hochachtung vor überlegenem Können aus. Festzuhalten sind deshalb zwei grundverschiedene Bedeutungen von «Herr-sein». Nach dem Kompetenzbegriff oder technischen Begriff ist Herr, wer ein Metier, nach dem sozialen Begriff, wer seinesgleichen beherrscht. Im ersten Fall versteht man sich auf eine Sache, im zweiten unterwirft man sich eine andere Person. Die Gemeinsamkeit besteht in einer Überlegenheit, nur stellt sie sich in einem Fall positiv, in einem vollendeten Knowhow dar, im anderen Fall negativ, in einer erdrückenden Macht. Dort ist man der Maestro, hier der Despot.

Wer, um die Mühsal zu verringern, technische Hilfsmittel erfindet, kämpft zwar gegen die Widerspenstigkeit und Widerständigkeit der Natur. Trotzdem versucht er nicht, die Natur in ihrem Willen zu brechen oder um ihren verdienten Lohn zu bringen. Er unterläuft vielmehr ihre Widerständigkeit.

Interpretieren kann man die Mühsal auch als ein Ausgeliefertsein an die Natur. Obwohl dann ein Akt der Selbstbehauptung vorliegt, nimmt sie nicht den Charakter von Herrschaft an, da der Mensch die Natur nicht unterwirft, sondern aus ihr heraustritt. Zugleich überwindet er die Alternative, daß eine der beiden Seiten, Mensch oder Natur, sich zum Herrn über die andere Seite aufschwingt. Die Welt der technischen Hilfsmittel schafft nun eine zweite Natur, eine Parallelnatur, die rein als solche, als Technosphäre, die erste, naturale Natur unbehelligt läßt. Die Frage der Nebenfolgen, bei denen es anders aussieht, lassen wir hier einmal beiseite.

Bei der weiteren, für manche sogar wichtigeren Aufgabe der Technik, der Medizin, erhält der Begriff der Naturherrschaft eine neue Einfärbung. Wer dem Medizinbegriff der Technik folgt und sich um die von der Natur für uns vorgesehenen Heilmittel kümmert, sorgt für zweierlei, für grundlegende Formen von Diät und für «natürliche Pharmaka». Dort, bei der Diät, praktiziert er eine Herrschaft über sich selbst. Und hier, bei Arzneimitteln, tritt er, indem er sie teils sammelt, teils in «Kräutergärten» anbaut, der Natur als Bittsteller entgegen. Erneut kann von einer Herrschaft im negativen Sinn keine Rede sein.

Ob technische Hilfsmittel oder Medizin – wer dank der Wissenschaft die einschlägigen Kräfte souverän kennt, wird zu einem Herrn im bloß positiven Sinn: Er beherrscht sein Metier. Vor allem trägt er nicht zur ökologischen Krise bei, zur Überbeanspruchung der Ressourcen und Regenerationskräfte. Er erfreut sich zwar der Früchte der Erde und all ihrer Annehmlichkeiten. Er begnügt sich aber mit einem nur schlichten, weder erschöpfenden noch ausschöpfenden Gebrauch.

Allerdings ist die technische Intelligenz aus sich heraus nicht begrenzt. Eine Verpflichtung auf das Überleben und nichts als das Überleben ist ihrem Wesen nicht eingebaut. Das zeigt sich schon im genannten Themenfeld: Handwerker und Ärzte stehen zu einem erheblichen Teil im Dienst des Überlebens; die Arbeit von Bildhauern, Dichtern und Musikern reicht darüber deutlich hinaus.

Für das bloße Überleben genügt es nach dem großen Lehrer der Philosophie, Platon, wenn wenige Techniker zusammen kommen, die aus Gründen der Arbeitsteilung vier elementare Berufe vertreten: Für Nahrung braucht es den Landwirt, den Baumeister für ein Haus, für Kleidung den Weber und für die Fußbekleidung den Schuhmacher (*Politeia*, II 369b ff.).

Lebenserfahren wie Platon ist, weiß er aber, daß sich die Menschen, so wie sie sind, damit nicht zufrieden geben. Der Grund liegt wieder in der Natur des Menschen, hier in seiner Begehrlichkeit. Zur psychologischen Eigenart des Menschen gehört ein Energieüberschuß, der nicht auf gewisse Ziele oder Zwecke festgelegt ist. Die biologische Grundlage, die leistungssteigernden Hormone Noradrenalin und Dopamin, befähigt den Menschen zu humanen Glanzlichtern, aber auch zu jenem grenzenlosen Immer-mehr-Wollen, einer Gier, die die Griechen «Pleonexia» nennen.

Das Problem des Luxus

Nach Platon führt diese ausufernde Begehrlichkeit zum Verlangen nach Luxusgütern, als da sind: Ruhebetten, Zukost, Salben und Räucherwerk, Freudenmädchen, Backwerk und Malerei (*Politeia* II 378a). Diese Luxusbedürfnisse haben zunächst einen persönlichen Charakter: Mangels innerer Antriebsgrenzen will der Mensch immer mehr. Zunächst will er wieder überhaupt leben, sodann gesichert überleben, weiterhin angenehm, überdies vergnüglich und behaglich und schließlich auf großem Fuß, vielleicht sogar in Saus und Braus, jedenfalls in Luxus leben.

Zu dieser persönlichen Antriebskaskade kommt als Verstärkungsfaktor eine soziale Komponente hinzu: Der Mensch vergleicht sich mit anderen; er will niemandem zurückstehen, lieber noch, sie übertreffen, was offensichtlich den Antrieb zum Luxus verstärkt.

Bei vielen Denkern hat Luxus einen pejorativen Beigeschmack; er gilt als ausschweifend und unnatürlich, jedenfalls als verwerflich und in christlicher Sicht als Sünde. Diese Einschätzung ist zu korrigieren, wenn man auf die kulturellen Leistungen schaut: Das dem Luxus abgeneigte Sparta kann mit dem luxuriösen Athen kulturell nicht im entferntesten mithalten. Und diese Beobachtung läßt sich verallgemeinern: Die Entwicklung von einem großen Teil der Kultur hängt mit drei Antriebskräften des Luxus zusammen: Mit der persönlichen Seite des Wohllebens, mit der sowohl persönlichen als auch sozialen Seite, sich nicht auf das Nützliche zu reduzieren, und mit der sozialen Seite des Wettstreits: daß man mit den anderen zumindest mithalten, noch lieber sie übertreffen will. Denn man sucht die Aufmerksamkeit der Mitmenschen auf sich zu ziehen und die Aufmerksamkeit zu deren Anerkennung zu steigern.

Mindestens die dritte Antriebskraft, die Anerkennung der Mitmenschen, trifft aber für eine weitere Komponente des Luxus, die Schwelgerei, kaum zu. Diese empfindet man zu Recht als abstoßend. In diesem Sinn unterscheidet der große Philosoph der Neuzeit, Immanuel Kant, die «*Üppigkeit* (Luxus)» als «Übermaß des gesellschaftlichen Wohllebens *mit Geschmack*» von der «*öffentlichen Schwelgerei*» als dem «Übermaß, aber ohne Geschmack». Und zu Recht erklärt er, nicht die Schwelgerei, wohl aber die Üppigkeit sei «mit der fortschreitenden Kultur des Volks (in Kunst und Wissenschaft) vereinbar» (*Anthropologie in pragmatischer Hinsicht*, VII 249f.)

Manche berufen sich beim Stichwort Luxus auf den spanischen Philosophen José Ortega y Gasset. In seinen *Betrachtungen über die Technik* spricht er aber nicht von Luxus, sondern vom Überflüssigen. Darunter versteht er alles Nichtnotwendige und dieses sehr elementar. Er denkt nicht an die Luxusgüter, die in vornehmen Einkaufsstraßen angeboten werden, auch nicht an Autos der Luxusklasse. Notwendig sind für ihn beispielsweise Werkzeuge und Verfahren, um sich zu wärmen und sich zu ernähren. Genauso alt wie das Feuermachen, aber unnotwendig sind für ihn schon Betäubungsmittel oder der Bogen eines Streichinstrumentes im Unterschied zum Jagd- und Kriegsbogen.

Weil diese Dinge tatsächlich sehr alt sind, erklärt Ortega, «daß der Primitive es nicht weniger als Notwendigkeit empfand, sich gewisse Vergnügungen zu verschaffen, als seine dringendsten Notwendigkeiten zu befriedigen, um nicht zu sterben». Zweifellos will der Mensch mehr als bloß leben. Er will sich in der Welt wohl befinden und alle Technik, die dem dient, fraglos ein großer Teil, vermutlich sogar der überwiegende Teil der Technik, ist Technik für Überflüssiges. In Ortegas Zuspitzung: «Mensch, Technik, Sichwohl-Befinden sind letzten Endes synonym.» Nun ist das Sichwohl-Befinden «ein stets beweglicher, grenzenlos variabler Begriff», weshalb die Technik eine proteusartige, sich stets verändernde Wirklichkeit ist.

Heute verstehen wir freilich unter Luxus etwas Spezifischeres: Im Rahmen des Überflüssigen jenen Aufwand, der über das schlichte Wohlbefinden deutlich hinausreicht, verbunden mit dem Nebensinn der Verschwendung. Wer danach strebt, will in der Regel mehr als nur das persönliche Wohlleben. Er will sich vor anderen auszeichnen, sie überragen; er will hervorstechen, allerdings nicht auf irgendeine Weise. Herausragen kann man nämlich auch durch künstlerische, wissenschaftliche oder humanitäre Leistungen. Beim Luxus im heutigen Verständnis zeichnet man sich dagegen durch Besitztümer aus. Nimmt man als Kriterium die Luxussteuer, so gelten als besonderer Luxus Reitpferde, Jagden und Motorboote, noch nicht der Swimmingpool, aber ein eigener Tennisplatz.

Kant unterscheidet, wie gesagt, den Luxus mit und den ohne Geschmack. Für den Luxus als Antriebskraft von Technik empfiehlt sich eine andere Unterscheidung, die von quantitativem und qualitativem Luxus. Die erste Art, der Luxus der Vergeudung, treibt kaum neue Technik und Techniker hervor, wohl aber die andere Art, der Luxus der Verfeinerung.

Die Folgen entfesselter Neugier

Das technische Immer-mehr-Wollen des Menschen geht noch in eine andere Richtung. Man sucht nicht nur die zunehmende Erweiterung und Verfeinerung des Angebots, namentlich an Gütern, aber auch an gewissen Dienstleistungen. Man will das in der Technik liegende Expertenwissen zusätzlich sowohl in alle nur denkbaren Richtungen ausweiten als auch es so weit wie möglich vertiefen.

Diese Ausweitung erfolgt in einer geradezu entfesselten Neugier, in einer Lust des Entdeckens und Erfindens, die keinerlei Grenzen anerkennt, also vor nichts und niemandem haltmacht. Die Devise lautet «plus ultra», zu Deutsch «darüber hinaus», also immer mehr. Die Vertiefung wiederum besteht in einer methodischen Erforschung aller Naturkräfte, in einer naturwissenschaftlichen Fundierung der Technik. Beide zusammen belaufen sich auf eine enorme Steigerung der menschlichen Macht.

Wir verdanken dem genannten Bacon eine Utopie, aber nicht die übliche politische Utopie, sondern eine Utopie dieser nach Weite und Tiefe unbegrenzten wissenschaftlich-technischen Zivilisation. Ich hebe nur die Weite hervor: Unter dem Titel *Neu-Atlantis* entwirft Bacon eine Art von Forscherrepublik, der es nicht um pures Wissen, «Theoria», sondern um anwendungsfähiges Expertenwissen, mithin um Technik, geht. In dieser Technik-Republik wird in alle nur erdenklichen Richtungen experimentiert; betrieben wird Materialforschung für Kunststoffe, für Dünger und Treibstoffe; es gibt Lebensmittel-, Hochtemperatur- und Strömungsforschung sowie Versuche zur Meeresentsalzung; gearbeitet wird an künstlichen Sprachen, ferner an Maschinen bis hin zu Robotern und Automaten; in Kleintierlabors werden Nutztiere von der Art der Seidenraupe und der Honigbiene gezüchtet; man experimentiert mit Pfropfungen und Inokulationen und antizipiert sogar eine so moderne Forschung wie die Gentechnik, allerdings erst im subhumanen Bereich.

Heute, muß man sagen, kann die Menschheit, ob sie will oder nicht, ohne Technik nicht mehr überleben. So schließt sich der Kreislauf: Was menschheitsgeschichtlich als Wissen zum Überleben begonnen und sich zum Wissen für Machtsteigerung und Luxus fortentwickelt hat, ist wieder – oder besser – bleibend überlebenswichtig. Erstens bewältigt die Menschheit ihre Folgelasten, den Reichtum an Schadstoffen und Abfall sowie die Verarmung der Ressourcen, zu einem Gutteil lediglich wissenschaftlich-technisch. Selbst für die Erhaltung der biologischen Vielfalt reicht die vortechnische Strategie, Regenwälder und Feuchtbiotope zu schonen, nicht aus. Weiterhin läßt sich bei der derzeitigen, überdies noch wachsenden Bevölkerungszahl die kollektive Selbstbehauptung ohne technisches Niveau nicht garantieren. Schließlich: Vorausgesetzt, es bildet sich der politische Wille, die Bevölkerungszahl weltweit zu verringern, dann bedarf es, damit beim entsprechenden «Schrumpfungsprozeß» nicht die Nachteile überwiegen, erneut wissenschaftlich-technischer Hilfe. Mindestens vier Argumente sprechen also gegen die Behauptung, Technik sei am Ende immer nur destruktiv.

Freilich bleibt auch dieser Punkt gültig, daß die Technik ein Überschußpotential enthält. Was in der Geschichte der Menschheit zunächst der Selbstbehauptung dient, geht bald in Lebenserleichterung und irgendwann, ohne die genaue Grenze markieren zu müssen, in Luxus in seiner schädlichen Form über. Die Überwindung der Knappheit schlägt nämlich in Überfluß, sogar Verschwendung um, die Verringerung der Mühsal in bloßen Komfort. Dafür ist übrigens der Erfolg mitverantwortlich. Weil die Technik die Selbstbehauptung so vorteilhaft zustande bringt, setzt sie Energien, die vorher dem «Kampf ums Überleben» dienten, für das angenehme Leben frei. Mit entsprechender Notwendigkeit wird aus dem Zweck der Selbstbehauptung zunächst der Zweck der Lebenserleichterung und am Ende der nicht ausschließlich produktive Luxus.

8. Der Mensch zwischen Sicherheit und Risiko. Zweimal sieben Thesen

Wer sich wissenschaftlich gibt, definiert das Risiko quasi-mathematisch als die Größe einer Gefahr, multipliziert mit der Wahrscheinlichkeit, daß sie eintrifft. Geht es beispielsweise um Leben und Tod, so verlangt die Vernunft (Rationalität) höchste Sicherheitsvorkehrungen. Berühmt ist die Überlegung eines Theoretikers der Wahrscheinlichkeitsrechnung und Erfinders einer Rechenmaschine, Blaise Pascal. Auf die Frage, ob es rational ist, an Gott zu glauben und aus diesem Glauben heraus zu leben, antwortet er mit der «Pascalschen Wette»:

Im Wissen, daß man zwei Dinge von unendlichem Wert verlieren könnte, nämlich die Wahrheit (daß Gott existiert) und das höchste Gut (das himmlische Leben), lohnt es selbst bei einer höheren Wahrscheinlichkeit, daß Gott nicht existiert, trotzdem auf Gott zu setzen.

Kontinuierliches Fortschreiten

Hier soll der Leser aber nicht in eine spekulative Religionsphilosophie entführt werden, sondern in eine philosophische Anthropologie und Sozialphilosophie. Für sie ist der Mensch beides, ein Risikowesen und ein Sicherheitswesen zugleich:

Vergleicht man den Menschen mit höher entwickelten Tieren, so erscheint er auf den ersten Blick als stiefmütterlich behandelt. Schon bei Platon im Dialog *Protagoras* (321c) lesen wir, daß die Tiere mit allerlei nützlichen Kräften ausgestattet sind. Der Mensch ist dagegen «nackt, unbeschuht, unbedeckt, unbewaffnet». Trotz dieser Mängel ist der Mensch aber keine Fehlkonstruktion der Natur. Denn – so fährt Platon fort – aus der Verlegenheit hilft ihm die kunstreiche Weisheit von zwei Göttern, von Hephaistos, dem Gott des Feuers und der Schmiedekunst, und von Athene, der Göttin des Ackerbaus, der Wissenschaft und der Künste. Dazu kommen, erneut von göttlicher Seite, Recht und Scham, auf daß der Mensch mit seinesgleichen in Ordnung und Zuneigung lebe.

Erste These: Die modernen Gesellschaften haben beide von Platon genannten «Hilfsmittel» gegen die Risiko-Natur des Menschen auf ein beispiellos hohes Niveau gebracht. Auch wenn mancherlei Feinkritik geboten bleibt, läßt sich schwerlich leugnen, daß die wissenschaftlich-technische Zivilisation das eine Mittel, die Wissenschaft, Medizin und Technik und daß der demokratische Rechtsstaat das andere Mittel, Recht und Gerechtigkeit, bewunderswert hoch entwickelt haben.

Verkürztes Verständnis von Subsidiarität

Ein demokratischer Rechtsstaat läßt seinen Bürgern viel Freiheit. Denn er weiß um seine nur subsidiäre Legitimation. Er ist kein Selbstzweck, sondern dient dem, der letztlich allein zählt, der selbständigen und selbstverantwortlichen Person.

Politiker und Politikwissenschaftler neigen bei ihrer Wertschätzung der Subsidiarität dazu, diese mit Delegieren und Dezentralisieren gleichzusetzen. Wer delegiert, gibt aber Kompetenzen ab, die ihn vielleicht überfordern, die er jedoch im Prinzip besitzt. Das Subsidiaritätsprinzip schlägt die Gegenrichtung ein und beginnt alle Rechtfertigung von unten. Ihretwegen hat das Subsidiaritätsprinzip zwei Seiten, es ist ein «Zuständigkeitsrecht» und zugleich ein «Wegnahmeverbot»: Was der einzelne aus eigener Initiative und mit eigenen Kräften leisten kann, darf seiner Zuständigkeit nicht geraubt und der Gemeinschaft zugewiesen werden. Das Individuum hat das Recht, als Kehrseite freilich auch die Pflicht zur Eigenverantwortung und Selbsthilfe. Ein Staat, der dagegen verstößt, indem er beispielsweise den Sozialstaat zum Fürsorgestaat «ausbaut», handelt nicht nur töricht, da er sich finanziell überfordert. Er handelt vor allem illegitim, denn er macht sich einer Kompetenzanmaßung schuldig.

Wer die Kompetenz als erstes beim Staat vermutet und sie nur bei dessen Überforderung abgibt, denkt «etatistisch» und anti-subsidiär. Nach dem Subsidiaritätsgedanken werden nicht etwa untere Sozialeinheiten (Familien, Wohlfahrtsverbände, Kommunen ...) deshalb in den Dienst der oberen genommen, weil diese allein nicht mehr zurechtkommen. Die oberen Einheiten müssen vielmehr ihre Zuständigkeit nach unten, letztlich vor den betroffenen Individuen, rechtfertigen. Überschießende Kompetenzen werden nicht delegiert, sondern als angemaßte Kompetenzen an den rechtmäßigen Inhaber zurückgegeben. Das Wegnahmeverbot geht gegebenenfalls in ein Rückgabegebot über. Daß dann die oberen Instanzen ihre verbleibenden Aufgaben umso besser erfüllen, ist wohltuend, aber nicht der Zweck, sondern die willkommene Nebenwirkung.

Die Folge für den Sozialstaat liegt auf der Hand, daher die **zweite These**: Der legitime Sozialstaat ist freiheitsfunktional und überläßt vieles der Freiheit seiner Bürger, der illegitime, paternalistische, überdies maternalistische Fürsorgestaat hingegen entmündigt die Bürger.

Der Hunger von morgen

Die Freiheit bietet nicht bloß Chancen, sondern auch Risiken, was die Frage aufdrängt: Wie viel Sicherheitsstreben ist rational? Zweifellos gehört ein gewisses Sicherheitsstreben zu den Bedingungen für ein gutes, ein gelungen-glückliches Leben. Denn dank seiner Sprach- und Vernunftbegabung schaut der Mensch in die Zukunft, erwartet schon heute den Hunger von morgen und hat Angst, morgen vielleicht nicht genügend Nahrungsmittel zu haben.

Um nun die gegenwärtige Angst zu überwinden, sucht er die Befriedigung der künftigen Bedürfnisse schon heute sicherzustellen, weshalb das Sicherheitsstreben einen doppelten Zweck erfüllt. Direkt dient es dem Genuß von morgen, indirekt dem heutigen Genuß, nämlich der Überwindung der gegenwärtigen Angst. Das Sicherheitsstreben ist allerdings erst dann in einem weiteren Sinn rational, wenn man es nicht nur ökonomisch und sozial definiert: als Sparbuch, Rentenanspruch, Arbeitslosengeld und Sozialhilfe. Eine umsichtigere Definition berücksichtigt auch Fähigkeiten wie Klugheit, mit der man sich intellektuell, wie psychische Mobilität, mit der man sich emotional auf eine neue Situation einstellt, nicht zuletzt die Fähigkeit zum Verzicht, um gegebenenfalls auch mit weniger als dem bisher Üblichen auszukommen. Denn ein weitsichtiges, aufgeklärtes Sicherheitsdenken klammert sich nicht an Besitzstandswahrung und das im Tarifrecht herrschende Günstigkeitsprinzip. Es nimmt vielmehr eine Güterabwägung vor und hält beispielsweise die Arbeitsplatzsicherung für wichtiger.

Aus der Rationalität des Sicherheitsstrebens folgt nicht, daß es als rastloses Streben sinnvoll sei. Im Gegenteil geriete man in eine Falle, die Sicherheitsfalle, die sich an einem Gedankenexperiment erläutern läßt: Man stelle sich einen Menschen vor, der ausschließlich nach Sicherheit und immer mehr Sicherheit strebt. Dieser «Sicherheitsfanatiker» übersieht, daß eine Verabsolutierung der Zukunftsangst die Erfüllung aller anderer Bedürfnisse und Interessen gefährdet. Hier tut sich eine Spannung im Sicherheitsstreben auf, die der Sicherheitsfanatiker verdrängt – mit dem Erfolg, daß er einem kleinen Teil des Glücks, der Beschwichtigung der Zukunftsangst, den größeren Teil des Glücks, die Erfüllung aller anderen Wünsche und Hoffnungen, opfert.

Da das heutige Glück mindestens teilweise im Konflikt mit dem Glück von morgen liegt, andererseits das Glück von morgen über die heutige Angst vermittelt schon in die Gegenwart eingreift, scheint ein «vollkommenes Glück» gar nicht möglich zu sein. Hat deshalb Sigmund Freud mit seiner resignativen Diagnose Recht:

«Die Absicht, daß der Mensch ‹glücklich› sei, ist im Plan der ‹Schöpfung› nicht enthalten» (Freud 1974 [1930], 208).

Der Ausweg liegt in einer rationalen Güterabwägung: Weil es sowohl rational ist, an die Zukunft zu denken, als auch die Zukunftsgedanken nicht überhand nehmen zu lassen, empfiehlt sich, das Sicherheitsstreben weder zu verdrängen noch ihm ein unbegrenztes Wuchern zu erlauben. Statt die eine oder aber andere Seite zu maximieren, kommt es auf eine Optimierung an: Einerseits weiche ein grenzenloses Streben nach dem je gegenwärtigen Genuß einem rationalen Triebverzicht, auf das in der Zukunft nicht das Erschrecken folgt, weil mangels Sicherheitsvorkehrungen die Mittel für die Befriedigung der neuen Bedürfnisse fehlen. Andererseits begrenze man das Sicherheitsstreben, damit nicht immer genügend Mittel für einen *möglichen* Genuß bereitliegen, von der Angstüberwindung abgesehen aber nie ein *wirklicher* Genuß stattfindet.

Dritte These: Die Sicherheitsfalle besteht in der Gefahr, daß man der Zukunftsangst die Gegenwart opfert – und zusätzlich einen Großteil der Zukunft verspielt.

Mängelwesen Mensch

Gegen ein zu hohes Sicherheitsstreben spricht zudem die Mängelnatur. Als Ausgleich gegen teils artspezifische, teils individuelle Mängel, auch zur Arbeits- und Lebenserleichterung, ferner um sich gegen Unfälle und Krankheiten zu wappnen, nicht zuletzt gegen eine oft defizitäre und destruktive Natur, da sie ihm Trockenperioden, Sturmfluten, Überschwemmungen, Erdbeben und Lawinen beschert, entwickelt der Mensch Wissenschaft, Technik und Medizin. Zu deren Voraussetzung gehören Kreativität, Wagemut und Anstrengung und als Antriebs- und Steigerungsfaktor die Konkurrenz. Durch Wettbewerb und Leistungsanreize eine nicht bloß ökonomische, sondern auch wissenschaftliche und kulturelle Blüte herbeizuführen, ist die Aufgabe dessen, was pars pro toto freier Markt heißt. In der Tat stachelt er nicht bloß Kreativität, Wagemut und Anstrengung an, sondern auch Arbeitsethos und Sparen und erhöht über sie die Fähigkeit und Bereitschaft zur Leistung, er senkt die (nicht nur finanziellen) Kosten und drängt zu einem bedarfsgerechten Angebot an Gütern und Dienstleistungen. Nicht zuletzt tritt er durch höhere Preise der Verschwendung entgegen.

Deshalb auf jede geplante Ordnung zu verzichten ist aber schon deshalb unvernünftig, weil Wagnis und Anstrengung einer natürlichen Trägheit abzuringen sind, gemäß dem biblischen Wort: «Im Schweiße deines Angesichts sollst du dein Brot verdienen». Eine «aufgeklärte Trägheit» versucht, das gewünschte Ergebnis, den Wohlstand, mit weniger Anstrengung zu erreichen, indem sie den Wettbewerb zu den eigenen Gunsten verzerrt. Auf dem im empirischen Sinn freien, dem sich selbst überlassenen Markt sind daher Wettbewerbsverzerrungen so gut wie unvermeidbar. Paradoxerweise sind sie sogar von der ökonomischen Rationalität geboten. Vorausgesetzt, man hat die entsprechende Macht, erhöhen sie nämlich die eigene Effizienz: Entweder verbucht man bei gleichen Mitteln einen größeren Gewinn, oder man erreicht denselben Gewinn schon mit geringerem Einsatz. Nennen wir es das Gesetz der rationalen Wettbewerbsverzerrung: Für den *homo oeconomicus* sind Wettbewerbsverzerrungen, die dem eigenen Interesse dienen, also egoistische Verzerrungen, rational.

Der gröbsten kriminellen Wettbewerbsverzerrung, Betrug und Gewalt («Mafia-Methoden»), tritt schon der gewöhnliche Rechtsschutz entgegen. Eine Marktordnung widersetzt sich drei anderen Verzerrungen: Monopolen und Oligopolen, Kartellen und dem unlauterem Wettbewerb. Erst dann entsteht jener tatsächlich freie Markt, dessen Wettbewerb dem vieldimensionalen kollektiven Wohlstand dient.

Vierte These: Innerhalb der einschlägigen Marktordnung sprechen das aufgeklärte Selbstinteresse und ebenso das aufgeklärte Sicherheitsinteresse zugunsten eines Wettbewerbs auf allen Ebenen:

Nicht nur zwischen den Unternehmen und den Parteien, sondern auch in Wissenschaft und Kunst, auf dem Arbeitsmarkt, im Gegensatz zum deutschen Konkordanzföderalismus auch zwischen den Bundesländern, nicht zuletzt für den Wettbewerb zwischen Wirtschaftsordnungen.

Zwei Modelle sozialer Marktwirtschaft

Daß ein berühmter Kollege für Wettbewerb plädiert, der Inhaber des Glasgower Lehrstuhls für Moralphilosophie, Adam Smith, ist bekannt. Innerhalb einer Weltrechts- und Weltfriedensordnung fordert aber auch Immanuel Kant einen starken Wettstreit, auf daß die Kreativkräfte der Menschen nicht einschlafen. Die dahinter stehende These von den segensreichen Wirkungen des Wettbewerbs innerhalb von Staaten und zwischen ihnen bildet heute den Kern einer Neuen Wirtschaftsgeschichte («New Economic History»). Die These wird als eine wissenschaftliche Hypothese verstanden, die an geschichtlichen Fallstudien, etwa zum Aufstieg und Niedergang von Staaten überprüft – und bestätigt wird. Untersuchungen zum Aufstieg etwa von Sumer, Phönizien und Griechenland, der Niederlande und von England in der industriellen Revolution zeigen, daß der Wettbewerb für Erneuerung und Wachstum und mit ihnen für Wohlstand sorgt, während das Streben nach Sicherheit sie unterminiert.

Auch wenn man aus freiheitsfunktionalen Gründen eine soziale Marktwirtschaft verlangt, bleibt ein relativ weites Spektrum legitimer Möglichkeiten offen. Idealtypisch gibt es zwei Modelle, die im Rahmen des gemeinsamen Obermodells, der sozialen Marktwirtschaft, zwei konkurrierende Akzente setzen: Mit relativ geringen Sozialansprüchen, also einem geringeren Sicherheitsdenken zufrieden, erreicht das «US-amerikanische Modell» durch sein höheres Maß an Unternehmensgeist und Wettbewerb raschere Innovationen, überdies, durch das Steuerrecht unterstützt, ein großzügiges

Mäzenatentum. Allerdings wachsen auch die Einkommens- und Vermögensunterschiede. Mit einem stärkeren Akzent auf das Soziale verbindet das «kontinental-europäische Modell» weit höhere Sozial-ansprüche mit einem deutlich geringeren Spielraum für Wettbewerb und Unternehmensgeist. Die Folge sind geringere Einkommens- und Vermögensunterschiede, aber auch langsamere Innovationen, häufig höhere Arbeitslosigkeit und ein schwächeres Mäzenaten-tum. Erstaunlicherweise fällt auch die ökonomisch-soziale Mobili-tät, das heißt die Chance, vom unteren Einkommensfünftel ins mittlere, sogar das oberste Fünftel aufzusteigen, deutlich geringer als in den USA aus.

Fünfte These: Der «Systemvergleich» bestärkt das aufgeklärte Sicherheitsdenken in seiner Skepsis gegen zu hohe Sicherheit. Selbst der Gedanke der Chancengleichheit plädiert, wenn er auf die soziale Mobilität in den USA achtet, für mehr Eigenverantwortung.

Ansparen und bewahren

In *einer* Hinsicht erscheint dagegen ein höheres Sicherheitsdenken als dringend geboten: im Verhältnis der Generationen zueinander. Nehmen wir als Beispiel die natürliche Umwelt. Weil sie einerseits eine Vorgabe im strengen Sinn ist, die von keiner Generation ge-schaffen, wohl aber verändert wird, und weil andererseits die Art, wie sie der nächsten Generation hinterlassen wird, deren Lebens-chancen und Lebensrisiken mitbestimmt, ist ein Generationenver-trag nur dann gerecht, wenn er der nächsten Generation per saldo, als Bilanz von Vorgabe und Veränderung, keine ärmere Welt hin-terläßt. Dasselbe gilt für Errungenschaften der Kultur, einschließ-lich Sprache, Literatur, Kunst und Musik, dasselbe für die zivilisa-torische Infrastruktur – von Verkehrswegen über das Bildungs- und das Gesundheitswesen bis zur architektonischen Qualität der Städte und den Erholungswert der Landschaft; dasselbe für die Wissenschaft und Technik, für rechtliche und soziale Institutionen, für Kapitalakkumulation statt wachsender Staatsverschuldung, nicht zuletzt für die Bevölkerungsentwicklung.

Sechste These: In all diesen Bereichen muß jede Generation die Fähigkeit eines zukunftsgerichteten Sicherheitsdenkens pflegen und sich auf ein dreidimensionales, nicht bloß ökonomisches Sparen einlassen: zum ersten auf ein «präventives Ersparen» (ein Verhindern von Kriegen, ökologischen Katastrophen, wirtschaftlichen oder sozialen Zusammenbrüchen), zum zweiten auf ein «konservierendes Aufsparen» (ein Bewahren von Institutionen und Ressourcen) und zum dritten auf ein «investives Ansparen» (von Kapital, Infrastruktur, Zukunftstechniken …).

In der politischen Wirklichkeit findet das genaue Gegenteil statt, ein Bevorzugen des Konsumtiven. Während innerhalb des Bruttoinlandsproduktes die Gegenwartsausgaben, nämlich die Soziallasten und die Kosten für das Gesundheitswesen, die Altersvorsorge und die Tilgung der Staatsschulden, gestiegen sind, haben die Zukunftsausgaben abgenommen, also die Investitionen in das Bildungswesen und in andere Bereiche kultureller, sozialer und materieller Infrastruktur. Daß der konsumtive Anteil sich zulasten des investiven Anteils vermehrt, ist aber eine krasse Ungerechtigkeit gegen die künftigen Generationen. Man muß es schon einen intergenerationalen Imperialismus und Sozialdarwinismus nennen, da die gegenwärtig dominierenden Generationen kräftig auf Kosten der zukünftigen leben.

Bourgeois und Citoyen zugleich

Im antiken Griechenland richtete sich der griechische Bürger selbst in Zeiten der Demokratie noch lange an den Normen der altgriechischen Adelsgesellschaft aus. Er war vor allem Landbesitzer, Krieger und an den politischen Geschäften beteiligt. Der Sphäre der Arbeit abgeneigt, sogar feindlich eingestellt, überließ er die Landarbeit lieber den Sklaven oder, falls zu arm, um einen Sklaven zu erwerben, einem Ochsen (vgl. Aristoteles, *Politik* I 2, 1252b 10 ff.). Handel und Gewerbe dagegen betrieben vorwiegend Nichtbürger (Sklaven, niedergelassene Ausländer und Ausländer). Dieser weitgehend personalen Trennung von Staat und Gesellschaft tritt die Neuzeit mit einer institutionellen Trennung entgegen, die sich mit einer personalen Einheit verbindet. Anders als der antike Bürger muß der neuzeitliche Bürger nämlich in der Regel beides in einem sein, sowohl Arbeitssubjekt bzw. Wirtschaftsbürger als auch Staatsbürger, also *Bourgeois* (in einem weiten, auch Angestellte und Arbeiter umfassenden Sinn) und *Citoyen* zugleich.

Diese Einheit beweist nicht bloß ein hohes Maß an sozialer Demokratisierung; sie eröffnet auch jedem große Chancen zur Selbstverwirklichung. Die Arbeit hilft nämlich nicht bloß, den Lebensunterhalt zu sichern und die materiellen Lebensbedingungen zu verbessern. Das könnte eine wohlhabende Gesellschaft einem Teil der Bevölkerung überlassen, um den anderen Teil unter dem so schön klingenden Titel «Bürgerlohn» zu alimentieren. In der modernen Welt leistet die Arbeit aber weit mehr. Das Mehr beginnt mit der Bildung und Ausbildung. Um später einen angemessenen Arbeitsplatz zu finden, muß der Jugendliche Kenntnisse, Fähigkeiten und Fertigkeiten erwerben, einschließlich der Fähigkeit zum beruflichen und sozialen Weiterlernen und zur beruflichen und sozialen Mobilität, sowie Einstellungen wie Arbeitswillen, Leistungs- und Kooperationsbereitschaft und nicht zuletzt Kreativität. Auf diese Weise kann er seine Begabungen entfalten, sie sogar zu Höchstleistungen fortbilden, und zwar zu begabungsrelativ, nicht nur absolut bewundernswerten Leistungen.

Für den wichtigsten Moralphilosophen der Neuzeit, Kant, ist die Entfaltung der eigenen Talente ein moralisches Gebot. In der Regel genügt das normativ bescheidenere Argument, daß die für den Menschen unverzichtbare Anerkennung, sowohl die Selbstanerkennung (das Selbstwertgefühl) als auch die Fremdanerkennung, in hohem Maß vom Platz in der Berufs- und Arbeitswelt bestimmt wird. Erneut widerspricht das aufgeklärte Selbst- und Sicherheitsinteresse einem zu hohen Sicherheitsdenken. Eine Wirtschafts- und Sozialpolitik sollte jedenfalls zweierlei durch die tatsächliche Politik statt bloß durch «fromme Worte» prämieren, nämlich die Schaffung von Arbeitsplätzen und jene Suche nach ihnen, die auch Mühen und Durststrecken in Kauf nimmt. Wer diese Politik nicht schon aus Subsidiaritäts- und Gerechtigkeitsgründen einschlägt, sollte sie zumindest aus einem aufgeklärten Paternalismus verfolgen.

Siebte These: Ein höheres Maß an Freiheit in der Berufs- und Arbeitswelt dient so wesentlichen Zwecken wie der Selbst- und Fremdanerkennung.

Großrisiken im Zeitalter der Globalisierung

Am 26. April 1986 um 1 Uhr 23 wird in einem laufenden Kernreaktor geprüft, was bei Stromausfall geschieht. Knapp eine Minute später weiß man Bescheid: Der Kernreaktor Tschernobyl Block 4 explodiert und schleudert die Radioaktivitätsmenge von etwa 400 Hiroshima-Bomben in die Atmosphäre.

Am 11. März 2011 ereignet sich in Japan nach einem Erdbeben die Nuklearkatastrophe von Fukushima, bei der große Mengen von radioaktivem Material freigesetzt werden und Luft, Böden, Wasser und Lebensmittel kontaminieren. Diese Reaktorunfälle könnten die bislang größten technischen Katastrophen der Menschheit gewesen sein.

Um diesen Superlativ zu mindern, ist allerdings zu ergänzen: Die überhaupt größte Katastrophe waren sie nicht; die schweren Erd- und Wasserbeben beispielsweise fordern weit mehr Opfer. Daß in gewissen Landstrichen Erdbeben drohen, ist aber der betreffenden Bevölkerung ebenso bekannt wie das (andersartige) Gefahrenpotential eines Kernreaktors. Die drohende Gefahr, multipliziert mit der Wahrscheinlichkeit, daß die Gefahr eintritt, heißt wie gesagt Risiko. Droht ein immenser Schaden, so liegt ein Großrisiko vor, das die Frage aufdrängt: Wie geht eine Gesellschaft am besten damit um?

Beim Reaktorunfall mag man sagen: Auf Großrisiken lasse man sich erst gar nicht ein. Freilich dürfte man dann auch nicht erdbebengefährdete Landstriche besiedeln, sie schon gar nicht mit Großstädten wie Istanbul und San Francisco überbauen. Weiterhin dürfte man es weder zur hohen Staatsverschuldung noch zur Langzeitarbeitslosigkeit kommen lassen, auch nicht zum dramatischen Geburtenrückgang und bei gewissen Einwanderergruppen zu einer schwachen Integration. Oder trifft die vor über zwei Jahrzehnten von Ulrich Beck (1986) aufgestellte Diagnose der «Risikogesellschaft» zu, nämlich daß in hochentwickelten Industriegesellschaften ein bunter Strauß von teils technischen, teils ökonomischen und sozialen, teils auch politischen Risiken auftaucht, der die Steuerungs- und Kontrollfähigkeit eines Staates grundsätzlich überfordert?

Wer Antibiotika verschreibt, wo Aspirin ausreicht, ist nicht der bessere Arzt. Aus diesem Grund fragen wir zurück, bekräftigen aber vorab die Begriffsklärung fest: Unter «Gefahr» versteht man den drohenden Schaden und unter «Risiko» das Produkt aus der Höhe des Schadens mit der Wahrscheinlichkeit, mit der der Schaden eintritt. Es gibt freilich einen Gegenbegriff, den die Berufspessimisten lieber unterschlagen, während die Berufsoptimisten allein ihn berücksichtigen. Es ist die «Chance», also die Höhe eines Vorteils oder Gewinnes, multipliziert mit der Wahrscheinlichkeit, daß er eintritt.

Für die aktuellen Probleme sind zwar beide Ausdrücke nur Hilfsbegriffe. Denn in der Regel gibt es weder ein annähernd verläßliches Wissen über den Schaden oder Gewinn noch über deren Eintrittswahrscheinlichkeiten. Wichtig ist aber, daß man sich überhaupt auf beides einläßt. Statt eine Katastrophenpoesie oder im Gegenteil eine Sorglosigkeit zu pflegen, sind sowohl die Risiken als auch die Chancen abzuschätzen und auf deren Grundlage Chancen-Risiken-Analysen vorzunehmen.

Erste These: Über Risiken und Chancen von Großrisiken öffentliche Debatten zu führen, und dort, wo sie noch fehlen, in Gang zu bringen.

Nähern wir uns dem Thema Atomenergie im Seiteneinstieg, nämlich anhand eines anderen Beispiels, bei dem es Risiken und Chancen im Großformat gibt. Es ist die landwirtschaftliche Genforschung. Während die Kritiker Umwelt- und Gesundheitsrisiken befürchten, hoffen die Befürworter auf ertragreichere Nutzpflanzen, auf einen Abbau der Düngemittelabhängigkeit, auf neue Energiequellen, nicht zuletzt auf die Möglichkeit, Abfälle in nützliche Materialien umzuwandeln.

Damit am Ende zwar die positiven Erwartungen, aber nicht die negativen Befürchtungen eintreffen, braucht es vorab eine doppelte Forschung. Einerseits erkunde man die neuen Möglichkeiten, andererseits führe man eine Risikoforschung durch. Angetrieben von der Hoffnung auf wissenschaftlichen und wirtschaftlichen Gewinn kommt die erste, übliche Forschung oft wie von allein zustande. Bei der Risikoforschung sieht es dagegen anders aus.

Zweite These: Für die Risikobewältigung besteht eine politische Verantwortung.

Für die Risikoforschung gilt etwa folgendes Verlaufsmuster: Zunächst erkunde man die Art der drohenden Gefahren. Sodann überlege man, ob die vorher unklaren, daher zum Teil unheimlichen Gefahren sich in klare, zugleich überschaubare Risiken überführen lassen. Danach prüfe man, ob man die überschaubar gewordenen Risiken in weithin beherrschbare umzuwandeln vermag. Schließlich frage man nach dem Preis, zu dem die Gefahren, wenn sie überhaupt beherrschbar sind, tatsächlich beherrscht werden. Und die Währung, in der man den Preis berechne, heiße nicht bloß «Geld». Personale und soziale, ökologische und kulturelle, selbst ästhetische Kosten sind ebenfalls zu berücksichtigen.

Nur eine Gesellschaft, deren Politik auf beiden Forschungsarten aufbaut, braucht nicht in den mancherorts beliebten Pessimismus zu verfallen. Sie muß nicht befürchten, die Verbindung von Wissenschaft und Technik mit Demokratie und Rechtsstaat, also die moderne Zivilisation, sei ein schrecklicher Irrtum.

Zum Beispiel Tschernobyl und Fukushima

Wendet man sich der Atomenergie zu, so darf man nicht vergessen, daß sie jahrelang von fast allen Seiten wie ein Retter gefeiert wurde. Keineswegs schloß man vor dem Gefahrenpotential der «weißen Energie» die Augen. Man entwickelte vielmehr ziemlich sichere Atomkraftwerke. *Eine* Aufgabe, die im Prinzip zu bewältigen ist, eine verantwortliche Politik aber *vorab* bewältigt, nämlich die der Endlagerung, verschob man jedoch in die ferne Zukunft. Heute droht eine gegenläufige Gefahr: Deutschland ist aus der Atomenergie ausgestiegen («Energiewende»), obwohl weder der Energieverbrauch pro Kopf schon drastisch gesenkt *ist* noch die Alternativenergien in hinreichender Menge *tatsächlich*, überdies finanzierbar zur Verfügung stehen.

Dritte These: Der bislang vorherrschenden Unverantwortlichkeit tritt eine Kultur der Rechtzeitigkeit entgegen.

In Tschernobyl, aber auch in Fukushima hat man sie gewiß nicht gepflegt. Man hat in Tschernobyl einen riskanten Reaktortyp verwendet, der zwar für die damaligen politischen Machthaber den Vorteil hatte, schnell große Mengen an waffenfähigem Plutonium gewinnen zu können, der aber über so gut wie gar keine Sicherheitsbarrieren verfügte. Und in Japan wurde (und wird) das Risiko eines Erdbebens und die davon ausgehende Gefahr der über 50 Reaktoren ignoriert. Überdies scheinen die Kontrollmechanismen unzureichend (gewesen) zu sein.

Man kann auf Katastrophen mit Galgenhumor reagieren. In einer deutschen Zeitung erschienen nach der Katastrophe von Tschernobyl Karikaturen, die empfahlen, man kaufe sich einen Föhn und blase die radioaktiv verseuchten Wolken an ihren Ursprungsort zurück. Andere reagierten fast hysterisch, wieder andere ziemlich sorglos.

Vierte These: Statt in Hysterie zu verfallen oder aber sich in Sorglosigkeit einzukapseln, regiere die politische Risikobewältigung mit Augenmaß.

Ulrich Beck hatte sein Buch kurz vor Tschernobyl geschrieben. Enthusiastische Kritiker bescheinigten ihm daher eine frappierende Sensibilität. Wir fragen erneut zurück: Ist die Tschernobyl-Katastrophe tatsächlich ein Beleg für die behauptete Risikogesellschaft? Die Antwort lautet zunächst Nein, dann Ja, dann wieder Nein.

Zunächst – für staatlich nicht kontrollierbare Großrisiken liefert Tschernobyl kein Beispiel. **Fünfte These:** eine verantwortliche Regierung schreibt andersartige Reaktoren, strengere Sicherheitsvorschriften und deren peinliche Beachtung vor; nicht zuletzt verbietet sie grobfahrlässige Experimente und setzt die Einhaltung ihrer Gebote und Verbote erfolgreich durch.

Die Antwort lautet aber auch Ja. Denn die Großrisiken, auf die sich die Sowjetunion einließ, betrafen auch die Nachbarstaaten, die aber mangels Mitsprache- und Kontrollrecht den sowjetischen Reaktorbetrieb nicht beeinflussen konnten. Sie wurden zu Opfern ohne Mittäter zu sein, also zu Geschädigten, die vor der Schädigung nicht einmal den Vorteil der «weißen» und relativ preisgünstig produzierten Energie erhielten. Allerdings wäre auch diese Situation beherrschbar, weshalb die Antwort ein zweites Mal «Nein» heißt:

Denkbar, wenn auch schwer durchzusetzen, sind zwei Therapien, die sich gegenseitig ergänzen. Zum einen könnte man das internationale öffentliche Recht um einklagbare Mitsprachebefugnisse für die Betroffenen erweitern. Und wenn man die Mitspracherechte staffelte – je grenznäher die Reaktoren, desto mehr Mitsprache –, würden vielleicht einige Reaktoren weniger grenznah gebaut. Zum anderen ist ein grenzüberschreitendes Haftungsrecht einzuführen. Da in vielen Bereichen die Finanzmacht besonders wirksam ist, dürfte die Therapie sogar noch hilfreicher sein. Hätte die damalige Sowjetunion gewußt, daß sie für etwaige Schäden mit Abermilliarden Rubel durchsetzbar haftet (mit ihren Bodenschätzen und Energievorkommen hätte sie auch zahlen können), dann hätte sie aus Eigeninteresse alle genannten Bedingungen rechtzeitig erfüllt.

Sechste These: Eine weitsichtige Politik sorgt für jene Fortentwicklung des Europäischen und des Internationalen Rechts, die bei allen gefahrenträchtigen Anlagen, deren Gefahren Landesgrenzen überschreiten, den im Schadensfall Mitbetroffenen eine Mitsprache einräumt.

Ein Beispiel für eine grenzüberschreitende Haftung gibt der Brand einer Lagerhalle der Chemiefirma Sandoz in Schweizerhalle bei Basel ab (1. November 1986). Mit dem Löschwasser flossen etwa 20 Tonnen hochgiftiger Pestizide in den Rhein, verursachten ein Fisch- und Kleintiersterben bis Koblenz und veranlaßten, die Trinkwasserentnahme aus dem Rhein und aus Uferfiltrat bis in die Niederlande zu stoppen. Auf diesen Unfall haben das Chemie-Unternehmen und die Schweizer Landesregierung rasch und mit finanziellem Aufwand reagiert.

Zu den Gründen der einigermaßen fairen Reaktion dürfte die Verfassung des betreffenden Landes gehören, wovor **siebte These:** eine risikomindernde Energiepolitik die Augen nicht schließen darf. Wenn ein an fossiler Energie armes Land wie Deutschland sich bei einem so überlebenswichtigen Faktor wie der Energie lieber von anderen Staaten abhängig macht, dann verlasse es sich besser auf gefestigte rechtsstaatliche Demokratien, statt einem zunehmend autoritären Land wie Rußland den Rang einer gefestigten Demokratie zu attestieren.

Zu anderen Großrisiken genügen kürzere, pauschale Bemerkungen. Die Langzeitarbeitslosigkeit, die enorme Staatsverschuldung und der drastische Geburtenrückgang finden sich in anderen Ländern ebenso. Keineswegs alle, aber doch erheblich viele von ihnen kommen mit diesen Problemen besser zu Rande. Daraus darf man entnehmen, daß unser Gemeinwesen die einem Staat möglichen Bewältigungsfähigkeiten noch lange nicht voll entwickelt oder voll ausgeschöpft hat.

Bei den genannten Großrisiken drohen nicht nur technische Gefahren. Selbst wenn der Energiebedarf, statt immer noch zu wachsen, zurückginge, bleibt die Politik für dessen langfristige Sicherung mitzuständig. Freilich kann ein Gemeinwesen, bewusst polemisch gesagt, «sich in die Tasche lügen». Beispielsweise kauft es bei den Nachbarn Strom ein und schließt vor dessen Atomstrom-Anteil die Augen. Oder es fordert im eigenen Land ein Niveau von Reaktorsicherheit, auf das es bei den grenznahen Atomkraftwerken der Nachbarn verzichtet. Oder man bezieht eine alternative Energie, Erdgas, von einem Staat wie Rußland, das zu einem gefestigten demokratischen Rechtsstaat noch einen weiten Weg hat. Dadurch wird man – aller frommen Worte zum Trotz – politisch abhängig, vielleicht sogar, natürlich auf subtile Weise, erpreßbar, und sei es auch nur, daß die andere Seite sich eine berechtigte Kritik an den politischen Verhältnissen verbittet. Die bessere Alternative: Durch eine weit geringere Abhängigkeit von Fremdenergie werde man fähig, Nachbarn in Osteuropa, die unverhohlen erpreßt werden, vorübergehend auszuhelfen.

Andere Gefahren sind bekannt, zudem weithin beherrschbar. Über die Vorbeugung der Hochwassergefahr entlang der Elbe und der Oder beispielsweise sind sich alle Fachleute einig: Den Flüssen ist mehr Raum zu geben. Zu diesem Zweck sind Überschwemmungsgebiete auszuweisen und für sie Bauverbote zu erlassen. Überdies sind für Nebenflüsse Rückhaltebecken zu bauen, mancherorts die Deiche ins Landesinnere zu verlagern und andernorts Risiko-Siedlungen aufzugeben. Die Erfahrung, daß vieles davon an Einsprüchen der Gemeinden und Landwirten scheitert, bestätigt nicht die pathetische Diagnose, hier sei der Staat überfordert. Vielmehr muß er schlicht seine Steuerungsinstrumente erheblich verbessern. Und dieses geschehe gemäß dem ersten Prinzip, der Rechtzeitigkeit, «in nützlicher Frist». Häufig fehlt es nicht an Wissen über die geeigneten Instrumente, wohl aber an der Bereitschaft, sie vorurteilsfrei anzuerkennen und in Handeln umzusetzen.

Eine Gefahr zweiter Stufe besteht in der einseitigen Wahrnehmung von Gefahren. Dabei ist diese Einseitigkeit oft politisch motiviert. Beispielsweise waren in Deutschland Atomkraftwerke unter Dauerbeschuß, ohne daß man sich für die weit akuteren Gefahren interessierte, die etwa von der demographischen Veränderung oder der wachsenden Staatsverschuldung ausgehen oder von der mangelnden Integration mancher Bevölkerungsteile.

Ziehen wir eine vorläufige Bilanz. Wenn «Risikogesellschaft» heißen soll, daß die Gefahren schneller wachsen als die Fähigkeit, sie zu bewältigen, sind erhebliche Bedenken angebracht. Statt der pessimistischen ist aber auch die optimistische Diagnose nicht erfahrungsgesättigt, in unfeiner Anleihe bei Friedrich Hölderlin, mit der Gefahr wachse auch das Rettende. In Wahrheit ist die Risikobewältigungskompetenz des Staates weit höher, als die Pessimisten behaupten. Bevor aber die Kompetenz *tatsächlich* erheblich verbessert ist, darf von Optimismus keine Rede sein.

9. Identität im Zeitalter der Digitalisierung

«Man frage mich nicht, wer ich bin, und man sage mir nicht, ich solle der gleiche bleiben: das ist eine Moral des Personenstandes [d'état-civil]; sie beherrscht unsere Papiere. Sie soll uns freilassen, wenn es sich darum handelt, eine eigene Identität auszubilden» (Foucault, *Archäologie des Wissens* 1973, 30).

Das Weltnetz

Wollen wir unser Zeitalter mit einem einzigen Stichwort charakterisieren, so drängt sich die «Globalisierung» auf. Man darf diese allerdings nicht ökonomistisch auf die Wirtschafts- und Finanzmärkte beschränken. Wollen wir unser Zeitalter auch von einer einzigen Technik her bestimmen, so besteht sie in der Voraussetzung und zugleich dem dominanten Medium der heutigen Globalisierung, der Digitalisierung bzw. dem elektronischen Weltnetz. Seinetwegen verlieren räumliche Entfernungen an Gewicht, werden Ereignisse weltweit so gut wie gleichzeitig wahrgenommen und Informationen in Sekundenschnelle ausgetauscht. Damit geht ein erheblicher Demokratisierungsgewinn einher. Das Netz sorgt zwar nicht für eine weltweit gleiche Dichte von Geräten und deren Benutzern. Wo immer man aber die Geräte benutzt, werden alle Orte der Welt, auch alle Personen, Unternehmer und Staaten gleich behandelt. Um teilzunehmen, braucht man weder Macht noch Prestige noch Reichtum. Außerdem wird die Zensur autokratischer Staaten unterlaufen, in China freilich mit begrenztem Erfolg. Dazu kommt ein ökologischer Gewinn. Wer im Internet surft, statt ein Auto oder Flugzeug zu benutzen, spart Energie und verringert die Umweltbelastung. Nicht zuletzt steigt seine Rechtssicherheit, denn zumindest Leib und Leben bleiben ungefährdet.

Eine reine Gewinngeschichte läßt sich über das elektronische Weltnetz aber nicht erzählen. Denn ob Kranken- oder Lebensversicherungen, Arbeitsplätze, Bankgeschäfte oder Arztbesuche – in immer mehr Lebensbereichen werden immer mehr Daten erfragt, die jene sehr persönlichen Verhältnisse betreffen, die unsere Identität ausmachen. Über das elektronische Weltnetz werden die weltweit erfragten Daten weltweit verfügbar und wird über sie, nicht selten ohne die Zustimmung der Betroffenen, weltweit verfügt. Denn Hacker, Spione, Erpresser und andere «gierige Datensammler», zu denen, wissen wir seit neuerem, die Geheimdienste selbst von Demoktratien gehören, können Informationen stehlen, mißbrauchen und manipulieren.

Identität

Beschränken wir uns auf das Stichwort, das auffallend häufig verwendet wird, die Identität. Man spricht von ihr nicht bloß im Singular, sondern auch im Plural, der im einleitenden Zitat anklingt. Der französische Philosoph und Sozialhistoriker Michel Foucault unterscheidet die Identität seines Passes von der Identität als Schriftsteller und will sich diese, ihm wichtigere Identität, offenhalten.

Das Wortfeld ist übrigens noch weit größer. Wir sprechen auch von identifizieren und dann sowohl zweistellig, entweder transitiv «jemanden» oder intransitiv «sich identifizieren» sowie dreistellig «sich mit jemandem identifizieren». Wir reden vom Vorgang der Identifikation, von der Fähigkeit, der Identifizierbarkeit, schließlich von deren Negation, der Anonymität und Anonymisierung.

Als Gegenstand einer Identifikation stellen wir uns spontan eine Person vor, die man über den Namen und das Aussehen, ihre berufliche und soziale Stellung identifiziert oder über die Unterschrift und Personalnummern wie die Renten- oder die Sozialversicherungsnummern, manchmal auch über den Daumenabdruck, ein Krankenblatt und neuerdings den sogenannten genetischen Fingerabdruck. Nach einer Fahrerflucht will man aber auch das betreffende Auto identifizieren, in anderen Zusammenhängen ein Produkt, ein Arzneimittel, ein Patent, kurz: nicht jemanden, sondern etwas, nicht Menschen, sondern Sachen.

Trotz der häufigen Verwendung bleibt aber unklar, was der Mittelpunkt des weitläufigen Wortfeldes, die Identität, genau bedeutet. Zusätzlich hat sie als vielgebrauchtes Modewort an Profil verloren. Zur Begriffsklärung entführe ich Sie deshalb aus vertrauten Gefilden in die Philosophie.

Wie alle philosophischen Grundbegriffe, so ist auch die Identität mehrdeutig. Im ersten Lexikon der Philosophie, im Buch Delta der Aristotelischen *Metaphysik*, ist sie eines der vorgestellten 30 Grundbegriffe, abgehandelt im Kapitel 9. Der Ausdruck wird dort aber nur in einer einzigen Disziplin, in einer allgemeinen Gegenstandstheorie, behandelt und heißt dann *tauton*, «dasselbe». Da er noch in mindestens drei weitere Disziplinen gehört, wächst seine Mehrdeutigkeit erheblich, was erschrecken könnte: «Warum müssen Philosophen alles so kompliziert machen?»

Um uns die Sache weder ungebührlich zu erleichtern noch unziemlich zu erschweren, übergehen wir alle Feinheiten und machen nur bei wenigen Höhepunkten der Bedeutungsvielfalt Station. Wir halten bei je einer der entscheidenden Disziplinen an:

(1) Bei der erwähnten Gegenstandstheorie, der Ontologie, (2) bei der Theorie sich verändernder Gegenstände, der Biologie, (3) bei der Theorie menschlicher Entwicklung, der Sozialphilosophie und Sozialpsychologie, schließlich (4) bei der Theorie des Menschen, insofern er einen unbedingten Schutz beansprucht, der Ethik bzw. Moralphilosophie. Der Weg durch diese Disziplinen ist zugleich ein Gang durch die Geschichte, bei der von Station zu Station die Komplexität des Gegenstandes wächst.

Kontinuität im Wechsel

Der Ausdruck «Identität» stammt nicht aus der Welt des Handelns, weder der des sozialen noch des technischen Handelns. Seine Heimat ist die Gegenstandstheorie, mit der die Logik, Mathematik und Erkenntnistheorie zusammenhängen. Die Identität meint den ausgezeichneten Fall eines Verhältnisses, die Gleichheit, und bei ihr noch den Sonderfall einer vollständigen oder totalen Gleichheit, die Selbigkeit bzw. dasselbe. In dieser Bestimmung erscheint die Identität als eindeutig.

Tatsächlich kann sie aber in zwei Hinsichten und zugleich Stufen gemeint sein. Als erstes kann etwas der Art nach identisch sein. Diese Artidentität läßt sich noch steigern zum Superlativ der Identität, zur strengsten Einzigartigkeit, zur Identität der Zahl nach, der numerischen Identität. In anderer Hinsicht liegt hier freilich nur die bescheidenste Einzigartigkeit vor, die von Foucaults offener Identität Lichtjahre entfernt ist. Denn nichts Persönliches, geschweige denn Außergewöhnliches ist gemeint. Die numerische Identität besteht in einer Einzigartigkeit nicht im Sinne von etwas Besserem, sondern in Abgrenzung von etwas Anderem; zudem wird sie nicht gesucht, sondern liegt vor oder eben nicht.

Später werden sich Philosophen streiten, worin die Identität gründet. Nach Leibniz genügt die Übereinstimmung in dem, was der Verstand erkennt. Sie ist die Gleichheit in allen inneren und äußeren Merkmalen, die Identität als eine Vielheit von Eigenschaften, die zusammen ein Ganzes bilden. Dem hält Kant die Frage entgegen, ob nicht ein Tropfen Wasser an einem Ort in allen Merkmalen einem Tropfen an einem anderen Ort gleichen könnte und trotzdem etwas anderes ist?

Offensichtlich ist Kants Frage positiv zu beantworten, so daß die Übereinstimmung der Merkmale nicht genügt. Zur Identität fehlt etwas grundsätzlich Andersartiges, nicht ein weiterer Gegenstand des Verstandes, ein Merkmal, sondern ein Gegenstand der Sinnlichkeit, die exakt gleiche Raumstelle. Und weil es lediglich darauf, den Ort, ankommt, «kann man bei zwei Tropfen Wasser von aller inneren Verschiedenheit (der Qualität und Quantität) völlig abstrahieren, ... um sie für numerisch verschieden zu halten» (*Kritik der reinen Vernunft* III, 217). Entsprechendes gilt nach Kant für die andere Form der Sinnlichkeit, die Zeit, auf der übrigens das Zählen aufbaue.

Bei den heutigen Daten allerdings, die bekanntlich frei verfüg- und verschiebbar sind, kann man sich jedoch fragen, ob sie deshalb den Raum- und Zeitindex verlieren. Die Anschlußfrage lautet: Verlieren sie den Index mit Notwendigkeit oder erst durch eine gewisse Operation, also kontingent? Und die dritte Frage, die aber nur Fachleute beantworten können: Kann man den Index eventuell unaufspürbar tilgen, oder bleiben die Daten beispielsweise über einen Zahlindex identifizierbar, und zwar unabhängig von ihrem Gehalt, was Kants Einsicht bekräftigte?

Dem gegenstands- und erkenntnistheoretischen Begriff der Identität entspricht eine ebensolche Identifikation. Gemeint ist ein vierstelliger Vorgang, der bei digitalen Daten sehr wichtig sein dürfte: das Erkennen und Wiedererkennen einer Sache aufgrund einer Informationsaufnahme und – verarbeitung. Ob Mensch oder Maschine: (1) Jemand ordnet (2) gewissen «Reizen» (3) nach vorgegebenen «Regeln» eine (4) möglichst eindeutige «Reaktion» zu. Offensichtlich gibt es dabei unterschiedliche Anforderungs- und Fähigkeitsgrade: Wie weit darf ein Reiz vom Standard abweichen, um trotzdem identifiziert zu werden? Umgekehrt: Wie weit muß er abweichen, um als ein anderes Individuum erkannt und anerkannt zu werden?

Unser erster, gegenstands- und zugleich erkenntnistheoretischer Begriff von Identität ist sehr alt. Er taucht schon in der Antike auf, bei Platon. Für ihn ist Identität bzw. Selbigkeit (*tauton*: «dasselbe») ebenso wie sein Gegenbegriff, Verschiedenheit (*to heteron*: «verschieden»), einer der fünf philosophischen Grundbegriffe. Das gesamte Quintett lautet: (1) das Seiende (*on*) ist (2) in Bewegung (*kinēsis*) oder (3) Ruhe (*stasis*) und (4) identisch (*tauton*) oder aber (5) verschieden (*to heteron*).

Auf der *zweiten Station* treffen wir auf Aristoteles, der die Identität zum typischen Merkmal jedes numerisch identischen Gegenstandes erklärt, also jedes Einzelwesens, auch wenn es zu verschiedenen Zeiten unterschiedliche, sogar entgegengesetzte Eigenschaften annimmt. Ob Baum oder Mensch – der Betreffende kann erst klein, dann groß, erst jung, dann alt sein und bleibt doch der numerisch Selbe. Damit erweitern wir die bislang statische Erkenntnistheorie um eine evolutive oder dynamische Dimension. Die Identität wird zum Wesen von Individuen, die in der Zeit leben und sich mit der Zeit verändern.

Das Muster dafür geben Lebewesen ab, womit wir dem Menschen näher kommen und zur zweiten Disziplin, der Biologie, übergehen. Vermutlich spielt die einschlägige Individualität im Wechsel der Zeit auch in der digitalen Welt eine Rolle.

Wir überspringen mehr als zwei Jahrtausende und lassen uns – dritte Station – an der Wende vom 19. zum 20. Jahrhundert nieder. Auf der ersten, gegenstandstheoretischen Station ist die Identität eine Eigenschaft von irgendwelchen Gegenständen. Auf der zweiten, biologischen Station befassen wir uns mit einer Teilmenge und zugleich deren komplizierter Identität, der Kontinuität im Wechsel. Auf der dritten, sozialphilosophischen und sozialpsychologischen Station findet eine erneute Eingrenzung statt, eine Spezialisierung auf den Menschen und eine weitere Komplizierung, bei der die Differenzierung der ersten Station gewahrt bleibt. Es gibt die Identität einer natürlichen Person, die individuelle Identität, und die Identität einer Gruppe bzw. eines Kollektivs, die kollektive Identität. Darüber hinaus ist Aristoteles' Frage präsent, allerdings in der dem komplizierteren Gegenstand gerechten Weise: Wie kann ein Individuum oder eine Gruppe in den unterschiedlichen, manchmal geradezu widersprüchlichen Rollen und ebenso in den verschiedenen Entwicklungsphasen trotzdem dasselbe sein?

Beispielsweise ist jemand Kind, aber auch Vater oder Mutter, außerdem Ehe- oder Lebenspartner. Gemeinsam ist diesen Rollen die Erwartung von Liebe und Fürsorge. Dem steht eine andere Gruppe von Rollen entgegen. Man übt einen Beruf aus, ist hier sowohl Vorgesetzter als auch Untergebener, überdies Kollege und steht dabei unter Anforderungen, die in entgegengesetzte Richtungen zu weisen pflegen, denen der Kooperation und der Konkurrenz.

Selbst damit ist die Identität noch lange nicht ausgemessen. Man ist nämlich auch Vereins- und Clubmitglied, Nachbar, Tübinger, Wiener oder Zürcher, Deutscher, Österreicher oder Schweizer, Europäer und im Zeitalter der Globalisierung ansatzweise, gelegentlich *à contre cœur* Weltbürger. Die Frage lautet nun: Wie ist *trotz* dieser Vielzahl und Vielfalt gleichwohl ein einheitliches Ich, wie eine zwar differenzierte, auch spannungsreiche und trotzdem in sich zusammenhängende Ich-Identität möglich?

Eine weitere Komplikation: Man kann den Menschen von zwei Standpunkten aus betrachten, sowohl von der Außen- als auch der Innenperspektive. Dort steht man auf dem Standpunkt der dritten Person, des Beobachters objektiver Aktivititäten, hier auf dem Standpunkt der ersten Person mit ihrer inneren, subjektiven Erfahrung.

Die Identität eines Menschen, zeigt die entsprechende Forschung, bildet sich sowohl durch die Erwartungen der anderen als auch durch die meiner selbst, kurz durch Fremd- und Selbsterwartungen zugleich. Darin liegt eine weitere Neuheit des Menschen, die quer zur Unterscheidung von Außen- und Innenperspektive liegt: Unsere Identität hat zwei Seiten, einen personalen und einen sozialen Aspekt. Ob natürliches Individuum oder Kollektiv – das Subjekt bezieht sich teils auf sich selbst, teils auf andere; es gibt Selbsterwartungen und ein Selbstbild, ebenso Fremderwartungen und ein Fremdbild.

Im Laufe des Heranwachsens müssen wir lernen, uns in einen anderen zu versetzen, dessen Empfindungen und Gefühle zu verstehen (Einfühlungsvermögen: Empathie), dessen Ziele und Werte zu erkennen und mit ihm darüber zu sprechen (Kommunikation).

Weit verbreitet ist die Ansicht, in der Entwicklung des Menschen gingen die Fremderwartungen den Selbsterwartungen voran. Obwohl ich hier kein Fachmann, nur Philosoph bin, darf ich Skepsis äußern. Wie der Schrei eines Säuglings nach Nahrung und sein Wohlbehagen bei körperlicher und «sozialer» Wärme anzeigen, dürfte der Mensch schon mit gewissen Eigenbedürfnissen, etwa nach Nahrung, Kleidung, Zuneigung und Anerkennung, auf die Welt kommen.

Eine dritte Besonderheit taucht im Foucault-Zitat auf: Die menschliche Identität ist nicht ein schlichter Besitz, sondern eine in die Zukunft weisende Aufgabe, bei der sich Foucault gegen jede Fixierung wehrt. Man muß sich die Identität erarbeiten, wobei man kein klares Ziel vor Augen hat, auch wenn man etwas irreführend von «Identitätsfindung» spricht. Bei dem Such- und zugleich Versuchsprozeß gibt es phasenspezifische Krisenzeiten, namentlich die der Pubertät. Auch wenn man sie um eine etwaige Midlife-crisis und generell um Identitätsprobleme in den verschiedenen Lebensphasen, auch im Alter, ergänzen mag, kommt der Kindheit und Jugend eine besondere Bedeutung zu. Mit dem Ende der Adoleszenz gelangt die Identitätsbildung nicht zu einem endgültigen, aber doch zu einem gewissen Abschluß. Man fühlt sich zu bestimmten, durchaus verschiedenen und verschiedenartigen Kollektiven zugehörig, empfindet sich zugleich als ein einmaliges Individuum mit einer eigenen, unverwechselbaren Lebenseinstellung und Lebensgeschichte. Die erste Seite macht die soziale, die zweite die personale und biographische Identität aus.

Vereinfacht gesagt, sichert die Identität den Lebenszusammenhang «synchron». Sie besteht in der Einheit der verschiedenen, teils sich ergänzenden, teils aber sich behindernden oder gar bekämpfenden Rollen und Erwartungen. Die soziale Identität ist keineswegs von Spannungen frei. Dasselbe gilt für die Einheit in der Zeit, die biographische oder personale Identität, die «diachrone» Einheit des Individuums. Auch hier finden wir beides: Kontinuität ebenso wie Brüche, eventuell sogar radikale Veränderungen wie die vom Christenverfolger Saulus zum «Vorzeigechristen» Paulus. Nur beide Seiten zusammen, die soziale und die personale Identität, ermöglichen ein gelungenes Leben.

Was zur Person gehört

Für den Datenschutz ist noch eine vierte Station wichtig. Sie arbeitet mit einem Begriff, der weit älter als der sozialphilosophische Begriff der Identität ist und trotzdem weder dem gegenstandstheoretischen noch dem biologischen Begriff entspricht. Es ist der Begriff der Person. Begriffsgeschichtlich ist er mit dem sozialen, genauer «rollentheoretischen» Begriff der Identität verwandt. Der lateinische Ausdruck «persona» (griechisch: prosōpon)bedeutet nämlich Theatermaske, später die Rolle, die man unter der Maske spielt. In der folgenden Zeit bezeichnet «Person» den Menschen als rechtlich und moralisch verantwortlich Handelnden, der Gegenbegriff ist die Sache.

Die Person ist jemand, die Sache etwas. Person heißt derjenige, dem man sein Tun und Lassen zurechnen, gegebenenfalls vorwerfen oder aber zugute halten kann. Zur Person gehört die (Selbst-) Verantwortung, als deren Voraussetzung die Selbstbestimmung und als Folge und zugleich Voraussetzung eine hohe, sogar nicht mehr steigerbare, superlativische Schutzwürdigkeit. Nach dem Gedanken der Menschenrechte, den der Philosoph Immanuel Kant wegweisend auf den Begriff bringt, hat die Person einen unbedingten Wert. Die Person zu schützen ist daher die vornehmste Aufgabe der öffentlichen Gewalten.

Nun kann die Identität bedroht werden, teils von Faktoren wie

Naturkatastrophen oder Traumata, für die die öffentlichen Gewalten keine identitätssichernde Verantwortung tragen. Anders verhält es sich bei der Digitalisierung, ihrer beinahe unbegrenzten Fülle an verfügbaren Daten und deren fast beliebigen Verknüpfung. Spätestens bei identitätswichtigen Daten wie denen zur finanziellen oder gesundheitlichen Situation wird der entsprechende persönliche Schutzraum gefährdet. In der für die Digitalisierung charakteristischen, globalen Welt kann man der Gefährdung nur nach ebenso globalen, das heißt interkulturell gültigen Gesichtspunkten entgegentreten. Dafür eignen sich schon vom Begriff her die Rechte, die dem Menschen, bloß weil er Mensch ist, zukommen, die Menschenrechte.

Nach einer verbreiteten Ansicht sind die Menschenrechte zwar nur für die abendländische Kultur typisch, anderen Kulturen dagegen fremd. Beispielsweise soll der in China noch wirksame und in anderen ostasiatischen Ländern sogar vorherrschende Konfuzianismus über keinen Begriff «des Menschen» verfügen. Er kenne nur die Verschiedenheit von Rollen und Leistungen, so daß ihm schon der Träger der Menschenrechte, «der Mensch», fehle. Nach dem zweitwichtigsten Klassiker des Konfuzianismus (4. Jh. v. Chr.), Mong Dsi (1968, 163 f.), besitzt aber «jeder einzelne Mensch» eine ihm angeborene «Würde in sich selbst».

Auch die afrikanische Kultur erlaubt kaum eine Relativierung. Manche befürchten zwar, in der für Afrika charakteristischen Betonung der Solidarität gehe die Grundlage der Menschenrechte, die individuelle Personalität des Menschen, unter. Der afrikanische Sozialethiker Bujo (1993) weist diese Deutung aber entschieden zurück. Schon die Namensgebung vieler Stämme Afrikas zeige die Hochschätzung der Individualität. Statt des im Westen üblichen Familiennamens, der vom Vater auf den Sohn – liberaler: von den Eltern auf die Kinder – übergehe, habe jedes Kind nur einen eigenen Namen. Und dieser sei durch jene Umstände, unter denen es geboren wurde, geprägt, so daß er «das Individuum in seiner Geschichtlichkeit und seiner unwiederholbaren Einmaligkeit» bezeichne.

Derartige Beispiele aus anderen Kulturen erlauben, die beliebte, aber unberechtigte Annahme zurückzuweisen, der Westen sei der einzige Treuhänder der Menschenrechte. Ohnehin widerspricht ihr das Strafrecht. In so gut wie allen Kulturen schützt es nämlich Rechtsgüter menschenrechtlicher Dignität wie Leib und Leben, Eigentum und einen guten Namen («Ehre»). Die Verbindung beider Elemente, der Schutz von Leib und Leben mit dem Verbot zu stehlen, bietet übrigens einer Ethik des Daten- und Persönlichkeitsschutzes einen guten Einstieg. Zumindest Ansätze des Gedankens von Menschenrechten zählen jedenfalls zum gemeinsamen Gerechtigkeitserbe der Menschheit.

Nun könnte man immer noch einwenden, der Gedanke einer streng individuellen, einer persönlichen Identität sei für einen Kulturkreis, den Westen, typisch, sogar nur für dessen Neuzeit, also lediglich für eine einzige Epoche. Richtig ist, daß beispielsweise der Orient seit jeher in Begriffen von Familien und Großfamilien denkt. Trotzdem ist ihm der Persönlichkeitsschutz nicht fremd. Denn ihm geht es weniger um die Individualsphäre innerhalb von Familien, um den Schutz des einen Familienmitgliedes gegen andere Mitglieder. Entscheidend ist vielmehr der Schutz einer sei es individuellen, sei es familiären Privatsphäre gegen Personen oder Institutionen von außerhalb. Diese sind im Sinne orientalischen Denkens Fremde, übrigens im Sinne der ursprünglichen Bedeutung von «privat». Der lateinische Ausdruck «privatio» meint nämlich wörtlich den Mangel, die Beraubung; und im Sozial- und Rechtsbereich bezeichnet er den Raum, der sowohl der Öffentlichkeit, dem Gemeinwesen, entzogen ist, als auch den anderen «Privaten». (Für einige Facetten der komplizierten Entwicklung siehe Geuss 2001.)

Gegen Fremde grenzt man sich nun im Orient sehr deutlich ab, sichtbar schon in der Architektur. Die Häuser sind nach außen häufig rigoros durch Mauern abgeschirmt; die Straßen werden beiderseits von Mauern flankiert. Und der der Öffentlichkeit, aber auch den Fremden entzogene Raum, jener Privatraum im wörtlichen Sinn, der jenseits der Mauern anfängt, ist gegen den Privatraum der anderen abgegrenzt, überdies in sich noch mehrfach gestuft: Durchschreitet man das Tor, so beginnt (1) die äußerste Privatsphäre, die in der Regel noch keinen Blick auf das Haus erlaubt. (2) Erst wenn man um eine Ecke biegt, kommt mit dem Haus die äußere Privatsphäre in Sicht. (3) Das Haus selbst, das man dann durch eine Tür betritt, kann als die Privatsphäre im engeren Sinn gelten. (4) Schließlich ist innerhalb des Hauses noch der Harim abgegrenzt, der wörtlich den abgeschlossenen Raum meint, also innerhalb der Privatheit eine Intimsphäre, die architektonisch noch einmal streng abgegrenzt ist.

Wie nun lassen sich die Menschenrechte begründen? Der Gedanke gehört zur Rechtsethik mit dem Leitprinzip der Gerechtigkeit. Da sich ein interkultureller Diskurs nicht auf kulturspezifische Kriterien beruft, lassen wir die interkulturell umstrittenen Prinzipien der Verteilungsgerechtigkeit beiseite und wenden uns der Tauschgerechtigkeit, der Gleichwertigkeit im Nehmen und Geben, zu. Allerdings darf man weder einen zu engen, nur ökonomischen, noch einen zu kleinlichen Tauschbegriff haben. Denn außer materiellen Dingen werden auch ideelle getauscht bzw. sie entstehen in und aus Wechselseitigkeit: Sicherheit, Macht, Anerkennung, insbesondere auch Freiheiten und Chancen der Selbstverwirklichung. Und sie alle sind Bausteine der Identität. Außerdem muß man phasenverschobene Tauschbeziehungen berücksichtigen: Die Hilfe, die die Kinder in den ersten Jahren erfahren, können sie als Erwachsene gegen ihre dann eventuell hilfsbedürftigen Eltern «wiedergutmachen».

Wenn es einen Tausch geben soll, der zu den Menschenrechten führt, dann muß er ein Gut betreffen, das jedem Menschen wichtig, sogar unverzichtbar ist. Es besteht im wohl elementarsten «Gut» des Menschen, in seiner Handlungsfähigkeit. Als Bedingung anderer Güter hat es sogar einen (relativ) transzendentalen Rang. Dieses

Gut ist wiederum an dreierlei gebunden, an Leib und Leben, an die Denk- und Sprachfähigkeit und an eine Gemeinschaft mit einer Rechtsordnung. Weil die beiden ersten Bestimmungen mit negativen und positiven Vorbedingungen verknüpft sind, gibt es drei Hauptgruppen von Menschenrechten: Die negativen Freiheitsrechte, die positiven Freiheitsrechte bzw. Sozial- und Kulturrechte und für die dritte Bestimmung die (demokratischen) Mitwirkungsrechte.

Daß sich die Menschenrechte über den Gedanken eines elementaren, sogar transzendentalen Tausches begründen lassen, zeigen besonders deutlich die für den Daten- und Persönlichkeitsschutz wichtigen negativen Freiheitsrechte: Da der Mensch ebenso verletzbar wie gewaltfähig ist, kann er sowohl ein Täter, der die Handlungsfähigkeit durch Gewalt bedroht, als auch ihr Opfer sein. Um trotzdem sein elementares Interesse an Handlungsfähigkeit zu wahren, muß er sich auf einen wechselseitigen Verzicht einlassen, der wiederum die zuständigen Menschenrechte begründet. Verzichtet jeder auf Körperverletzung und Töten, so wird jedem das Recht auf Leib und Leben gewährt. Indem jeder die Religionsausübung der anderen nicht behindert, erhält er das Recht auf Religionsfreiheit usw. Auf den absolutistischen Staat fixiert, versteht man die Freiheitsrechte zwar vornehmlich als Abwehrrechte gegen den Staat, tatsächlich gewähren sie sich aber die Rechtsgenossen selbst, während der Staat lediglich die subsidiäre, freilich auch unverzichtbare Aufgabe des Gewährleistens übernimmt.

Damit können wir eine vorläufige Bilanz ziehen: Da es auf allgemeinmenschliche Interessen ankommt, können die nichtwestlichen Kulturen sich mit den Menschenrechten positiv identifizieren, folglich sich das Gefühl der Demütigung ersparen. Bei einer Rechtfertigung der personalen Identität über den Gedanken der Menschenrechte spielt sich der Westen nicht als herrschsüchtiger Hegemon auf. Allenfalls ist er der Wortführer einer Entwicklung, die ein allgemeinmenschliches Potential zugunsten allgemeinmenschlicher

Interessen und Fähigkeiten zur Blüte führt. Und weil nur allgemeinmenschliche Interessen zählen, lassen sich die Erfahrungen anderer Kulturen integrieren: Die über den Gedanken der Menschenrechte vermittelte Vorstellung von Identität ist im Prinzip flexibel und lernfähig.

10. Prolegomena einer ökologischen Ethik. Neun Bausteine

Daß unsere Zivilisation ihr Verhalten zur Natur ändern, sogar radikal ändern muß, ist angesichts der bekannten Krisenphänomene unstrittig. Strittig ist erst die Frage, wie die Krise genauer zu diagnostizieren ist; ferner die Frage, welche Therapie Erfolg verspricht; nicht zuletzt, von welcher Moral die Diagnose und die Therapie ihre normative Inspiration erfahren sollen.

Vor allem die dritte Frage ruft die Philosophie auf den Plan. Zugleich bietet sie die Chance, die so anspruchsvolle Aufgabe einer genuin praktischen Philosophie wahrzunehmen und auf dem Weg eines Diskurses, also nicht mittels politischer Konzepte, wohl aber in Form einer Grundlagenreflexion, zur Bewältigung aktueller Probleme beizutragen. Die folgenden Überlegungen, ein Diskurs über die moralischen Grundlagen einer ökologischen Politik, suchen keine runde Theorie, Bausteine für ihr Fundament aber doch (s. auch Kap. 3).

Erster Baustein: eine spezifische Moral

Die Wortführer der ökologischen Debatte plädieren ebenso schlicht wie unbescheiden für einen neuen kategorischen Imperativ bzw. für eine neue Moral. Unter verschiedenen Stichworten – wie: *Heiligkeit des Lebens* (Hans Jonas: *Materie, Geist und Schöpfung*) oder, schon zwei Generationen vorher vertreten und trotzdem nicht erwähnt, *Ehrfurcht vor dem Leben* (Albert Schweitzer) oder *Frieden mit der Natur* (Meyer-Abich) oder auch *Rücksicht auf Leidensfähigkeit* – wird *ein* Leitgedanke vertreten: Die Moral soll aufgeben, was bislang für sie selbstverständlich gewesen sei, einen exklusiven

Bezug auf den Menschen. Nennen wir die Moral, die den Exklusiv-bezug vertritt, anthropozentrisch und jene, die die Exklusivität verwirft, entweder biozentrisch, wenn es um jedwedes Leben, oder pathozentrisch, wenn es nur um leidensfähiges Leben geht, so haben wir den ersten Baustein, den Grundstein, gefunden. Er definiert die Leitfrage «anthropozentrische oder aber bio- bzw. pathozentrische Moral?».

In den Grundstein trägt man die Pläne ein; wir verzeichnen das philosophische Gewicht, das einem ökologischen Diskurs zukommt. Denn bislang pflegte die Philosophie zur ökologischen Ethik ein gespaltenes Verhältnis; obwohl sie erfolgreich mitdiskutierte, ließ sie in ihre Kerndebatten das Thema nicht herein:

Zur Diskussion steht als erstes eine regionale Ethik. Annehmen könnte man von ihr, daß es sie schon sehr lange gibt, da *Peri physeos*, «Über die Natur», die Philosophie seit ihren Anfängen nachdenkt. Tatsächlich ist diese Ethik, die der Naturbeziehung, sehr jung. Betroffen ist zweitens ein Grundlagenstreit, den man schon für gelöst hielt. In der englischsprachigen Debatte herrschte früher der Utilitarismus mit dem Prinzip des größten Glücks für alle Betroffenen vor, so daß Nietzsche zu Recht sagt: «Der Mensch strebt nicht nach Glück; nur der Engländer tut das.» Seit Rawls' Gerechtigkeitstheorie ist aber das Nietzsche-Wort aus der *Götzendämmerung* («Sprüche und Pfeile», Nr. 12) zumindest für die Neuengländer dementiert.

Nicht mehr Bentham, auch nicht Mill heißt ihr Bezugsklassiker, sondern Kant. Dieser teilt die Welt in höherrangige und niederrangige Wesen ein, spricht dort von Personen, hier von Sachen und erkennt als Person allein den Menschen an. Er verfällt also genau jenem Denken, das man heute zu verabschieden verlangt. Der Utilitarismus dagegen vermeidet dieses Denken seit dem berühmten Wort von Bentham: «The question is not, Can they *reason*? nor, Can they *talk*? but, Can they *suffer*?» Käme es auf Vernunft und Sprache an, so zählte zu Recht allein der Mensch. Insofern die Leidensfähigkeit – «Can they suffer?» – entscheidet, gilt das Tier als gleichberechtigt, und daraus folgt für die Grundlagendebatte die Umkehrung: Statt Kant denn doch Bentham und Mill und statt John Rawls lieber Peter Singer.

Die Dichotomie von Person und Sache geht jedoch nicht auf Kant, sondern mindestens bis auf das römische Rechtsdenken zurück. In der Kritik der Anthropozentrik steht deshalb, drittens, eine Unterscheidung auf dem Spiel, die immerhin einen gesamteuropäischen Konsens darstellt und damit bis dato die Bedingung erfüllt, die nach einer prominenten Theorie, der Konsenstheorie, als Wahrheitskriterium gilt. Dem hält der Kritiker entgegen, die Dichotomie habe etwas zur Folge, das allem *common sense*, gewißlich auch seinem eigenen widerspreche: Wer das Tier zur bloßen *res* erkläre, brauche auf dessen Schmerzfähigkeit keine Rücksicht zu nehmen.

Der Kritik zum Opfer fällt nicht zuletzt das jüdisch-christliche Erbe, insbesondere das *Genesis*-Wort «machet euch die Erde untertan», das sogenannte *Dominium terrae*. Erneut gibt sich die Kritik nicht zimperlich. Sie erhebt den Vorwurf des «speciesism», des Arten-Egoismus, nach dem das *Dominium terrae* und überhaupt die Anthropozentrik innerhalb der Natur so legitim sei wie der Rassismus unter den Menschen.

Zweiter Baustein: Unparteilichkeit

Manchmal ist scharfe Polemik nur ein Feigenblatt, hinter dem sich Beweisnot versteckt. Der Vorwurf des Arten-Egoismus bedient sich jedoch eines rechtsmoralischen Argumentes, das über diesen Verdacht erhaben ist, des Axioms konstitutioneller Demokratie, das Privilegien jeglicher Art für illegitim erklärt. Eine Spezies, die sich in den Mittelpunkt stelle, suche, was ihr nicht zustehe – innerhalb der Natur ein Privileg. Stichhaltig ist das rechtsmoralische Argument aber nur unter einer nicht mehr moralischen Voraussetzung, unter der Tatsachenaussage, daß ein Privileg überhaupt vorliege.

Ein Diskurs, der diese Voraussetzung überprüft, verwahrt sich gegen einen selbstgefälligen Moralismus, der es a priori besser weiß. Selbst im Fall der Ethik bedarf es nicht allein moralischer Elemente, sondern ebenso einer Belehrung durch die Erfahrung. Vorab bestimmen wir aber die andere, moralische Seite. Je anspruchsvoller wir sie definieren, desto wahrscheinlicher wird ein ewiger Streit. Ich schlage deshalb – als zweiten Baustein – ein bewußt bescheidenes Kriterium vor, ein elementares Gerechtigkeitsprinzip, die Unparteilichkeit. Wir lassen uns auf den Standpunkt eines unparteiischen Beobachters ein und erkennen die verschiedenen Spezies zunächst einmal als gleichberechtigt an, das heißt auch: Probeweise nehmen wir die biozentrische Perspektive ein, plazieren den Menschen ins Kontinuum der Natur und betrachten ihn als *animal*. Und durch diese Gerechtigkeitsperspektive reiht sich der ökologische Diskurs in eine Rechtsethik ein.

Dritter Baustein: Das Kontinuum der Natur

An der großen Tafel der Natur, so stellt ein derartiger Beobachter fest, sind die Spezies allesamt Parasiten in der ursprünglichen Bedeutung, also Mitesser, und sie alle suchen einen möglichst großen Anteil. Aus der Soziobiologie kennen wir das Theorem des eigensüchtigen Gens. Es bekräftigt nur, was sich schon der einfachen Beobachtung aufdrängt: Eine jede Spezies stellt sich in den Mittelpunkt und sucht insofern ein Privileg. Wer vom Menschen den Verzicht auf Privilegien verlangt, wer ihn innerhalb der Natur gleichsam zu einer Demokratisierung verpflichtet, kommt also nicht umhin anzuerkennen, was er eigentlich verwerfen will: Ein Egoismus zumindest der Arten ist naturüblich. Die übliche Form erlaubt allerdings den anderen Arten, ihren Egoismus ebenso auszuleben; in der Natur herrscht ein Egoismus mit Koexistenzfähigkeit, erweitert um die Fähigkeit zur Evolution. Ein Privileg maßt sich erst an, wer die beiden Fähigkeiten oder eine der beiden erstickt.

Ein Diskurs, der die Erfahrung integriert, befragt zu gegebener

Zeit die zuständigen Wissenschaftler, zum Thema «biologische Vielfalt» etwa die Arbeiten von Wilson (1975) und eine Studie von Imboden (1990). Danach sterben im Laufe der Erdgeschichte viele Arten auch ohne das Zutun des Menschen aus. Diese Auskunft könnte die willkommene Entlastung bringen, daß sich die anderen doch ebenso verhalten. Die genaueren Schätzungen sprechen aber dagegen. Den Verlaufsannahmen zufolge stirbt, bevor der Mensch auftritt, etwa eine Spezies pro zwei Jahre aus. Grundsätzlich beschleunigen muß diesen Prozeß der Mensch zwar nicht; für die Anfänge der Rodung Mitteleuropas etwa – und auch für die argentinischen Pampas – rechnet man mit einem «anthropogenen» Anstieg der Arten. Heute jedoch beträgt die Aussterberate selbst bei vorsichtigen Annahmen etwa vier bis sechs Tausend Arten pro Jahr; sie liegt also zehntausend Mal höher als vor dem Auftreten des Menschen. Nun steigt im Laufe der Evolution die Artenvielfalt, so daß für ein faires Urteil nicht die absolute Aussterberate zählt, sondern nur die relative, die auf die jeweilige Artenzahl bezogene Rate. Bei einem Faktor von 10^4 muß man aber eingestehen, daß sich der Mensch wie schon gegen seinesgleichen so auch gegen Artfremde als ein derartiger Meister im Töten erweist, daß er noch jede Konkurrenz deklassiert. Daher dieser dritte Baustein: Vorzuwerfen aus biozentrischer Perspektive ist noch nicht der schlichte Arten-Egoismus, eine gleichsam unschuldige Selbstprivilegierung; erst eine expansive, eine imperialistische, vielleicht sogar despotische Anthropozentrik bricht aus dem Kontinuum der Natur aus.

Vierter Baustein: Oikopoiese

Der neutrale Beobachter prüft, ob unsere Spezies die Expansion tatsächlich erfindet. Die Erfahrung lehrt das Gegenteil; jeder Landstrich, der nicht vergiftet ist, wird rasch von Pflanzen und Tieren belebt. Wer der jüdisch-christlichen Tradition das *Dominium terrae* vorwirft, darf jene *Genesis*-Stelle (8,17) nicht überlesen, die der subhumanen Natur ein ähnliches Dominium zuspricht «Alles Getier, das mit dir ist ... soll sich tummeln auf Erden, fruchtbar sein und sich vermehren.» Als ein Gebot wird hier formuliert, was biologisch gesehen ein Faktum ist und wofür die Soziobiologie mindestens drei gute Gründe lehrt. Wer die Redeform der *Genesis* wahren will, kann die Gründe als Gebote formulieren, dann freilich nicht als Imperative, die moralisch verwerflich sein könnten, vielmehr als Gebote der Klugheit, diktiert von der Logik des Überlebens.

Allzu offensichtlich ist der erste Grund: Der Natur muß man Ressourcen entziehen, sie darüber hinaus zugunsten der eigenen Bedürfnisse verändern. Der Biber, der seinen Damm errichtet, der Wurm, der sich in einen Organismus einnistet, selbst die Pflanze, die die Wurzeln ins Erdreich schlägt – sie belegen augenfällig, daß man sich allerorten und lange vor dem Menschen die Erde untertan macht. Der Ausdruck «untertan machen» gehört freilich in eine Sprache, die generell diskreditiert ist: in die der Herrschaft. Etymologisch gesehen leitet sich «Herrschaft» zwar vom althochdeutschen Ausdruck «hêr» ab, ist verwandt mit «senior», «sir» und «seigneur» und bedeutet «erhaben», «würdig». Im Blick haben wir freilich meist die andere Quelle, «Herr» als Gegenbegriff zum «Knecht» und «Sklaven». Um Mißverständnisse zu vermeiden, empfiehlt sich deshalb, auf das Wort «untertan machen» zu verzichten und als neutralen und zugleich genaueren Ausdruck von «Oikopoiese» zu sprechen: eine (schonende) Umwandlung des Natürlichen. Denn die Natur, die dem Tier zunächst als indifferent, vielleicht sogar feindlich entgegentritt, wird von ihm zum Zweck des eigenen Lebens zu einer Heimstatt (*oikos*) umgestaltet (*-poiese*).

Erneut bestätigt sich die biozentrische Ansicht vom biologischen Kontinuum. «Der Mensch», sagt Max Frisch, «beginnt im Holozän», das ist innerhalb der geologischen Neuzeit die jüngste Phase. Etwas, das wir für die Menschen zu reservieren pflegen und dann «Technik» nennen, fängt aber in Wahrheit viel früher an. Verstanden als Zubereitung der Natur zu den selbsteigenen Zwecken, ist die Technik keine humane Erfindung. Durch die Zubereitung, ein

Herstellen also, deshalb «*-poiese*», soll die Natur zum «*Oikos*» werden, das heißt gemäß der ursprünglichen Bedeutung von *oikos* als Ort, der der jeweiligen Art nicht bloß das Leben ermöglicht, sondern darüber hinaus auch Schutz und Geborgenheit bietet. Unser vierter Baustein: eine derartige Umwandlung, eben die Oikopoiese, ist ein universales Naturphänomen.

Achten wir nur auf den Menschen, so bestätigt sich nicht, was die *Genesis*-Kritik unterstellt: kulturspezifisch ist das Dominium nicht. Auch jene Völker, die nicht zu unserem Kulturkreis gehören, etwa die Eskimos, die Sameh («Lappen») und die Feuerlandindianer, folgen demselben Prinzip: Sie machen sich die Pflanzen- und Tierwelt zunutze. Die entsprechende Seite im Schöpfungsauftrag kann man als ein partikulares Gebot lesen, das die damals kleine Ethnie der Juden auffordert, ihr Land zu kultivieren. Der Sache nach wird aber ein grundsätzliches, ein anthropologisches Thema behandelt. Ein Schachspieler würde hier von einem stillen Gewinnzug sprechen, denn unser ökologischer Diskurs trägt nicht nur zur (Rechts-)Ethik bei, sondern auch zur philosophischen Anthropologie, außerdem zur Naturphilosophie, zur Philosophie der Technik und zur Sozialphilosophie.

Kehren wir zum Schöpfungsauftrag zurück. Hier liegt weniger vor, was moralisch bedenklich sein könnte, ein auf die Zukunft gerichteter Imperativ, als vielmehr ein die Wirklichkeit nur beschreibender Indikativ. Wie beim Dominium, das die Tierwelt praktiziert, so handelt es sich auch beim Dominium des Menschen um ein Sein, nicht um ein Sollen. Soweit man aber den Modus des Imperativs vorzieht, handelt es sich um eine Klugheitsregel.

Angesichts knapper Ressourcen setzt sich gegen die Konkurrenz jene Art besser durch, die mittels wachsender Zahl von Exemplaren gegen die anderen Arten einen Druck ausübt. Dieser Umstand führt zu einer weiteren Klugheitsregel. Offensichtlich entspricht sie der anderen Seite des Dominium, dem Expansionsgebot, der Aufforderung sich zu vermehren und die Erde zu bevölkern. Gegen das im humanen Bereich dringend nötige Nullwachstum legt ein biologisches Leitziel, das Überleben, Widerspruch ein. Denn «in *jeder* Organisationsart», so lehrt die Biologie «von der Alge bis zur Blattlaus, von der Feldmaus bis zum Menschen, (steckt) der Keim einer Populationslawine» (Markl 1986, 124). In der Natur herrscht also eine «Bevölkerungspolitik» mit problematischen, letztlich bestandsgefährdenden Auswüchsen vor: Das naturübliche Dominium ist imperialistisch.

Der Konkurrenzdruck läßt, drittens, nicht zu, vom (aufgeklärten) Selbstinteresse abzuweichen und auf andere eine genuine Rücksicht zu nehmen. Oft genug herrscht sogar die pure Rivalität: Organismen kämpfen mit anderen Organismen ums nackte Überleben; die naturale Natur zeigt sich als eine unversöhnte Welt.

Das Gebot der Nutznießung oder Oikopoiese, das Gebot des Bevölkerungswachstums und das des strengen Selbstinteresses, alle drei Klugheitsregeln sind nicht etwa von Luxuswünschen geprägt, sondern vom existentiellen Interesse am Überleben. Bei der zweiten und dritten Klugheitsregel wird nun die genannte Unterscheidung hinfällig, die eines schlichten von einem expansiven Artenegoismus: Das bloße Selbstinteresse kennt keine ihm internen Grenzen. Naturüblich ist nicht der limitierte Egoismus, sondern der unlimitierte, jener, der zur Expansion tendiert, sogar zur Despotie.

Gegen dieses Resultat liegt ein Einwand auf der Hand: Wenn tatsächlich Despotie vorherrscht, wie kommt dann zustande, was wir an der Natur so bewundern, ihre Fähigkeit zu Koexistenz und Evolution? Zuständig sind Faktoren, die sich, wie wir in Kapitel 2 gesehen haben, zwei Leitgesichtspunkten unterordnen, die das Prinzip Selbstinteresse bekräftigen: bald fehlt die Macht, bald das Interesse. Denn einerseits ist für jede Spezies irgendeine lebensnotwendige Ressource nur begrenzt verfügbar. Andereseits – zeigt die Spieltheorie, nämlich das iterierte Gefangenendilemma –, ist die Kooperation oft einträglicher als der rücksichtslose Kampf. Im übrigen bestätigt die Spieltheorie nur, was die Lebenserfahrung schon immer gelehrt hat: Kooperationsfähigkeit bringt einen evolutionären

Vorteil. Nicht zuletzt gibt es ein zweites Machtdefizit, eine soziale Begrenzung, die Limitaion durch die Konkurenten.

Eine Menschheit, die sich ins Kontinuum der Natur versetzt, hält sich an die Logik des Überlebens und rottet, wenn sie sich schon als Raubtier verhält, ihre «Beutetiere», eben die Naturressourcen, gerade nicht aus. Daß sie es trotzdem versucht – die ökologische Krise zeigt: mit wachsendem Erfolg –, stellt die biologische Selbstdefinition in Frage; wer sehenden Auges sein Überleben gefährdet, mag sich «homo erectus» nennen, ein «homo sapiens» ist er gewiß nicht.

Fünfter Baustein: ein natürlich begrenztes Recht des Stärkeren

Die Natur als Vorbild genommen enthält ein weiteres Gebot: Man suche überall, wo es sich lohnt, die Kooperation. Wo aber Selbstinteresse und Naturschutz kollidieren, dort heißt die naturübliche Lösung in mitleidloser Klarheit: Recht des Stärkeren.

Bekanntlich wächst die Überlegenheit in der Neuzeit, vielleicht wächst sie sogar exponential, und dafür gibt es zwei Gründe. An dieser Stelle wechselt der ökologische Diskurs seine Perspektive und befaßt sich mit dem Projekt der Moderne. Für den einen Grund verdanken wir die einschlägige Diagnose Descartes, der freilich nur das Programm Bacons in ein geschliffenes Wort bringt: Mit Hilfe der Naturwissenschaften werden die Menschen zu «maîtres de la nature». Nach der vorherrschenden Lesart – in der ökologischen Debatte schon ein Dogma – solle der Mensch zum Despoten werden. Wer den Text nachliest, liest anderes. Nicht derjenige heißt in Descartes' *Discours de la méthode* (6e partie) «maître», der eine Person, sondern derjenige, der sein Metier beherrscht. «Maître» ist, wer seine Aufgabe mit einem derart überlegenen Können ausübt, daß man ihn wie bedeutende Dirigenten als *maestro* anspricht. Nicht, wer die Natur ausbeutet, ist Naturforscher im

Sinne von Bacon und Descartes, sondern wer ihre Kräfte kennt und wer dank souveräner Kenntnis ein Know how besitzt, das inzwischen – dank unermüdlichen Forschens – fast unbegrenzt ist.

Behauptet wird gern, dieses Know how, das wissenschaftlich-technische Können, sei allein schon bedrohlich. Die einschlägige Wissenschafts- und Technikschelte erfolgt aber übereilt. Bedrohlich wird die Macht erst in Verbindung mit einem zweiten Faktor. Für ihn dürfte ähnliches wie für die Technik gelten. Es gibt vermutlich subhumane Ansätze (deutlich bei domestizierten Tieren), und es gibt zweifelsohne eine Dimension, die zur *conditio humana* gehört. Die Grundlage der Bedrohung, eine tendenzielle Unersättlichkeit, hat einen anthropologischen Rang. In der Moderne erhält sie aber ein neues Profil. Vorher galten die entsprechenden Antriebskräfte als Leidenschaften, sogar als Laster, mithin als Triebfedern, die der moralischen Legitimation bedürfen und dann qua Leidenschaft im Verdacht stehen, die Legitimation nicht zu erbringen, und qua Laster als solche moralisch verwerflich sind. Dort, wo Antriebskräfte als Leidenschaften oder gar Laster gelten, stößt ihre tendenzielle Unersättlichkeit auf eine innere Barriere, die Moral.

Im Verlauf des 17. und 18. Jahrhunderts – so belehrt uns die entsprechende Forschung – findet eine folgenreiche Umwertung statt. Deutlich sagt es Hobbes im *Leviathan* (Kap. 13): «Die Begierden und anderen menschlichen Leidenschaften sind an sich keine Sünde.» Die als moralisch illegitim verdächtigten Leidenschaften und die per se illegitimen Laster verwandeln sich in Antriebskräfte, die den Zwang zur moralischen Legitimation abgeschüttelt haben. Von allem Verdacht auf Illegitimität befreit, sind sie jetzt moralisch indifferent: sie sind Interessen, also zu moralisch neutralen Energien geworden. Oft genug schätzt man sie sogar positiv ein; das Laster des «Neides» beispielsweise wandelt sich in «wirtschaftliche Konkurrenz», die «Habsucht» in einen lobenswerten «Geschäftssinn». Auf diese Weise, durch eine moralische Neutralisierung, geht der tendenziellen Unersättlichkeit die innere Barriere verloren, und aus einer bloßen Tendenz wird Realität.

Dank der Wissenschaft ist der Mensch machtmäßig überlegen, dank der so gut wie unbegrenzten Interessen nutzt er seine Überlegenheit kräftig aus. Unser fünfter Baustein: Das, was in der subhumanen Natur als bloße Tendenz existiert und selbst beim Menschen vorher oft wenig virulent ist, das despotische Selbstinteresse einer einzigen Spezies, wird in der Neuzeit zur realen Gefahr. Aus der Verbindung eines so gut wie unbegrenzten Wollens mit einem ebenso unbegrenzten Können entsteht eine Zivilisation, die das naturübliche Recht des Stärkeren in alle Richtungen ausspielt.

Sechster Baustein: aufgeklärtes Selbstinteresse und Moral

Wer nun dieses Recht aufzugeben verlangt, schreibt der Spezies Mensch eine specietas zu, die der der anderen Spezies nicht einfach beigeordnet ist. Wer die anthropozentrische Moral ernsthaft verabschieden will, muß daher vorab überlegen, was der Abschied denn kostet. Ermessen muß er, wie weit diese Moral nicht nur tatsächlich wirkt, sondern daß selbst in der Kritik an ihr sie immer schon gegenwärtig ist. Eine Ethik, die sich für neu deshalb hält, weil sie die bislang dominierende Anthropozentrik überwinde, erweist sich jetzt als inkonsequent.

Wenn eine Spezies so mächtig wird, daß sogar die Gesamtheit aller anderen Spezies nicht mehr Paroli bieten kann, wenn die naturübliche, externe Limitierung entfällt, dann bleibt nur die interne Begrenzung übrig. Unser sechster Baustein: Anstelle der Kontrolle von außen braucht es die Selbstkontrolle, statt fremder Konkurrenz die eigene Moral. Ohne eine Fähigkeit, deretwegen der Mensch denn doch aus dem Kontinuum der Natur ausbricht und einen höheren «ontologischen» Rang einnimmt, ohne jene Sonderstellung, die «Moralfähigkeit» heißt, ist keine ökologische (Rechts-) Ethik denkbar.

Die biozentrische Kritik dementiert sich gewissermaßen selbst. Sie erhebt eine Forderung, die verstehen, und ebenso: die befolgen nur der kann, bei dem im Zentrum nicht der bloße Bios steht. Soweit in der Anthropozentrik eine Krankheit vorliegt, läßt sie sich nur durch sich selbst heilen; statt Allopathie jetzt Homöopathie. Die in der Homöopathie üblichen, bloß kleinen Dosen genügen freilich nicht; die Kritik an einer pauschalen Kritik der Anthropozentrik will die Krisenphänomene ja nicht verharmlosen. Außerdem haben Krankheit und Therapie zwar dieselbe Wurzel, die Sprach- und Vernunftfähigkeit ist aber nicht in derselben Hinsicht gefragt. Die Unersättlichkeit der Interessen schränkt man nicht durch zusätzliche Interessen ein, die Macht der Technik kontrolliert man nicht durch noch mehr Technik. Hilfe verspricht nur eine allopathische Homöopathie: Der Anstoß zur Veränderung kommt, von den Interessen und von der Technik her gesehen, von außen, von der Sprach- und Vernunftfähigkeit her gesehen aber von innen.

Der erwähnte Utilitarismus geht nicht von der Sonderstellung aus, sondern von dem, was der Mensch mit der Tierwelt teilt, von der Leidensfähigkeit. Anführen kann er dafür ein gutes Argument. Wer mit Bentham (1789, § 1) glaubt, die Natur habe die Menschheit unter die Herrschaft zweier souveräner Gebieter – Schmerz und Freude (griech. *hēdonē*) – gestellt, der hat keinen Grund, Tiere, die ja derselben «hedonistischen Herrschaft» unterworfen sind, hedonistisch anders zu behandeln.

Ein anerkannter Topos der Rechtsethik sagt freilich: «ultra posse nemo obligatur». Über sein Können hinaus sei niemand verpflichtet. Falls der Mensch lediglich hedonistisch handelt, kann er gar nicht, was er soll: fremde Leidensfähigkeit auch dann berücksichtigen, wenn die Rücksichtnahme eigene Opfer verlangt. Bei der Gegenposition sieht es anders aus. Maßgeblich ist ein Text von hohem philosophischen Rang, den aber selbst die Fachdebatte zu übersehen pflegt. Kant nennt Überlegungen, die eine noch nicht vorhandene Wissenschaft vorbereiten, Prolegomena. Daß es die ökologische Ethik als eine Wissenschaft wird geben können, müssen wir nicht behaupten; als ein philosophischer Diskurs ist sie jedoch gewiß möglich. In diesem Sinn könnte Kants Text den Titel tragen:

«Prolegomena einer jeden künftigen ökologischen Ethik, die als philosophischer Diskurs wird auftreten können». Ich meine aus der *Kritik der Urteilskraft* den Anhang «Methodenlehre der teleologischen Urteilskraft», dabei insbesondere die Paragraphen 83 und 84.

Wer den Text liest, kann sich des Eindrucks nicht erwehren, daß die Debatten, hätten ihre Wortführer sich mit ihm auseinander gesetzt, mit einem anderen Problembewußtsein begonnen hätten: Kant entwickelt für die Natur eine Rangfolge, plaziert an deren Spitze den Menschen, inthronisiert diesen als Herrn über die Natur und erklärt die Herrschaft sogar zu einem (moralischen) Recht. Denn er nennt den Menschen den «betitelten Herrn der Natur» und versteht unter dem «Titel» den Rechtsgrund (*Rechtslehre*, § 10). Damit bestätigt er zwar, was der Biozentriker glaubt: Kant vertritt das anthropozentrische Denken in aller Kompromißlosigkeit. Er vertritt es aber nur in einer bestimmten Hinsicht. Als der betitelte Herr der Natur gilt der Mensch nicht einfachhin. Mehr als nur de facto, vielmehr legitimerweise Herr ist er nicht als *despotēs*, nicht einmal als schlichter *technitēs*, sondern nur, sagt der einschlägige Text, «als Subjekt der Moralität» (*Kritik der Urteilskraft*, § 84). Hier klingt die erwähnte ältere Bedeutung des Ausdrucks «Herr» an; nicht auf die überlegene Macht beruft sich Kant, sondern auf die größere Würde.

Auf dem Höhepunkt der europäischen Aufklärung und zugleich einem Höhepunkt des anthropozentrischen Denkens, eben bei Kant, stellt sich das Privileg des Menschen nicht eigentlich als ein Sonderrecht dar, vielmehr als eine besondere Verpflichtung. Kant bestätigt also die allopathische Homöopathie: daß die Anthropozentrik nur mittels Anthropozentrik, daß nämlich ein Artenegoismus des Menschen nur durch das zu überwinden sei, was die Art homo sapiens vor allen anderen Arten auszeichnet: Vorrechte hat das «Animal» Mensch nur, sofern es sich als «morale» qualifiziert.

Kant hat denn doch Recht, wenn er zwischen dem *animal morale* und dem schlichten *animal* eine scharfe Grenze zieht. Und eine ökologische Politik tut gut daran, Kant zu folgen, also im Gegensatz zu mancher schwärmerischen Biozentrik Mensch und Tier nicht auf die gleiche Stufe zu stellen und allein den Menschen als Person anzusprechen. Ebenso gut beraten ist sie, wenn sie der Tendenz mancher Strukturalisten und Soziologen entgegentritt und den Person- bzw. Subjektcharakter des Menschen, statt ihn zu entwerten, im Gegenteil stärkt.

Das, was nach Kant allein zu einer Herrschaft über die Natur berechtigt, die Moralität, setzt den Menschen der Zumutung aus, die in der Natur übliche Moral aufzugeben und fremde Interessen auch dann zu berücksichtigen, wenn sich daraus kein Vorteil ergibt. Diese Zumutung läßt sich steigern. Sie beginnt mit einer Relativierung der nur mir selbst eigenen Interessen und gelangt über die Relativierung von Gruppeninteressen schließlich zur Relativierung sogar der Speziesinteressen. Auf der ersten Stufe wird der «natürliche» Expansionsdrang von Individuen überwunden, auf der zweiten Stufe der von Gruppen, auf der dritten Stufe der der ganzen Menschheit.

Die Frage, welche Art von Moral der jeweiligen Überwindung zugrunde liegt, kann ich hier nicht weiter verfolgen; nur so viel sei gesagt: Es geht nicht um einen einzigen Moralbegriff; eine sachgerechte ökologische Ethik beginnt durchaus mit einem aufgeklärten Selbstinteresse, erkennt aber auch dessen Grenzen und geht dann zu einer genuinen, hier vom Gedanken der Gerechtigkeit bestimmten Moral über.

Siebter Baustein: pfleglicher Umgang

Der Anwalt einer neuen Moral wird einwenden, daß die Relativierung des Selbstinteresses so weit reiche, daß man auf subhumane Wesen Rücksicht nehmen müsse, sei der traditionellen Ethik fremd, und eben deshalb sei sie anthropozentrisch in einem verwerflichen Sinn. Wer sich die Mühe macht, die Meisterdenker der Ethik Revue passieren zu lassen – mit dem Vorbehalt: in nützlicher Frist –, wer sich aber immerhin die Werke von Platon und Aristoteles vergegenwärtigt, ferner die von Augustinus und Thomas von Aquin, wer Anselm und Ockham liest und Nikolaus von Kues nicht vergißt, wer bei Bacon, Descartes und Hobbes verweilt, fernerhin bei Pascal und Spinoza blättert, wer Locke, Montesquieu und Hume liest, wer nach dem Blick auf Kant auch Fichte, Schelling und Hegel berücksichtigt, nicht zuletzt Bentham, Mill, Schopenhauer und Nietzsche, wer sich mit der Geschichte der Moralphilosophie also durchaus intensiv befaßt, findet Argumente, die die subhumanen Wesen als Adressaten moralischer Verpflichtungen vollständig ausklammern, nur mit Schwierigkeit – und Passagen zugunsten einer despotischen Anthropozentrik so gut wie gar nicht.

Als ein Vertreter der tendenziell despotischen Anthropozentrik gilt heute Descartes. In der Schrift, die zum Lehrbuch des Cartesianismus avancieren wird, also an prominenter Stelle, in den *Principia philosophiae* (Teil III, 3), setzt sich Descartes mit der «frommen Ansicht» auseinander, «Gott habe alles für uns geschaffen» – und weist dann diese Ansicht gründlich zurück. Für vertretbar hält er nur den weit bescheideneren Gedanken, daß «nichts geschaffen ist, aus dem wir nicht manchen Nutzen ziehen könnten».

Dieser Umstand, daß andere Denker sogar mit Nachdruck einen «pfleglichen Umgang mit der Natur» fordern, stellt für eine künftige ökologische Ethik einen siebten Baustein bereit: Geübt wird die despotische Naturbeziehung allzu häufig; philosophisch gerechtfertigt wird sie nicht. Die angebliche moralische Blankovollmacht wird zwar allzu oft in Anspruch genommen, sie ist aber nie wirklich erteilt worden; vor liegt eine Anmaßung und Überheblichkeit, eine menschliche Hybris.

Achter Baustein: umfassende Menschlichkeit

Gäbe es den pfleglichen Umgang mit der Natur, so wären die meisten ökologischen Probleme gelöst. Zufrieden wäre der strenge Biozentriker aber nicht. Was «pfleglich» heiße, wird er sagen, bestimmen derartige Texte allein vom Menschen her. Die von der Moral her mögliche Relativierung des Selbstinteresses bleibe auf halbem Wege stehen, das Interesse der gesamten Menschheit werde berücksichtigt, aber nichts mehr.

Nennen wir ein Denken, das eine weitergehende Rücksicht verlangt, ohne den «ontologischen» Vorrang des Menschen aufzugeben, eine *humane Anthropozentrik*. Daß es dieses Denken gibt, ist bekannt; weil es aber den dominierenden Tendenzen widerspräche, schätzt man die einschlägigen Vertreter als häretische Denker ein. Man denkt dabei an Franz von Assisi, an Arthur Schopenhauer oder an Albert Schweitzer. Für eine humane Behandlung namentlich der Tiere sprechen sich aber derart viele Philosophen aus, daß wir einen weiteren, inzwischen achten Baustein gewinnen: Das Denken, das man für heterodox hält, ist in Wahrheit orthodox.

Zwei Beispiele mögen genügen: Nach Hume gebieten zwar nicht die Gesetze der Gerechtigkeit, wohl aber die der Menschlichkeit, die Tiere mit Mitleid und Güte («compassion and kindness») zu behandeln (*An Enquiry Concerning the Principles of Morals*, sect. III, part I, § 152). Montaigne geht weiter, und da er dasselbe Begriffsraster wie Hume verwendet, aber früher gelebt hat, dürfte er dessen Vorbild abgegeben haben. Nach dem Essay *De la Cruauté* erstreckt sich eine allgemeine Pflicht der Menschlichkeit («un général devoir de l'humanité») selbst auf Bäume und Pflanzen; den Menschen sei Gerechtigkeit geschuldet, den anderen Geschöpfen aber Erbarmen und Güte: «la grâce et la benignité».

Neunter Baustein: kritische Moral

Im neuen Testament lesen wir: «An den Früchten werdet ihr sie erkennen». Fragen wird man sich, warum jemand eine Moral verteidigt, die sich durch ihre Früchte, den heutigen Zustand der Umwelt, deutlich genug bloßstellt. Entzieht sich der Philosoph dem Auftrag zur kritischen Reflexion und sucht stattdessen die Entlastung? Auf diesen Einwand antworte ich mit vier Motiven, die zusammen einen neunten und letzten Baustein abgeben.

Das erste Motiv heißt nicht etwa «zurück zur Tradition», sondern «historische Genauigkeit», verbunden mit einem Gerechtigkeitsinteresse. Was wir für uns erwarten, daß man zur Kenntnis nehme, was wir tatsächlich sagen, schulden wir Bacon, Descartes, Kant und überhaupt der Tradition ebenso. Außerdem darf man nicht die elementare Bedingung von Patentämtern vergessen: Für neu erklären kann man nur, was tatsächlich neu ist.

Ein zweites Motiv heißt sachliche Genauigkeit. Nach dem Grundsatz der bestimmten Negation sucht man eine neue Moral erst, wenn man der bekannten Moral klare Grenzen nachweisen kann.

Ein drittes Motiv: Wer der viel gehegten Erwartung widerspricht, vonnöten sei eine radikal neue Moral, der bringt in eine pathetische Debatte die fällige Ernüchterung. In Abwandlung von Marx' elfter Feuerbachthese: Bislang hat der ökologische Diskurs eine neue Moral gesucht; es kommt drauf an, neuartige Sachverhalte nach einer im Prinzip bekannten Moral zu beurteilen.

Daraus folgt das vierte und politisch wichtigste Motiv: Bräuchte man wegen der ökologischen Krise eine neue Moral, so könnte man sich mit dem Argument verteidigen: Diese Moral kannten wir doch nicht; oder auch: ihre Grundsätze überzeugen nicht. Wer sich für radikal deshalb hält, weil er grundstürzend neue Prinzipien vertritt, stellt also nicht nur eine ethisch oberflächliche Diagnose. Er bringt auch – gewiß *à contre cœur* – eine moralische Entlastung. In diesem Sinn kann man an die diversen Klimakonferenzen erinnern. Sie fanden nicht etwa vor vier Jahrzehnten statt, als der Club of Rome an die Öffentlichkeit trat (s. Meadows 1972), sondern erst weit später. Wäre eine neue Moral gefragt, könnte man die Verspätung mit dem Hinweis entschuldigen, zur Anerkennung der einschlägigen Moral brauche es halt Zeit. Da aber neben den Gefahren auch die einschlägigen Grundsätze wohlbekannt sind, haben weder die Regierungschefs noch die demokratischen Souveräne, haben also wir selbst, keine Entschuldigung dafür, daß auf der hier wichtigen Agenda, der der internationalen Politik, die Beziehung zur Natur erst so spät und realpolitisch immer noch so schwach steht.

11. Lauterkeit im Wettbewerb

Seit Thales von Milet seine Mitbürger nicht nur als Philosoph und Mathematiker, sondern auch als Unternehmer zu verblüffen vermochte und seit der Inhaber eines Glasgower Lehrstuhls für Moralphilosophie, Adam Smith, zum berühmtesten Wirtschaftstheoretiker der Neuzeit wurde, ist der Philosophie die Wirtschaft samt ihrem Kern, dem Wettbewerb, vertraut.

Das Wort Wettbewerb

Als erstes ist daran zu erinnern, daß der Ausdruck «Wettbewerb», im Deutschen überraschend spät auftaucht. Er ist eine Neubildung des 19. Jahrhunderts, ersetzt das französische Fremdwort «concurrence» und übernimmt dessen Bedeutung: Man läuft zusammen, man trifft aufeinander, gerät in Streit und kämpft. Offensichtlich gibt es dafür beliebige Anlässe. Gegen die Neigung, bei Streit und Kampf nur an die Wirtschaft zu denken, gegen diese ökonomistische Verkürzung, hält die Philosophie fest: «Wettbewerb» bezeichnet jede Art von Rivalität: den wirtschaftlichen, aber auch den politischen Wettstreit, ferner den wissenschaftlichen, den künstlerischen und jeden beruflichen Wettkampf.

Zwei Arten sind dabei zu unterscheiden. Der destruktive Streit entfacht lediglich Zwist und Hader, die bis zu Handgreiflichkeiten, selbst bis zum Krieg führen können. Solange er, der bellizistische Streit, dominiert, trifft die Diagnose aus Thomas Hobbes' *Leviathan* zu: Es herrscht «beständige Furcht und Gefahr eines gewaltsamen Todes – das menschliche Leben ist einsam, armselig, ekelhaft, tierisch und kurz» (*Leviathan*, 96). In der Finanz- und Wirtschaftskrise 2009/10 erfuhren wir die Vorstufe: Wegen unregulierter Finanzprodukte, wegen unverantwortlich riskanter Immobilien- und

Transaktionsgeschäfte zu vieler Banken, wegen mangelnder Kontrolle von Aufsichtsräten, selbst Behörden der Bankenaufsicht, zusätzlich wegen betrügerischer Großmakler und später noch wegen des Größenwahns von mittleren Unternehmen, die Großunternehmen zu beherrschen suchen, sind gigantische Geldwerte vernichtet worden, gingen zahllose Arbeitsplätze verloren, schmolzen Vermögen dahin und stieg die ohnehin schon ungerecht hohe Staatsverschuldung noch einmal beträchtlich.

Die zweite Art dagegen, der konstruktive Streit und agonale Wettkampf, spornt zu größeren Leistungen an. Hier wetteifert man um Können und Meisterschaft, was in der Regel schon individuell, auf jeden Fall aber kollektiv vorteilhaft ist: Es herrscht ein Leistungswettbewerb.

Zum Begriff des Wettbewerbs gehört jedenfalls eine Einschränkung, die die Sache zugleich profiliert. Der Wettbewerb ist nicht als zerstörerischer Streit gedacht, sondern als ein Wettkampf, in dem man auf der Grundlage von Leistung in mindestens drei Hinsichten wetteifert: *gegen* Konkurrenten *um* Kunden und *für* einen (nachhaltigen) Gewinn. Entsprechend kämpfen Politiker und Parteien *gegen* Konkurrenten *um* Wähler und *für* Machtpositionen; bei Medien rivalisiert man um Leser, Zuhörer oder Zuschauer, bei Schriftstellern um Leser und Käufer.

Das profilierende Wort «Leistung» weist nun auf den Sinn des Wettbewerbs. Indem er Kräfte stimuliert, zur Kreativität anspornt und Anstrengung und Wagemut fördert, regt er all die Faktoren an, die zunächst den Willen und die Fähigkeit zur Leistung steigern, dann die Leistung selbst. Zweifellos liegt der unmittelbare Gewinn beim Leistungserbringer: Der Unternehmer erhält die Kunden, der Politiker die Wählerstimmen und der Buch-Autor die Käufer. Zusätzlich entfaltet man seine Fähigkeiten und gewinnt, worauf es den Menschen letztlich ankommt: nicht Geld, sondern Achtung, sowohl die Achtung durch andere als auch die Achtung seiner selbst.

Die gesteigerte Leistung kommt aber auch den Abnehmern zugute. Nicht zuletzt profitiert die Gesellschaft. Die aus dem Wettbewerb hervorgehende wirtschaftliche, politische, selbst kulturelle Blüte stellt am Ende so gut wie alle besser. Von überragenden Leistungen profitiert sogar die Menschheit: Bis heute liest man allerorten die Epen Homers, Shakespeares Dramen und Goethes Gedichte; überall hört man Bach, Beethoven und Mozart. Und in all diesen Fällen erfreut man sich eines Zusatzgewinns, den der griechische Komponist Theodorakis seinen Landsleuten am Beispiel der Musik empfiehlt: «Ihr wollt Autos kaufen, Boote, Fernseher? Dafür geht Ihr zur Bank und bezahlt teure Kredite? Händel, Vivaldi und Bach gibt es umsonst – nehmt sie Euch.»

Man kann fortfahren: Zu so großen Kulturdenkmälern wie Athens Akropolis, aber auch den europäischen Kathedralen und Palästen und den asiatischen Tempeln und Gärten pilgern seit langem Menschen aus aller Welt. Die Leistungen der Vorfahren bringen also den Nachfahren reichen Gewinn, nämlich sowohl Einkünfte als auch Ehren.

Ein schönes Beispiel für Wettbewerb bieten die archaischen Griechen. Wie man in Homers *Ilias* erfährt, herrscht in der Führungsschicht der Agon vor: Achill will sich auszeichnen, er will der tapferste griechische Held vor Troja, mehr noch der Tapferste aller Griechen aller Zeiten, vermutlich sogar der tapferste Held der gesamten Menschheitsgeschichte sein. Später, im klassischen Griechenland, wird das agonale Element kultiviert, zugleich verfeinert: Der militärische Wettkampf der Alten wandelt sich zum friedlichen Wettstreit der Olympischen Spiele, also zu Festspielen, die mehr als ein Jahrtausend lang vierjährlich gefeiert werden. Zwei weitere Wettkampfarten kommen hinzu: Der rhetorisch-politische Wettstreit in der Volksversammlung und, besonders segensreich, ein Dichter-Wettstreit, aus dem ein Höhepunkt der Weltliteratur, die griechische Tragödie, hervorgeht.

Der Wunsch, sich auszuzeichnen, das agonale Interesse, hat, wie angedeutet, eine anthropologische Grundlage. Die Anerkennung, die für das Seelenleben so wichtig wie die Atemluft für den Körper ist, fällt dem Menschen aber selten von allein zu. Er muß sie einem anderen anthropologischen Moment, der Neigung zur Bequemlichkeit, abringen. Denn wie jeder Kampf, so macht auch der um Anerkennung eine Mühe, die so mancher scheut, andere dagegen mit Freuden auf sich nehmen.

Wirtschaftsgeschichtliche Fallstudien zum Aufstieg von alten Kulturen wie Sumer, Phönizien und Griechenland, später der Niederlande, wieder später Englands in der industriellen Revolution, nicht zuletzt Studien zur Blüte der Hansestädte oder Preußens und des jungen Deutschland bekräftigen diese positiven Wirkungen der Konkurrenz: Der Wettbewerb sorgt für Erneuerung und Wachstum und schafft außer materiellem Wohlstand beispielsweise in den Niederlanden das Goldene Zeitalter der Malerei, und in Deutschland entwickeln sich die bald weltberühmten Universitäten.

Existenzieller Kampf

Rundum segensreich ist der Wettbewerb freilich nicht. Der Wettbewerber kann nämlich verlieren. Im harmloseren Fall zieht er sich nur die relative Niederlage zu: daß die Konkurrenz erfolgreicher ist. Es gibt aber auch die absolute Niederlage, das Scheitern: daß ein Unternehmen untergeht, daß ein Politiker die Wahl verliert, daß ein Autor keine Leser findet oder daß die Hoffnung eines Nachwuchswissenschaftlers auf die Universitätskarriere zerrinnt. Der Wettkampf ist also kein reines Vergnügen, kein Gaudium. Er ist im Gegenteil von existentieller Bedeutung, da beide Grundlagen des Lebens auf dem Spiel stehen, außer der materiellen Grundlage auch der erwähnte geistig-seelische Sauerstoff jedes Menschen, die Selbstachtung und die Achtung durch andere.

Manche Menschen können selbst harmlose Spiele nicht verlieren. Und in weniger harmlosen Fällen greifen viele zu wettbewerbsfremden Mitteln. Für den Einspruch dagegen steht der Ausdruck der Lauterkeit. «Lauter» heißt: rein, durchsichtig, unvermischt;

Ortsnamen wie Lauterbach und Lauterbrunn verweisen auf die Reinheit und Klarheit eines Gewässers oder eines Brunnens. Wir reden von lauterem Gold und meinen das von allen Schlacken gereinigte Metall; und wer reinen Wein trinkt, genießt das unvermischte Rebengetränk. Das Vorbild menschlicher Lauterkeit ist das unschuldige Kind. Erwachsene heißen dagegen lauter, wenn sie anständig und rechtschaffen sind.

Der reine und unverfälschte, eben lautere Wettbewerb dient dem ehrbaren Kaufmann, des näheren seinen funktionalen Interessen an wirtschaftlicher Entfaltung, an Wettbewerbsfreiheit und an jenem zwar nicht angeborenen, sondern erworbenen, für das Gelingen aber unverzichtbaren Gut, dem untadeligen Ruf. Der unlautere Wettbewerb dagegen verzerrt; der unehrliche und unredliche Wettbewerber kämpft unfair.

Was lauteres Gold ist, kann der zuständige Fachmann, ein Chemiker, über das spezifische Gewicht (19,32 g/cm^3), den Schmelzpunkt (1.063°Celsius), und den Siedepunkt (2.960°Celsius) objektiv feststellen. Die Reinheit eines Weines läßt sich schon schwieriger bestimmen. Und noch einmal schwieriger verhält es sich beim Wettbewerb. Zu Recht verwendet man daher eine Doppelstrategie. Man gebietet zwar Lauterkeit, definiert sie aber nicht positiv durch Gebote von Aufrichtigkeit, Ehrlichkeit, Offenheit und Rechtschaffenheit, begnügt sich vielmehr negativ mit Verboten. Andererseits operiert man mit einer Generalklausel, spricht von den «guten Sitten», gegen die man, erneut negativ, nicht verstoßen darf.

Mit «guten Sitten» sind weder bloße Üblichkeiten gemeint noch ein Höchstmaß an Sittlichkeit, die Wohltätigkeit oder Philanthropie. Der Wettbewerber darf sich sowohl über Üblichkeiten kreativ hinwegsetzen als auch die reine Sittlichkeit unterbieten. Er darf aber nicht, wie es heißt, das Anstandsgefühl des durchschnittlichen Gewerbetreibenden verletzen. Dieses Verbot erinnert an ein Moral- und Rechtsprinzip, das sich in so gut wie allen Kulturen findet und das jeder aus seiner Kindheit kennt. Es ist die Goldene Regel in ihrer negativen Formulierung: «Was Du – als Gewerbetreibender –

nicht willst, daß man Dir tu', das füg' auch keinem andern – Gewerbetreibenden – zu.»

Offensichtlich unlauter handeln Schwarzfahrer oder Trittbrettfahrer, denn sie sind Schmarotzer an fremder Leistung. Dasselbe trifft auf einen Boykott oder einen Aufruf zum Boykott zu. Weil von den zwei Streitarten nur die konstruktive Art zu begrüßen, die destruktive aber zu vermeiden ist, gibt es eine noch grundlegendere Aufgaben: Der leistungssteigernde Wettbewerb darf nicht in jene ruinöse Form umkippen, die mit der Vernichtung der Konkurrenten die Konkurrenz selbst aufhebt: Der ruinöse Wettbewerb ist wettbewerbsfremd auf die radikale Weise der Wettbewerbszerstörung.

Freiheitschancen

Niemand hält den Wettbewerb für einen Selbstzweck. Man lobt ihn wegen der Freiheitschancen für den einzelnen und wegen seiner segensreichen Folgen für die Gesellschaft. Ihretwegen hat der Gesetzgeber ihn zu fördern, darf ihn aber nicht von allen Kautelen frei, uneingeschränkt unterstützen. Vor allem hat er zu verhindern, daß der Wettbewerb, wie in der Finanz- und Wirtschaftskrise geschehen, unlauter wird und der spekulativen Gewinnsucht Tür und Tor öffnet.

Bei dem sich selbst überlassenen Wettbewerb sind Verzerrungen so gut wie unvermeidbar, paradoxerweise sogar von der ökonomischen Rationalität her geboten. Vorausgesetzt, man hat die entsprechende Macht, verbucht man nämlich bei gleichen Mitteln einen größeren Profit oder erreicht denselben Profit mit geringerem Einsatz. Wegen dieses Umstandes, ich spreche vom «Gesetz der rationalen Wettbewerbsverzerrung», herrscht der sowohl privatwohl- als auch gemeinwohlförderliche Agon nicht spontan. Es bedarf vielmehr einer Autorität, die die privatwohl- und gemeinwohlförderliche Rahmenbedingungen sowohl einsetzt als auch durchsetzt.

Diese Autorität, in der Regel ein Staat, hat dafür zu sorgen, daß der Wettkampf nicht mit beliebigen Mitteln, nicht als *Catch-as-catch-can*, geführt wird. Des näheren muß sie kriminellen Verzerrungen entgegentreten und eine Marktordnung einrichten, die sich vier weiteren Verzerrungen widersetzt. Deren erste drei sind heute im Prinzip schon anerkannt: der Kampf gegen Monopole und Oligopole, der gegen Kartelle samt Preisabsprachen und der gegen unlauteren Wettbewerb. Zusätzlich, zeigt die Finanzkrise, hat er dafür zu sorgen, daß keine unregulierten Marktsegmente und keine unregulierten Finanzprodukte entstehen. Nicht zuletzt bedarf es besserer Kontrollorgane: funktionierender Aufsichtsräte und Banken- und Börsenaufsichten.

Nach einem nordamerikanischen Journalisten und Satiriker, Ambrose Bierce und seinem *Devils Dictionary*, ist die Verantwortung «eine abnehmbare Last, die sich leicht Gott, dem Schicksal, dem Zufall oder dem Nächsten aufladen läßt». Die Rechtsphilosophie interessiert sich für die Frage, welche Art von Verantwortung sich dem versperrt: Welche Zuständigkeiten müssen bleiben?

Die Antwort unterscheidet zunächst zwei Stufen. Die Grund- und Elementarstufe bilden die Zuständigkeiten, deren Wahrnehmung man anderen schuldet und die sich in einem funktionierenden Rechtsstaat vor dem Kadi einklagen lassen. Hier geht es um die Rechtsmoral oder die Idee der Gerechtigkeit. Die zweite Stufe, die Tugendmoral, steigert das Geschuldete zum verdienstlichen Mehr, beispielsweise zur Wohltätigkeit, deren Anerkennung man «erhoffen» oder «erbeten», vielleicht noch vor dem Gewissen, aber nicht vor einem Gericht einfordern kann.

Zwischen diesen beiden Stufen hat eine dritte Art, die soziale Verantwortung, ihren Ort. (Eine vierte Verantwortung, die legislatorische des Gesetzgebers, bleibt im folgenden außer Betracht.) Der Ausdruck «soziale Verantwortung» ist allerdings nicht markenrechtlich geschützt. Deshalb mache ich einen Vorschlag: «Sozial» heiße jene Verantwortung innerhalb des Wettbewerbs, die nicht gerichtlich einklagbar ist, trotzdem mit der Funktion des Wettbewerbs eng zusammenhängt. Es sind Verantwortlichkeiten, die man nicht mittels Gesetzen erzwingen darf und die trotzdem nicht in purer Nächstenliebe bestehen. Analog zum Ausdruck «soft law» kann man hier von einem «sanften Geschuldetsein» sprechen. Dazu gehört es, nicht alle Nischen des Gesetzes auszunützen oder es auf eine zwar gerade noch rechtskonforme, aber gegen den Geist des Gesetzes verstoßende Weise «auszutricksen». Ein offensichtliches Beispiel bilden die außerbilanziellen Zweckgesellschaften, mit denen Unternehmen die Bilanzpflicht aushebeln. Fraglos unsozial ist es auch, Finanzprodukte zu empfehlen, die die Kunden nicht wirklich, oft selbst die Verkäufer nur unzureichend verstehen.

Die soziale Verantwortung reicht noch weiter. Wer im Wettbewerb besonders erfolgreich ist, streiche nicht allen Gewinn für sich ein. Er stecke vielmehr einen erheblichen Teil in gemeinnützige Stiftungen, womit er dem nordamerikanischen Sprichwort folgt: «Wer reich stirbt, stirbt in Schande.» Gemeint ist nicht, Reichtum zu erwerben, sei schändlich. Schandbar ist nur, wenn man ihn später nicht großenteils, etwa in Form von sozialen und kulturellen Stiftungen, der Allgemeinheit zugute kommen läßt: Der sozial verantwortliche Gewinner dient als Mäzen dem Gemeinwohl.

Das im strengen Sinn Geschuldete ist ein Muß, die Wohltätigkeit oder Philanthropie ist ein Kann, beim Zwischenphänomen, der sozialen Verantwortung, handelt es sich dagegen um ein Sollte. Dieses ist nun deshalb ein «bloß sanftes» Geschuldetsein, weil die soziale Verantwortung nicht gegenüber dem Staat, sondern gegenüber der Gesellschaft, genauer: der Bürgergesellschaft, besteht. Wird diese Verantwortung vernachlässigt, so verdient man keine rechtliche Strafe, wohl aber eine soziale Sanktion. Diese pflegt auch stattzufinden. Ein in sozialer Hinsicht verantwortungsloser Wettbewerber wird in der Regel sowohl von Mitarbeitern als auch von Kunden gemieden, bei einem hohen Maß an Verantwortungslosigkeit sogar geächtet.

Rechts- und Moralphilosophen sind weder Propheten, die den Untergang heraufbeschwören, noch Moralisten, die einer Utopie anhängen. Sie setzen sich jedoch für eine realistische Vision ein. Mit ihr will ich schließen, mit einem Wunsch, der deshalb realistisch ist, weil er an das Eigeninteresse appelliert: Man sei ein verantwortungsvoller Wettbewerber. Dann wird man in einer für jeden existentiell wichtigen Währung belohnt; man erfährt Anerkennung, sogar Achtung.

12. Kostbare Ressource
mit drei Buchstaben: Mut

«Mut» heißt die Gesamtheit der Antriebskräfte eines Menschen, seine geistige, vor allem emotionale Energie und Fähigkeit. Wer guten Mutes ist, ist nicht niedergedrückt, vielmehr zufrieden, fröhlich, voll Lebenslust und Lebenswollen. Was auch immer jemand anstrebt – wer dabei vorankommt und am Ende Erfolg hat, dessen Mut steigt.

Mut ist mit Hoffnung verknüpft, Gewünschtes zu erlangen, einen drohenden Schaden abzuwenden oder einen schon eingetretenen Schaden zu überwinden. Die bloße Hoffnung genügt freilich nicht. Sie muß sich mit der Bereitschaft zur entsprechenden Anstrengung verbinden. In Gefahrensituationen gibt, wer Mut hat, anderen ein mitreißendes Vorbild. Bei sozialen und politischen Gefahren spricht man dann von Bürgermut oder Zivilcourage. Auf sie trifft das Wort des siebenten US-Präsidenten, Andrew Jackson, zu: «One man with courage makes a majority.»

Wer dagegen Rückschläge erleidet, vielleicht sogar scheitert, wird an Mut einbüßen, ihn in schweren Fällen sogar ganz verlieren: Wem der Lebenspartner oder ein Kind stirbt, wen ein Freund verrät, wer zum Krüppel wird oder wie der biblische Hiob sein ganzes Vermögen, zusätzlich seine Kinder und Freunde verliert, der ist mehr als bloß niedergedrückt. Er verliert die Hoffnung, ist verzagt, vielleicht sogar verzweifelt. (Hiob ergeht es freilich am Ende besser als zuvor.)

Gelassenheit

Glücklicherweise wird nicht jeder von so bösen Schicksalsschlägen heimgesucht. Aber stets nach eigenem Wunsch und Willen verläuft kein Leben. Denn niemand ist so mächtig, sogar allmächtig, daß er alle Faktoren jeder Situation beherrscht. Statt allmächtig zu sein, bewegt sich jeder Mensch in einem Kräftefeld, das nur zum Teil von ihm beeinflußt, in der Regel von ihm nicht einmal voll überschaut wird. Deshalb braucht er ein paradoxes Können, das man Gelassenheit nennt: Man muß, was nicht in der eigenen Hand liegt, trotzdem in die Hand zu nehmen verstehen, nämlich den eigenen Grenzen frei zustimmen. Kaum jemand verfügt aber selbst in verzweifelter Lage über Gelassenheit und ungebrochene Lebenskraft.

Dann braucht er eine Gegenkraft, die in zweierlei Gestalt auftritt: Er muss sich einerseits neue Lebensquellen erschließen, also sich selbst Mut machen; andererseits braucht er Mitmenschen, die ihm Mut machen. In schwieriger Lage beginnt das Mut-machen mit einem verständnisvollen Trösten und geht nach einiger Zeit in ein Ermuntern, ein Er-mutigen, über.

Beide Gestalten tragen zum *savoir vivre* im ernsthaften Verständnis bei, nämlich zu einer Lebenskunst, die vor den Schwierigkeiten des Lebens weder verzagt, noch sie verdrängt. Das Mut-machen darf nicht zu einem naiven, von aller Selbstkritik und Fremdkritik losgelösten «Vorwärts!»-Ruf verkommen. Ob reflexiv: auf sich selbst, oder transitiv: auf einen anderen bezogen – wer Mut machen will, darf weder etwas einreden, wovon er doch nicht überzeugt ist, noch etwas vorgaukeln, was der Nachfrage, dem Prüfen, nicht standhält.

Kritik

Zum erfolgversprechenden Mut-machen gehört ein Moment jener Kritik, die Literaturkritik zu üben hat: Weder eine bloß negative Kritik, die die fremde Leistung stets schlecht macht, noch eine rein affirmative Kritik, die alles für gut befindet. Gefordert ist jene richterliche Kritik, die nach einem Abwägen des Für und Wider ein umsichtiges Urteil fällt.

Diese judikative Kritik steht beim Mut-machen aber nicht für sich. Sie ist lediglich ein Moment innerhalb der umfassenderen Aufgabe, sich oder einem anderen den Glauben an sich zu stärken oder ihn zurückzugewinnen, also ihm das eigene Leben – wieder – schmackhaft zu machen. Wer sich oder anderen Mut macht, trägt jedenfalls nur dann zur Lebenskunst bei, wenn er Schwierigkeiten weder unterschätzt oder gar verdrängt noch sie zu hoch veranschlagt. Er hat sie vielmehr in ihrem Gewicht wahrzunehmen und dann zu bewältigen. In günstigen Fällen verhilft das Mut-machen zu einem gelungenen, einem geglückten Leben. Genau deshalb verfügt, wer sich und anderen Mut zu machen versteht, über Lebenskunst.

Zwei Beispiele

Ein junges Mädchen schreibt im Alter von neun Jahren ihre ersten Geschichten: Märchen und Science-Fiction voll Witz und Humor. Mit siebzehn Jahren verfaßt sie ihr erstes Drehbuch. Ein berühmter Autor, dem sie es zu lesen gibt, kommentiert: «Das ist ein Haufen Dreck.» Zweifellos hat der Autor nicht Mut gemacht, sondern Mut genommen. War das Drehbuch nicht gut, so hätte er keine Eloge anstimmen sollen, ein Wort der Ermunterung wäre aber kaum fehl am Platz gewesen.

Das zweite Beispiel: Am ersten November 1755 vernichtet ein Erdbeben große Teile der Stadt Lissabon. Der damalige portugiesische Premierminister Sebastião Mello, der spätere Marquès de Pombal, reagiert mit den Worten: «Und nun? Beerdigt die Toten und ernährt die Lebenden.» Indem er umgehend Rettungs- und Wiederaufbaumaßnahmen organisiert, weckt er bei den einen und stärkt bei den anderen den Überlebenswillen. So eröffnet er ihnen eine neue Lebensperspektive und ergreift zusätzlich langfristig wirksame Gegenmaßnahmen. Um erdbebensichere Gebäude zu errichten und vorab deren Erdbebenresistenz zu testen, läßt er sogar Holzmodelle bauen und um sie herum Soldaten marschieren, um künstlich erbebenähnliche Erschütterungen zu erzeugen.

Mut-machen, zeigt dieses Beispiel, ist auch in politischen Zusammenhängen gefragt und verlangt, von der Gesellschafts- und Politikform ziemlich unabhängig, couragierte Persönlichkeiten. Dabei sind Sachkenntnisse gefragt. Diese erlauben freilich nicht, stets bloß Mut zu machen. Mittlerweile kennt man zweierlei sehr genau: Die erd- und seebebengefährdeten Gebiete der Erde und die Art und Weise, wie man sich beispielsweise durch Bauvorschriften, durch die Art der Gebäude, durch die Sicherheitsabstände und Bauverbotszonen einigermaßen zuverlässig schützen kann. Menschen, insbesondere die Verantwortlichen, in der Regel die Politiker, die diese Schutzmaßnahmen vernachlässigen, machen nicht Mut, sondern pflegen ein Gegenteil, den an Hybris grenzenden Übermut. Wenn eine Großstadt, die am Rande einer Bruchzone liegt, daher in hohem Maße erdbebengefährdet ist, deshalb zwar eine wissenschaftliche Arbeit in Auftrag gibt, die dort empfohlenen Maßnahmen aber nicht umsetzt, handelt sie unverantwortlich übermütig (s. auch Kap. 8).

Gelegentlich können Fachkenntnisse unmittelbar Mut machen: Die Altersstruktur unserer Gesellschaft hat sich so drastisch verändert, daß man eine zunehmende Vergreisung befürchtet. Man spricht von einer alternden Gesellschaft und glaubt, daß beispielsweise die Innovationen abnehmen, die Zahl der Pflegebedürftigen dagegen wachse. Dem gegenüber vermag die empirische Forschung Mut zu machen. Denn das Risiko, pflegebedürftig zu werden, ist in den letzten Jahren kaum gestiegen, sondern eher gesunken. Auch werden die Menschen nicht bloß älter, sie bleiben auch länger frisch: sowohl körperlich als auch geistig, zusätzlich in emotionaler und sozialer Hinsicht. Diese Entwicklung bündelt sich in einem die Gesellschaft aufmunternden Stichwort *Gewonnene Jahre*.

Nicht bei der angeblichen Überalterung der Gesellschaft liegt das Hauptproblem, sondern bei der Unterjüngung. Schon heute leben in Europa mehr Menschen, die über 60 Jahre, als die, die unter 15 Jahre alt sind. Infolgedessen sind Gesellschaft und Politik zu ermuntern, rasch die neuen Aufgaben wahrzunehmen und die in der Arbeitswelt, im Bildungswesen und in den räumlichen Lebensverhältnissen erforderlichen Veränderungen voranzutreiben. Die Veränderungen sind aber nicht bloß funktional, im Blick auf die Berufs- und Arbeitswelt, das Gesundheitswesen und die Rentenversicherung, vorzunehmen. Wegen des hohen Werts, den wir jedem Menschen zubilligen, ist die Würde der Älteren zu achten, sind daher die Chancen des einzelnen zu verbessern, sein Leben bis ins hohe Alter selbständig zu gestalten. Im übrigen sind die Älteren für die Gesellschaft auch ein Gewinn, beispielsweise weil sie im Privatleben den Jüngeren helfen und weil sie sich im Rahmen der Bürgergesellschaft in beträchtlichem Maße ehrenamtlich engagieren.

Welche Gesellschaftsformen haben ein gutes Potential, Mut zu machen? Autokratische Gesellschaften gehören fraglos nicht dazu, denn sie engen die Menschen ein. Die Angst vor allgegenwärtigen Spitzeln mag zwar bei einigen die Zivilcourage fördern, die überwältigende Mehrheit verliert dagegen an Mut.

Bei religionsgeprägten Gesellschaften sieht es anders aus: Gottvertrauen pflegt Mut zu machen, allerdings eher, wenn man an einen gütigen, weniger, wenn man an einen rächenden Gott glaubt. Auch wissenschafts- und technikgeprägte Gesellschaften machen Mut, da sie Schwierigkeiten zu analysieren pflegen und sodann zu lösen beginnen. Allerdings droht ein Über-Mut, der von Machbarkeits-, sogar Allmachtsphantasien.

Da es nicht nur auf den einzelnen Menschen, sondern auf seinen gesellschaftlichen Rahmen ankommt, kann man das Mutmachen am ehesten von der liberalen Demokratie erwarten. Ohne ein Übermaß an Zivilcourage zu erlangen, läßt sie den Bürgern Raum zur eigenen, selbstverantworteten Lebensgestaltung. Glaubt man jedoch den Demoskopen, dann schwindet die Anerkennung der Demokratie so stark, daß schon das Wort von der Vertrauenskrise die Runde macht. Ist also das Potential, Mut zu machen, in der Demokratie mittlerweile geschwunden?

Politik, die drohende Übel erst erkennt, wenn sie sich deutlich zeigen, verletzt ihre Grundaufgabe. Ebenfalls verletzte sie ihre Aufgabe, wenn sie Chancen nicht rechtzeitig ergreift, überdies, wenn sie ihr Gemeinwesen für Innovation und Kreativität nicht offenhält. An den Pflock des Augenblicks nicht gebunden, lebt der Mensch nämlich aus der Vergangenheit und im Blick auf die Zukunft. Eine Politik macht deshalb nur dann Mut, wenn die Bürger von ihr erwarten können, daß sie für ihre Zukunft Verantwortung übernimmt. Die Demokratie ist daher zu ermuntern, fraglos gegebene Barrieren ihrer Zukunftsfähigkeit zu überwinden. Zu diesen Barrieren gehört ein «Imperialismus der Politik», denn die Politik greift in immer mehr Lebensbereiche herein. Glücklicherweise gibt es als kräftige Gegenbewegung die schon angedeutete Bürgergesellschaft: Durch Engagement, durch Partizipation, Vertrauen und wenig Bürokratie ausgezeichnet, wendet sie sich gegen einen Staat, der die Bürger zu gängeln neigt und dabei nicht nur seine Legitimation überdehnt, sondern sich auch vorhersehbar überfordert, und infolgedessen den Bürgern den Mut nimmt.

Zum Imperialismus der Politik zählt die gewachsene Macht der Berufspolitiker als Parteipolitiker. Von kurzsichtigen parteipolitischen Vorgaben abhängig, droht die Staatsform, die als Kontroll- und Beschränkungssystem entworfen wurde, eben die Demokratie, zum Instrument von Politikern zu entarten, die lieber ihrem eigenen Klientel als dem Gemeinwohl dienen. Hier ist der Presse Mut zu machen, unparteilich Mißstände anzuprangern, allerdings darf sie nicht dem Übermut verfallen, durch gezielte Parteilichkeit eine dann von den Bürgern nicht autorisierte, insofern undemokratische Politik zu befördern. Schließlich kann man den Übermut der Parteien dadurch dämpfen, daß man die direkte Demokratie stärkt. Trotz mächtiger, zum Teil interessengebundener Gegenstimmen sind die Befürworter zu ermuntern, ihre guten Argumente kräftig ins Feld zu führen.

Die Zukunftsfähigkeit von Demokratien wird noch mehr durch den begrenzten Zeithorizont bedroht: Die Tagespolitik hängt von Meinungsumfragen, von innen- und außenpolitischen Kompromissen und der ständig «vor der Tür» stehenden nächsten Wahl ab. Zusätzlich ist es leichter, einen schlagkräftigen Rentnerbund aufzubauen, als die Gesellschaft zur langfristigen Sicherung der Rentensysteme zu bewegen. Indes tauchen auch hier Gegenkräfte auf. Um die «operative Kurzsichtigkeit» zu überspielen, werden bestimmte Verantwortungen an unabhängige Organisationen wie eine Notenbank und an ein Kartell- und Gesundheitsamt delegiert. Auch beruft man wissenschaftliche Beratungsgremien. Ferner gibt es eine politisch selbstbewußte Öffentlichkeit. Nicht zuletzt läßt die zur Bürgergesellschaft offene Demokratie dem Engagement ihrer Bürger freien Raum.

Außerdem darf man nicht die Zukunftsleistungen, die uns selbstverständlich geworden sind, für gering erachten: Trotz der Bedrohung durch das organisierte Verbrechen sichern die hoch entwickelten Demokratien die beiden wichtigsten Zukunftsgüter noch ziemlich erfolgreich, den Rechtsfrieden im Innern und den äußeren Frieden, zumindest den mit den Nachbarn. Trotz gelegentlicher Streiks und anderer Proteste ist auch der soziale Friede kaum gefährdet. Allerdings gilt diese Aussage nicht für alle Länder Europas gleichermaßen. Die eingeleiteten und notwendigen Reformmaßnahmen vor allem in südeuropäischen Ländern führen zu großen Protesten, die glücklicherweise bislang nicht allzu häufig in Gewalt eskaliert sind.

Hingegen gefährden in den europäischen Demokratien selbst

die neuartigen Schwierigkeiten – der Terrorismus, der Rechtsextremismus und die Integrationsschwächen bei vielen Zuwanderern – weder den inneren Frieden noch die Rechtssicherheit in einem bedrohlichen Ausmaß. Eine ernste Bedrohung resultiert jedoch aus den Schwierigkeiten mit dem Euro, die von einer geringen Verantwortung mancher Regierungen und großer Finanzinstitute verursacht ist, die auf finanzielle Sorglosigkeiten in der Vergangenheit zurückgehen und deren desaströse Folgen mittlerweile die verantwortlicheren Länder mittragen.

Man darf der rechtsstaatlichen Demokratie deshalb nur vorsichtig Mut machen: Obwohl sie über keine stupende Zukunftsfähigkeit verfügt, besitzt sie zumindest im Prinzip Ressourcen, mit denen Nicht-Demokratien oder rechtsstaatsärmere Demokratien schwerlich mithalten können: Ein hohes Rechtsbewußtsein, eine engagierte Bürgerschaft, ein hohes Bildungs- und Ausbildungsniveau, kulturelle Fundamente, nicht zuletzt eine politische Ordnung, die ein flexibles Reagieren auf neue Herausforderungen ermöglicht.

Soll man zu Wettbewerb ermuntern?

In Zeiten finanzieller und wirtschaftlicher Schwierigkeiten hier Mut zu machen, ist gewagt. «Wettbewerb» bezeichnet freilich jede Art von Wettkampf und Rivalität: den wirtschaftlichen, aber auch den politischen Wettstreit, ferner den wissenschaftlichen, den künstlerischen und generell den beruflichen Streit. Dabei gibt es zwei Arten (s. Kap. 11):

Der destruktive Streit entfacht lediglich Zwist und Hader, die bis zu Handgreiflichkeiten, selbst zu Krieg führen können. Der konstruktive Streit dagegen, der agonale Wettkampf, spornt zu größeren Leistungen an. Hier wetteifert man um die größere Leistung. Es herrscht, was in der Regel schon individuell, auf jeden Fall aber kollektiv vorteilhaft ist: ein Leistungswettbewerb. Ob Individuen, Unternehmen oder Regionen – Wirtschaftssubjekte beispielsweise wetteifern erstens *gegen* Konkurrenten, zweitens *um* Kunden und drittens *für* einen (nachhaltigen) Gewinn. Entsprechend kämpfen Politiker und Parteien *gegen* Konkurrenten *um* Wähler und *für* Machtpositionen; bei Medien um Leser, Zuhörer oder Zuschauer; bei Schriftstellern um Leser und Käufer. In all diesen Fällen wird die Leistung gesteigert, was den Kunden, den Wählern oder den Lesern zugute kommt. Nicht zuletzt profitiert die Gesellschaft, denn das aus dem Wettbewerb hervorgehende wirtschaftliche, politische, auch kulturelle Wohlergehen kommt allen zugute.

Rundum segensreich ist der Wettbewerb freilich nicht. Der Wettbewerber kann nämlich eine Niederlage erleiden, sogar scheitern. Der Wettkampf ist also keine bloß ergötzliche Lustbarkeit, sondern im Gegenteil von existentieller Bedeutung, weshalb viele dazu neigen, den Wettbewerb zu verzerren. Dagegen ist Veto einzulegen und der unverzerrte, lautere Wettbewerb zu fördern. Zweifellos unlauter sind Schwarzfahrer. Da sie fremde Leistungen in Anspruch nehmen ohne dafür den Preis zu zahlen, verstoßen sie offensichtlich gegen die Lauterkeit. Dasselbe trifft auf die Behinderung von Wettbewerbern zu, beispielsweise durch einen Boykott oder Aufruf zum Boykott. Schließlich darf der leistungssteigernde Wettbewerb nicht in jenen ruinösen Wettbewerb umkippen, der mit der Vernichtung der Wettbewerber den Wettbewerb selbst aufhebt.

Hier wie überall gehört zum Mutmachen die Energie und Fähigkeit, auf das Erlangen des Gewünschten oder das Abwenden des Schadens hinzuarbeiten.

13. Philosophische Ethik: «Fahne im Wind» oder «Fels in der Brandung»?

Ethikkommissionen sollen aktuelle Probleme der Gesellschaft nach ethischen Gesichtspunkten beurteilen. Dabei droht die Gefahr, daß die Vertreter der (philosophischen) Ethik sich dem Zeitgeist anpassen und wie eine Fahne im Wind sich wechselnden Interessen und Moden unterwerfen. Tatsächlich darf man von ihnen erwarten, daß sie mittels ethischer Grundsätze couragiert genug sind, wo es nötig ist, wie ein Fels in der Brandung dem Zeitgeist Widerstand zu leisten. Daher die Frage: Wie kann die philosophische Ethik den Menschen lehren, sein Leben, von Schwierigkeiten unbeirrt, an unerschütterlichen Grundsätzen auszurichten? Die Antwort erfolgt in fünf Schritten. Zu Anfang überlege ich, was eine philosophische Ethik, danach, was eine ethische Innovation ist. Im dritten Schritt skizziere ich für Moral und Ethik so gut wie unwandelbare Grundsätze, im vierten, wie es sich bei einer Ethikberatung von der Art der Ethikkommissionen verhält. Und zum Schluß ziehe ich eine fraglos vorläufige Bilanz.

Was ist Philosophische Ethik?

Andere kommen gern rasch zur Sache; ein Philosoph fragt zunächst, was die Sache denn ist: Eine Ethik hat letztlich die Aufgabe, sowohl vorgegebene als auch alternative Verhaltensweisen auf ihre Berechtigung zu beurteilen. Die Grundsätze der berechtigten Verhaltensweisen faßt sie unter dem Ausdruck «kritische Moral» oder kürzer «Moral» zusammen. Des näheren besteht die Ethik aus zwei

Teilen. Der erste Teil, ein Grundlagendiskurs, klärt den Begriff der Moral und begründet jene wahrhaft letzten Prinzipien moralischen Handelns – man kann sie Prinzipien zweiter Stufe nennen –, die noch grundlegender als die der Medizinethik vertrauten vier oder fünf Prinzipien (erster Stufe) sind: die Fürsorge (vgl. «salus algroti»), das Nicht-Schaden («nil nocere»), die aufgeklärte Zustimmung (Autonomie) und in sozialer Perspektive die Gerechtigkeit, erweitert um Solidarität. Zum Grundlagendiskurs, der Fundamentalethik, gehört nämlich die Suche nach einem allgemeinen Maßstab für die Moral, die Suche nach einem «Moralometer», das jedoch strukturell komplizierter als ein Thermometer ausfällt. Der zweite Teil, die sogenannte angewandte Ethik, befaßt sich mit moralischen Fragen ausgewählter Lebensbereiche. Auch dann, beispielsweise als Medizinische Ethik, interessiert sich die Philosophie nicht für konkrete Einschätzungen. Erst recht stellt sie keine Rezepte für moralisches Handeln bereit.

Ethische Innovationen?

Die so skizzierte Ethik versperrt sich nicht gegen Neuerungen, zumal dann nicht, wenn sie der entscheidenden Bezugsgröße, dem Menschen, zugute kommen. Im Gegenteil verdienen Neuerungen, die dem Menschen dienen, den Ehrentitel der Innovation und sind der Ethik hochwillkommen (s. Kap. 6). Innerhalb der Philosophie gelten sogar ausschließlich jene Autoren als wirklich bedeutsam, denen tatsächlich eine ethische Innovation gelingt, also eine Innovation in der *Theorie* der Moral. Denn für Innovationen der Moral selbst ist die Ethik nur mitzuständig, nicht alleinzuständig.

Nun lehrt die Erfahrung, daß moraltheoretische Innovationen nicht im Tempo wissenschaftlicher oder technischer Innovationen erfolgen. Nicht in der Geschwindigkeit weniger Jahrzehnte oder sogar einzelner Jahre findet sie statt. Für wahrhafte Innovationen braucht es, was unsere hektische Zeit verlernt hat; es bedarf eines

Atems von Jahrhunderten. Und blickt man auf den Gegenstand der Ethik, die moralischen Grundsätze, so ist ein erheblicher Teil davon der Menschheit seit Jahrtausenden bekannt: Moralische Grundsätze sind größtenteils interkulturell und interepochal gültig.

Anerkannte Grundsätze

Manche Philosophen vertreten allerdings eine Gegenposition, den Relativismus. Ihm zufolge herrschen in den verschiedenen Kulturen und Epochen so unterschiedliche Vorstellungen vom Guten und Gerechten, daß die These der interkulturellen Übereinstimmung falsch sein muß.

Diese Gegenposition ist seit langem bekannt und hat sich trotzdem nicht durchgesetzt. Schon antike Denker kennen den Grundsatz: andere Länder, andere Sitten. Auf die Frage, wie man mit den Verstorbenen angemessen umgehe, berichtet der griechische Geschichtsschreiber Herodot, sagen die Inder: wir verbrennen sie; die Perser: wir essen sie; und die Griechen: wir bestatten sie (*Historien* 3, 38.2–4).

Diese Unterscheidungen sind eklatant, gewiß. Läßt man sich vom ersten Eindruck nicht verblüffen, so sieht man jedoch, daß sie relativ konkrete Verbindlichkeiten betreffen. Auf der moralisch entscheidenden Ebene, der Fundamentalebene, findet sich dagegen ein erstaunliches Maß an Gemeinsamkeiten.

Bei der Behandlung der Toten zeigen sie sich in der Hochachtung vor ihnen. Die Gemeinsamkeiten reichen aber noch weiter: So gut wie alle Kulturen anerkennen ein Lügeverbot und den Schutz des Lebens. Eine hohe Wertschätzung finden auch moralische Grundhaltungen wie Besonnenheit, Gerechtigkeit und Fairneß, wie Aufrichtigkeit, Hilfsbereitschaft und Courage. Diese Gemeinsamkeiten entdecken wir schon bei so weit zurückliegenden Kulturen wie in Alt-Ägypten, Alt-Indien und Alt-China. Weiterhin schätzt man allerorten einen moralischen Grundsatz, den der Wechselseitigkeit, die Goldene Regel, etwa ihre negative Fassung: «Was Du nicht willst, daß man Dir tu, das füg' auch keinem anderen zu» (vgl. Höffe ⁵2012).

Dieses hohe Maß an interkultureller Gemeinsamkeit erlaubt es, von einem Weltmoralerbe zu sprechen: Über allen Unterschieden, die die Menschen trennen, über der Verschiedenheit der Sprachen, Sitten und Gebräuche sowie der Religionen und Konfessionen, dürfen wir jedenfalls nicht übersehen, daß sich die Menschen in einer für sie wichtigen Angelegenheit weithin einig sind, in den als moralisch eingeschätzten Grundhaltungen.

Zur ernsthaften Philosophie gehört allerdings die Auseinandersetzung mit der Skepsis. Die hier entscheidende Skepsis räumt die genannten Gemeinsamkeiten ein, erklärt aber, die Prinzipien zweiter Stufe seien doch umstritten. In der Tat setzen einige Moralphilosophen, die sogenannten Utilitaristen, auf das Prinzip des größten Glücks der größten Zahl. Dagegen richtet Friedrich Nietzsche einen seiner «Sprüche und Pfeile» (aus der *Götzen-Dämmerung* Nr. 12): «Der Mensch strebt nicht nach Glück, nur der Engländer tut das.»

Heute nimmt selbst der englische Sprachraum von dem lange vorherrschenden Utilitarismus Abstand. Seit John Rawls, also mittlerweile seit mehr als vier Jahrzehnten, beruft er sich lieber auf den bedeutendsten Moralphilosophen der Neuzeit, auf Immanuel Kant. Die Gründe, die gegen den Utilitarismus und für Kant sprechen, liegen zum Teil schon im Begriff der Moral. Dessen Bestimmung findet aber in einem philosophischen Binnendiskurs statt, deren Grundzüge eine angewandte Ethik zur Kenntnis nimmt, ohne sich selbst auf den Binnendiskurs einzulassen. Statt dessen knüpft sie an allgemein anerkannte Prinzipien an. Dazu gehören im Beispiel der Medizinischen Ethik die oben genannten vier oder fünf Prinzipien (erster Stufe) und, ihnen in systematischer Hinsicht noch vorgelagert, der Gedanke der unantastbaren Menschenwürde und die Menschenrechte.

Eine kluge angewandte Ethik folgt also dem Vorbild guter Richter und guter Gesetzgeber. Sie orientiert sich nicht an privaten

Grundsätzen. Gemäß einer Methode, die auf einen der größten Moralphilosophen, auf Aristoteles, zurückgeht, beruft sie sich so weit wie möglich auf unkontroverse Grundsätze. Sie argumentiert, sagt man, topisch.

Diese Methode ist nicht etwa an Aristoteles' Zeiten gebunden. Im Gegenteil paßt sie sehr gut für unsere Epoche. Sie begründet nämlich eine Ethik für freie Bürger, des näheren für freie Bürger einer pluralistischen und säkularen, weiterhin spätestens im globalen Maßstab auch multikulturellen Welt. Einzelne Gruppen dürfen sich nämlich auf ihre religiösen Überzeugungen berufen. Die moderne Gesellschaft als ganze zeichnet sich aber durch eine Vielfalt von Bekenntnissen und Religionen, zudem von Weltanschauungen und Wertorientierungen aus, die die Indifferenz gegen alle Weltanschauungen und Religion, sogar deren ausdrückliche Ablehnung einschließen. Zu Recht erwarten daher freie Bürger von ihrem Gemeinwesen, daß dessen Rechtsordnung sich auf eine allgemeine Menschenvernunft beruft. Freie Bürger billigen diese allerdings nicht nur sich selbst, sondern allen Menschen zu. Sie rechnen deshalb mit allgemein anerkannten Grundsätzen.

Für deren Begründung ist vor allem der Weltbürger aus Königsberg, Immanuel Kant, wichtig. Seine Begründungsstrategie kann man in sechs Sätzen zusammenfassen. Erster Satz: Moralische Verbindlichkeiten gelten in dem Sinn uneingeschränkt – Philosophen sagen: kategorisch –, daß sie sich gegen vor- und außermoralische Verbindlichkeiten nicht verrechnen lassen. Im Namen wirtschaftlicher Vorteile beispielsweise darf man keinen Unschuldigen bestrafen. Zweiter Satz: Die wahrhaft moralischen Verbindlichkeiten gelten für alle Menschen jedweder Kultur; die Moral ist in ihrem Kern universalistisch. Dritter Satz: Zur universalistischen Moral gehört auf seiten der Richtigkeit («objektive Seite») die strenge Verallgemeinerbarkeit von Handlungsgrundsätzen, Maximen genannt. Vierter Satz: Als Prinzip des moralischen Subjekts («subjektive Seite») gilt die Selbstgesetzlichkeit (Autonomie) des Willens. Fünfter Satz: Im Gegensatz zum Utilitarismus sind Folgenüberlegungen nur handlungsintern, nicht handlungsextern zulässig. Bei der Hilfspflicht beispielsweise muß man überlegen, welches Tun oder Lassen die einschlägige Hilfe verspricht. Man darf jedoch nicht fragen, welche positiven Folgen die Hilfsbereitschaft für mein Wohlergehen hat, beispielsweise für meine Geschäftsinteressen, für die Erwartung einer finanziellen oder sozialen Belohnung (Ansehen). Sechster und letzter Satz: Die unantastbare Menschenwürde stellt samt den daraus fließenden Menschenrechten das inhaltliche Leitprinzip jedes moralischen Lebens und Zusammenlebens dar.

Offensichtlich sind nach all diesen Sätzen weder die Moral noch deren Theorie, die Ethik, Fahnen im Wind. Viel eher sind sie ein Fels, der auch starker Brandung standhält.

Merkwürdigerweise überlebt der Utilitarismus, im wesentlichen aber nur in der angewandten Ethik. Ein Peter Singer vertritt ihn immer noch, freilich ohne sich mit Rawls' Kritik angemessen auseinanderzusetzen. Der Utilitarismus erscheint deshalb vielen als attraktiv, weil er zwei starke und je für sich plausible Antriebskräfte zu einer Einheit zu bringen verspricht: das Interesse am eigenen Wohl und die moralische Forderung, das Wohl der anderen mitzuberücksichtigen.

Eine erste Schwierigkeit des Utilitarismus liegt jedoch in der Verschiedenartigkeit dieser zwei Bestandteile. Wer dem fremdem Wohl dienen will, muß bisweilen sein eigenes Wohl einschränken. Da nun im Konfliktfall stets das Wohl aller Betroffenen vorrangig sein soll, verlangt der Utilitarismus ein unrealistisch hohes Maß an Altruismus. Weiterhin läßt er die Frage offen, wie beim Wohl aller die einzelnen Betroffenen zu berücksichtigen sind. Da das Gesamtwohl zu maximieren ist, darf der Nachteil der einen gegen den Vorteil der anderen verrechnet werden. Infolgedessen erlaubt der Utilitarismus soziale und rechtliche Diskriminierungen, beispielsweise die Bestrafung eines Unschuldigen. Vorausgesetzt, daß die kollektive Glücksbilanz maximiert wird, reflektiert er sogar eine so verwerfliche Institution wie die Sklaverei.

Weiterhin erklärt der Gründungsvater des Utilitarismus, Jeremy

Bentham, die rechtsmoralische Errungenschaft der Neuzeit, die Menschenrechte, zum «gestelzten Unsinn». Dem widerspricht die neuzeitliche Moral vehement. Ihre Rechtsmoral hält es für selbstverständlich, daß der Mensch, bloß weil er Mensch ist, angeborene und unveräußerliche Rechte besitzt. So gut wie niemand hält es für moralisch zulässig, im Namen eines noch so großen Kollektivwohls einen Unschuldigen zu bestrafen oder eine mißliebige Person zu erschlagen.

Der Utilitarist Peter Singer kennt dagegen kein absolutes Tötungsverbot. Stattdessen setzt er sich großzügig für eine Rechtfertigung von Abtreibung, Kindstötung und nichtfreiwilliger Euthanasie ein. Beispielsweise sei sehr oft die Tötung eines Kindes «kein Unrecht». Selbst im Utilitarismus werden aber weder die Moral noch die Ethik zur Fahne im Wind. Das Prinzip (zweiter Stufe), das maximale Kollektivwohl, bleibt nämlich unangefochten. Bei einer Form, dem Regelutilitarismus, sind auch die moralischen Regeln so gut wie unerschütterlich. Und beim Handlungsutilitarismus paßt man sich nicht etwa den jeweiligen Situationen an, wohl aber ist die Situation im Lichte des Kollektivwohls zu bewältigen.

Im übrigen folgen die genannten Moralvorstellungen nicht aus Singers Utilitarismus, sondern aus seinem Personenbegriff. Als Person gilt bei ihm jedes seiner selbst bewußte bzw. rationale Wesen, einschließlich der Schimpansen, Gorillas, Wale und Delphine. Dagegen zählen weder Embryonen und Föten noch Neugeborene und Kleinkinder, es sei denn die Eltern erheben Einspruch. Auch Erwachsene, die durch Unfall, Krankheit oder hohes Alter ihren Status als selbstbewußtes oder rationales Wesen verlieren, werden nicht mehr als Personen anerkannt.

Humanerweise fiel Singer aber in einen pragmatischen Widerspruch. Er sah nämlich in seiner an Alzheimer erkrankten Mutter eine Person und ließ ihr eine Rund-um-die-Uhr-Pflege zukommen. Erwarten sollte man daher, daß er diesen pragmatischen Widerspruch überwindet, indem er seine moralphilosophische Position grundlegend ändert.

Ethikkommissionen

Auf allen drei Ebenen: bei der Moral, beim philosophischen Grundlagendiskurs und bei der darauf aufbauenden angewandten Ethik, gibt es so gut wie unwandelbare Grundsätze. Wie verhält es sich bei den Ethikkommissionen? Ihre Aufgabe besteht darin, drei grundverschiedene Elemente aufeinander zu beziehen und miteinander zu vermitteln.

Das erste Element, die moralischen Grundsätze, sind, wie gesagt, seit langem anerkannt. Das zweite Element besteht in Sachgesetzlichkeiten, etwa in Grundkenntnissen von Medizin, ihrer Forschung und der Organisation eines Krankenhauses. Und als drittes Element braucht es Einsichten in die aktuelle Lage, insbesondere in deren Schwierigkeiten.

Diese drei Elemente sind nicht etwa schlicht zu addieren. Für die Ethikberatung genügen daher nicht Kenntnisse. Es braucht zusätzlich eine kreative Urteilsfähigkeit. Man hat nämlich die anfallenden Probleme wahrzunehmen und sie im Licht der moralischen Grundsätze aufzuarbeiten.

Bei dieser Arbeit braucht sich die Ethik zwar nicht zu einer Windfahnen-Ethik verführen und entwürdigen zu lassen, ihre Prinzipienfestigkeit ist aber gefährdet. Die Gefährdung resultiert beispielsweise aus einem moralischen Mantel, den man sich gern umhängt, der «humanitären Ethik» des Heilens und Helfens. Unter diesem Deckmantel berufen sich manche Ethikvertreter auf eine «schuldhafte Verstrickung». Sie behaupten, man befinde sich in dem «tragischen Dilemma», entweder an A, beispielsweise an heutigen menschlichen Embryonen, oder aber an B, an zukünftigen Patienten, schuldig zu werden. Denn an Embryonen würde zwar eine Forschung vorgenommen, die für sich betrachtet moralisch nicht unbedenklich sei. Diese Forschung eröffne aber Diagnose- und Therapiemöglichkeiten für künftige Patienten, die man ihnen beim Verbot verbrauchender Embryonenforschung verweigere.

Diesem Rechtfertigungsversuch liegt jedoch ein Fehlschluß zugrunde. Wegen der Berufung auf die «humanitäre» Ethik des Heilens und Helfens nenne ich ihn den «humanitaristischen Fehlschluß» (siehe Kap. 5). In ihrer moralisch gravierendsten Gestalt verkennt sie das unterschiedliche Gewicht der moralischen Verpflichtungen. Schon die Alltagsmoral unterscheidet eine unverzichtbare Elementarmoral von der moralischen Mehrleistung. Die philosophische Ethik bringt diese Unterscheidung auf den Begriff: Während die Anerkennung der Elementarmoral, der sogenannten Rechtspflichten, den Mitmenschen geschuldet ist, sie deshalb notfalls mit Zwang durchgesetzt werden darf, reichen die Mehrleistungen der sogenannten Tugendpflichten über das Geschuldete hinaus in den Bereich des Freiwilligen.

Zur zwangsbefugten Elementarmoral gehören nun die strengen Verbote zu stehlen, zu betrügen und zu töten, zur freiwilligen Mehrleistung dagegen das Gebot der Wohltätigkeit. Dabei genießt die Rechtsmoral, da ihre Anerkennung geschuldet ist, den kompromißlosen Vorrang. In Übereinstimmung mit unseren moralischen Grundintuitionen darf man im Namen der Wohltätigkeit andere Menschen weder bestehlen noch betrügen oder gar töten. Insbesondere freie Bürger lassen sich weder in ihren Rechten beschneiden, noch greifen sie in die entsprechenden Rechte ihrer Mitbürger ein. Sie pochen vielmehr wechselseitig auf ihre Rechte und behalten sich die Freiheit, aber nicht den Zwang zur Wohltätigkeit vor.

Den humanitaristischen Fehlschluß begeht nun, wer den grundsätzlichen Vorrang verkennt, den der Lebensschutz vor dem Hilfsgebot genießt. Das ärztliche Ethos spielt auf diesem Vorrang mit dem zweiten hippokratischen Grundsatz an: «Primum nil nocere»: als erstes darf man nicht schädigen. Ein Patient könnte so töricht sein, unter Berufung auf seine Selbstbestimmung eine medizinisch nicht gebotene Amputation zu erbitten. Wer dagegen durch die Spende einer Niere jemandem das Leben rettet, ohne sein eigenes zu gefährden, handelt nicht töricht, sondern hilfsbereit; er ist wohltätig. Während der Arzt dem Hilfsbereiten zur Hilfe kommen sollte, darf er auf keinen Fall einem Dritten Schaden zufügen. Gemäß einem weiteren Grundsatz medizinischer Ethik, der Selbstbestimmung (Autonomie), darf er niemandem ohne Zustimmung eine Niere herausoperieren.

Bilanz

An dieser Stelle breche ich meine Überlegungen ab und ziehe Bilanz: Philosophen, die ihre Fahne nach dem Winde drehen, mag es geben. Bei einigen kann es aus dem gewiß unehrenhaften Grund geschehen, Beifall vom Zeitgeist zu erhalten, also aus einem Zeitgeistopportunismus. Anderen fehlt es an Courage, teils an intellektuellem, teils an charakterlichem Mut, sich dem Zeitgeist zu widersetzen. Wieder anderen mangelt es schlicht an moralischen und ethischen Grundsätzen. Nur sehr wenige Windfahnenphilosophen dagegen tun es aus moralphilosophischer Überzeugung, nämlich aus einem ethischen Relativismus. Gegen ihn, habe ich gezeigt, sprechen aber gute Argumente. Infolgedessen ist die philosophische Ethik gut beraten, prinzipienstark und prinzipientreu zu sein.

Auf der Ebene der Grundsätze hat die Ethik sogar ein noch größeres Gewicht als der im Titel genannte Fels in der Brandung. Nach dem sprichwörtlichen Grundsatz »steter Tropfen höhlt den Stein« ist nämlich selbst dieses harte Material, Felsgestein, gegen Erosionen nicht gefeit. Wird der Tropfen zur Welle und die Welle zur aggressiven Brandung, so treten die Erosionen noch rascher und stärker auf.

Daher mein Schlußwort: Eine prinzipienstarke Ethik widersetzt sich nicht bloß der Windfahnenhaltung. Sie verhält sich sogar noch unerschütterlicher als ein Fels in der Brandung.

14. Ausblick:
Über die Macht der Moral

Moralische Argumente spielen in der Öffentlichkeit eine so tragende Rolle, daß mancher schon die üblichen Schwarmgeister und Bußprediger am Werk sieht. Trotzdem muß mit Widerspruch rechnen, wer der Moral Macht einräumt, ohne sie postwendend als Ohnmacht zu entlarven. Damit erweist sich der Geist der Moderne als gespalten. Von dem, was er seit langem praktiziert, nämlich der Moral zur Macht zu verhelfen, ist er selber nicht überzeugt, weder als Alltagsverstand noch als sozialwissenschaftliche Theorie.

Nach dem Alltagsverstand liegt unsere Zeit vor dem Geld auf den Knien; mächtig sind daher die Banken und die Multis. Weitere Macht liegt bei der Macht, sprich der Politik, und, teils vorlaufend, teils begleitend, bei den Medien. Nur aus moralfreien Buchstaben zusammengesetzt, kommt die Moral im Alphabet der Macht nicht vor. Für diese gesteigerte Ohnmacht, die schlichte Abwesenheit, nennt die vorherrschende Sozialtheorie vier Gründe.

Erstens sei die Moral an Religion gebunden, weshalb die moderne, säkularisierte Gesellschaft ihr bestenfalls im Privatleben Platz lasse. Zweitens bezeichne sie etwas Unbedingtes, sei folglich von Metaphysik abhängig und ebenso wie diese inzwischen überholt. Weiterhin bestehe die Gesellschaft aus autonomen Teilgesellschaften, die je eigenen Verbindlichkeiten folge, was dem Begriff der Moral, ihrem Anspruch auf universale Gültigkeit, widerspreche. Nach einem vierten, jetzt gegenläufigen Argument ist die Moral, obwohl lebenswichtig, in liberalen Gesellschaften zur Ohnmacht verurteilt, da sie hier nur abgebaut, aber nicht regeneriert werden könne.

Weil alle vier Argumente nichts mit einer vorübergehenden Stimmungslage, sondern mit Modernisierung zu tun haben, erscheint die zunehmende Indifferenz gegen die Moral als Preis, den moderne Gesellschaften für ihr Modernsein zu entrichten haben. Daß die Öffentlichkeit trotzdem die Moral so gern in Anspruch nimmt, besagt dann mehr, als daß sich wieder einmal Schwarmgeister zu Wort meldeten. Wer in Anspruch noch nimmt, was sein Recht schon verloren hat, treibt entweder Mißbrauch oder erliegt einer Selbsttäuschung, einer Illusion.

Ein alltägliches Phänomen, ärgerlich zwar und doch weit verbreitet, erhebt gegen die Diagnose der Ent-Moralisierung Einspruch. Über Macht verfügt auch, wer im Blick auf moralische Verbindlichkeiten mit einem Skandal zu drohen versteht, der betreffende Erpresser. Wer nämlich glaubt, in der Erpressung trete nur Unmoral zutage – in der Vergangenheit als moralischer Fehltritt, der in der Gegenwart schamlos ausgenützt werde –, der verkennt die moralische Erfolgsbedingung: Die Erpressung funktioniert nur, weil die eigene Mißachtung der Moral mit der moralischen Reaktion der anderen rechnen darf. Wo das Aufdecken vergangener Unmoral keine Empörung hervorruft, geht die Erpressung ins Leere; und wenn Fehltritt und Empörung nicht von öffentlichem Belang sind, verbleibt sie im Schutzraum des Privaten. Weil aber häufig genug dem nicht so ist, beweist Erpressung dreierlei: in der Empörung, wenn sie denn berechtigt ist, die Macht der Moral, beim Erpresser einen Mißbrauch der Macht und beim Erpreßten, sofern es um einen früheren Fehltritt geht, erneut einen Mangel an Macht.

Mindestens fünf Dinge teilen sich also die Herrschaft über die Welt: Das Geld und das Schwert, das Szepter, die Medien und zusätzlich die Moral.

Der eigene Wille

Nach Max Webers berühmter Definition besitzt lediglich der Macht, der «den eigenen Willen auch gegen Widerstreben durchzusetzen» versteht (*Wirtschaft und Gesellschaft*, § 16). Über die

Vorbedingung, den eigenen Willen, verfügt die Moral keineswegs. Trotzdem besitzt sie nicht bloß in einem metaphorischen Sinn Macht; denn sie kann sich gegen Widerstreben durchsetzen, sogar grundlegender als die anderen Mächte. Selbst wenn das Schwert gezogen ist, schrumpft ihre Macht noch nicht gegen Null. Die Moral entscheidet nämlich, ob die anderen Machtmittel dem Schwert zu Hilfe eilen oder sich ihm lieber verweigern, und vorab, ob das Schwert nicht besser in der Scheide bleibt. Ähnliches gilt hinsichtlich Geld, Politik und Medien. Die Moral, *wenn* sie wirksam wird, bestimmt die erste und zugleich letzte Antriebskraft derer, die einen eigenen Willen haben, der natürlichen und juristischen Personen.

Die Macht eines Versprechens

In der Frühzeit der Menschheit ist es um dieses Wenn, die Wirksamkeit, gut bestellt; die Moral herrscht uneingeschränkt – umfassend, vorrangig und unangefochten zugleich. Umfassend herrscht sie, weil sie das ganze Leben bestimmt, mit Nietzsche gesprochen die «Erziehung und Pflege der Gesundheit, die Ehe, die Heilkunst, den Feldbau, den Krieg, das Reden und Schweigen, den Verkehr untereinander und mit den Göttern» (*Morgenröte*, Buch I, Nr. 9). Dabei beansprucht sie die höchste Gewalt, die Suprematie. Mit ihrer Zuständigkeit für den Krieg weist sie das Militär in die Schranken und mit den anderen Zuständigkeiten die Medien, die Politik und das Geld. Nicht zuletzt herrscht sie mit einer überwältigenden Macht, für Ohnmacht so gut wie verschlossen.

Sieht man die Moral nur in ihrer objektiven oder sozialen Gestalt, den Sitten (*mores*), die jedes Widerstreben notfalls durch Sanktionen brechen, so erscheint sie als ein dem Subjekt kompromißlos vorgeordnete Macht, als ein anonymer Tyrann. Durch ihre subjektive oder personale Gestalt, die Verinnerlichung der Sitten im Charakter, durch die Sittlichkeit (*moralitas*), ist sie aber schon formal gesehen nicht lediglich eine fremde Macht. Und weil sie mit dem Leben und Gutleben der Gruppe zugleich das jedes einzelnen ermöglicht, findet man sich mit seinem leitenden Eigeninteresse wieder: Man kann die Moral im wesentlichen anerkennen, da sie auch in substantieller Hinsicht mit dem Eigenwohl übereinstimmt.

Manche halten die frühe Moral für bloße Konvention, tatsächlich jedoch hat sie trotz konventioneller Anteile einen rationalen Kern. Diesen pflegen viele als utilitaristisch anzusehen, mithin als gemeinwohlorientiert, aber unter Inkaufnahme des Eigenwohls. In Wahrheit besteht er im Versprechen, mit dem Gemeinwohl zugleich das Eigenwohl zu erreichen. Wo die Moderne hier mit Widerstreit rechnet, seit Kant mit dem Gegensatz von Pflicht und Neigung, erwartet die Frühzeit Versöhnung, genauer, sie bietet eine ursprüngliche Einheit von Gemeinwohl und Eigenwohl bzw. von Gerechtigkeit und Glück. Wegen dieser Einheit mag übrigens die Religion der Moral beistehen; unverzichtbar ist sie nicht. Schon in der Frühzeit zeichnet sich als Ursprung die allgemeine Menschenvernunft ab, während der Religion nur eine subsidiäre Bedeutung zukommt. Und von einigen Versuchen spekulativer Vertiefung abgesehen, bedarf es auch nicht der Metaphysik.

Sobald nun die Einheit fragwürdig wird und Eigenwohl und Gemeinwohl widerstreiten, schlägt die Stunde der Philosophie. Gegen Anfang versucht sie den Machthaber auszuwechseln; der Sophist Thrasymachos ersetzt die unpersönliche Macht überlieferter Sitten durch die Macht eines Individuums, des Tyrannen als einer Person. Zunächst im Besitz von Reichtum und einer bewaffneten Gefolgschaft, später auch Herr über die Politik und die Medien, stellt sich der Tyrann als Machthaber schlechthin dar und zugleich, da er ausschließlich seinem Gutdünken folgt, als Urbild der Amoral.

Gegen diese Konstellation erwarten wir Einspruch im Namen der Gerechtigkeit. Indem in der *Politeia* Platons Anwalt der Moral, Sokrates, anders reagiert, führt er uns den Unterschied von Moralphilosophie und Moralismus vor. Er fordert nicht, im Konfliktfall das Eigenwohl der Gerechtigkeit aufzuopfern; auch sagt er nicht, wenn schon das Eigenwohl herrsche, sollte es zumindest allen gleichermaßen offenstehen; statt dessen übt er Ideologiekritik. Zugleich erneuert er das ursprüngliche Versprechen, ohne sich, wie man dann befürchtet, eine der beiden Seiten, das Verständnis des Eigenwohls oder das der Gerechtigkeit, zurechtzubiegen.

Mit der Maxime, lieber Unrecht zu erleiden als Unrecht zu tun, erkennt Sokrates die Gerechtigkeit in aller Unerbittlichkeit an. Und hinsichtlich des Glücks vertröstet er nicht erst auf das Jenseits und einen richtenden Gott, sondern verlangt nur, genauer hinzuschauen. Recht besehen, ergehe es dem Tyrannen schon im Diesseits schlechter als dem Gerechten, sogar drei hoch zwei hoch drei, also 729 Mal (*Politeia* IX, 587e).

Wer also auf das achtet, was auf Dauer und letztlich zählt, der entdeckt in den gewöhnlichen Zielen, in der Absicht auf Reichtum und politischen Einfluß, allzu oberflächliche Glücksversprechen; ihm entpuppt sich das Ideal des Tyrannen als Illusion. Wer glaubt, kraft Reichtum und uneingeschränkten Gutdünkens glücklich zu werden, täuscht sich selbst; die Untertanen täuschen sich, wenn sie den Tyrannen für glücklich, sich aber für unglücklich halten; nicht zuletzt irrt der Theoretiker des Tyrannen, Thrasymachos, ebenso Euripides, wenn er in den *Phönizierinnen* vom «glücklichen Unrecht» spricht (Vers 549). Dem Tyrannen fehlt nämlich alles, worauf es im Leben ankommt, während sein Gegenspieler, der Gerechte, es tatsächlich besitzt: Freunde, deren Achtung und die Achtung seiner selbst. Ebenso ergeht es dem Gemeinwesen. Nur wenn die Gerechtigkeit herrscht, erreicht es das Entscheidende, ein Zusammenleben in Eintracht.

Die Ablösung der überlieferten Moral hat die Tragweite einer kopernikanischen Wende, die freilich nicht, wie die Moderne sich einbildet, erst von ihr geleistet wird. Schon in der Antike, deutlich bei Sokrates-Platon, wird aus einer dem Subjekt vorgeordneten Macht eine Macht des Subjekts selbst. Aus diesem Grund müssen die Philosophen, die bekanntlich im Gemeinwesen herrschen sollen (*Politeia* V, 473 c–d), zunächst einmal, was nicht mehr so bekannt ist, sich selbst königlich beherrschen (IX, 580 c).

Sokrates' neue, kritische Moral ist nun mächtiger als die überlieferte Moral und schwächer zugleich. Über mehr Macht verfügt sie, weil sie die Überlieferung zu verändern vermag, über weniger, weil dieses Vermögen, eine Macht zweiter Stufe, nicht mehr durch eine anonyme, den Subjekten vorgeordnete Instanz, die Sitten, ausgeübt wird. Angewiesen auf die Zustimmung der Subjekte, setzt sich die Moral der Fragilität subjektiver Anerkennung aus.

Diese ist offensichtlich bloß dann verläßlich zu erwarten, wenn man dem Versprechen der Moral traut, daß sie, recht betrachtet, was heißt: aufs Ganze eines Lebens und auf das, worauf es ankommt, gesehen, in Eintracht mit dem Eigenwohl steht. Weil diesem Versprechen zwar Sokrates, aber nicht die Menge traut, stellt sich die Frage, wie die Moral die Glaubwürdigkeit ihres Versprechens stärkt, mit der Anschlußfrage, was sie dort macht, wo insbesondere die Mächtigen, desinteressiert an moralorientierter Selbstachtung, ein Glück nach dem Muster des Tyrannen suchen.

In der Vorstufe der kopernikanischen Wende, bei Thrasymachos, verfügt über die Macht des Subjekts ein einziger, der Tyrann. Ihm, dem absolutistischen Monarchen, tritt Platon mit einer Mischung von Demokratie mit wohlwollender Aristokratie entgegen. Denn auch die Menge unterwirft er moralischen Forderungen; die wahre Gerechtigkeit stehe aber nur denen offen, die sich königlich beherrschen. Damit drängt sich eine dritte Frage auf: Steht nicht im Sinne einer Demokratisierung sogar die wahre Moral allen Menschen offen?

Eine Initialmacht

Merkwürdigerweise pflegt man die Moderne im Namen der Moral zu kritisieren, obwohl jene vier Bereiche, die sich im Kulturvergleich als besonders typisch erweisen – der Komplex Naturwissenschaft-

Medizin-Technik, die Demokratie mit den Menschenrechten, das rationale Wirtschaften und der Sozialstaat – von moralischen Antriebskräften wesentlich mitbestimmt sind. Ähnliches gilt für die Philosophie, ähnliches für die Musik, Literatur und Kunst, für die Geistes- und die Sozialwissenschaften, nicht zuletzt für die Religion, zumindest das westliche Christentum. Weil teils ihre Entstehung, teils ihre Veränderung moralisch beeinflußt sind, hält weder die These, in der Moderne sei die Moral überflüssig, gleichwohl wirksam, noch die Gegenthese, sie sei ein knappes und nicht erneuerbares Gut, der Wirklichkeit stand. Eher wäre von einer in der Moderne gewachsenen Macht der Moral zu sprechen.

Das Leitbild der frühneuzeitlichen Forschung skizziert Francis Bacons Sozialutopie *Neu-Atlantis*. Ihr geistiges Zentrum, das Haus Salomons, stellt sich als ein Institute for Advanced Studies dar, das sich allein den Naturwissenschaften widmet, die wiederum so ausschließlich auf Anwendung in Medizin und Technik verpflichtet sind, daß selbst die Mathematik fehlt. Nicht erst die neuere Wissenschafts- und Technikkritik, schon die damalige christliche Orthodoxie sieht darin nur Hybris am Werk. Das rastlose Erkenntnisstreben erinnert sie an jene Gier nach Wissen, mit der sich die Menschen, und das rastlose Streben nach Macht über die Natur an jene Gier nach Macht, mit der sich die Engel gegen Gott aufgelehnt haben.

Mit Nachdruck verweist Bacon auf die Moral, in deren Diensten Wissen und Macht stehen, freilich auf eine den Griechen fremden, vom Christentum inspirierten Moral der Nächstenliebe oder Wohltätigkeit. Die in Bacons Forschungsinstitut wirksame Moral – nicht eine geschuldete Rechtsmoral, sondern ein verdienstliches Mehr – hält zwar das Glücksversprechen aufrecht. Es zählt aber nicht das Glück des Handelnden, hier des Forschers beim Forschen, sondern lediglich die Lebens- und Glückstauglichkeit der Forschungsresultate für die Mitmenschen. Wer nun Hilfe gegen elementare Not, gegen Krankheiten und Seuchen, gegen Unwetter und Hungersnöte sucht, kann – so Bacon – nicht von Hybris angetrieben sein; denn bei der Nächstenliebe gebe es kein Übermaß: «But there is no excess of charity» (*The Instauratio magna* II, 23)

Ohne Zweifel erweitern Wissenschaft und Technik das Alphabet der Macht. Ihr gegenüber erweist sich aber die Moral als eine Macht zweiter Stufe, als jene Grundlagen- oder Initialmacht, die eine neue Richtung vorgibt und das bislang vorherrschende, aristotelische Ideal der nutzenfreien zugunsten einer nutzenverpflichteten Erkenntnis entmachtet. An die Stelle der Theoria bzw. Metaphysik treten Medizin und Technik. Erstaunlicherweise übernimmt selbst jener Philosoph der nutzenfreien Forschung, nämlich der Fundamentalphilosophie, der reinen Mathematik und der theoretischen Physik, René Descartes, das Baconsche Ideal. Im *Discours de la méthode,* im sechsten Teil, räumt er die Befriedigung, die ihm spekulative Probleme verschaffen, durchaus ein. Daß er seine Gedanken auch niederschreibe, rechtfertigt er aber allein mit dem Gemeinwohl aller Menschen («bien général de tous les hommes»), und dieses bestimmt er nicht etwa in Begriffen reiner Erkenntnis, sondern alltäglicher Lebenspraxis.

Auf diese Weise erhöht die Moral die Glaubwürdigkeit ihres Versprechens. Indem sie sich nicht wie Sokrates von den gewöhnlichen Glücksvorstellungen abwendet, gibt sie zunächst ein anspruchsloseres Versprechen ab – bei Bacon und Descartes die Minderung von Mühsal und die Sorge für Gesundheit –, das sich sodann für alle sichtbar erfüllt. Mit ihrem kräftigen Beitrag zur höheren Lebenserwartung und vielfältigen Lebenserleichterung hält die neuzeitliche Forschung ihr humanitäres Versprechen.

Dabei löst sich scheinbar die Eintracht von Gemeinwohl und Eigenwohl auf; denn die Forscher, die aus Nächstenliebe handeln, stellen ihr Eigenwohl zurück. Weil sich die Forscher aber ihrer Kreativität und des Erkenntnisgewinns erfreuen, außerdem zu Ansehen gelangen, überdies zu finanziellem Lohn, bleibt ihr Eigenwohl gegenwärtig, häufig sogar dominierend. Die Moral entfaltet also ihre Initialmacht, da sie, was Bacon entgeht, dem aus der Antike bekannten Versprechen treu bleibt. Weil der humanitäre Zweck ins Forschungsideal eingeht, kann man ihm dienen, ohne subjektiv, als einzelner Forscher, sein Eigenwohl zu opfern.

Zugleich beantwortet sich die Anschlußfrage: Nicht erst die Moderne, sie freilich mit Nachdruck, setzt auf Institutionalisierung und relativ autonome gesellschaftliche Systeme, also doch wieder auf zwar nicht ausschließlich, aber doch weitgehend hinter dem Rücken der Subjekte wirkende, deshalb der Fragilität ihrer Anerkennung großteils enthobene, also auf eine anonyme Macht. Die Moral wird dadurch wirksam, daß sie primär eine Eigenschaft der Institutionen oder Systeme, hier: der Forschung, nicht ihrer Subjekte ist. An die Stelle personaler Moral tritt eine besondere Form sozialer Moral, die von der systemtheoretischen Moralkritik übersehene systemische Moral. Sie wiederum bestimmt alle Beteiligten des Systems, was im Sinne der dritten Frage auf eine Demokratisierung der Moral hinausläuft.

Werfen wir den Blick auf einen zweiten Bereich, das rationale Wirtschaften. Das dafür berühmteste Werk stammt von einem für die Moral bestallten Philosophen, der damit dem Titel seines Lehrstuhls für Moralphilosophie durchaus treu bleibt: Adam Smith propagiert den freien Markt nicht aus Parteinahme für Unternehmer; im Gegenteil weiß er um die monopolistische Wirtschaftspolitik von Kaufleuten und Manufakturbesitzern. Zugunsten des freien Marktes spricht, daß er für die Produktionsfaktoren Kapital und Arbeit ein gemeinwohl-freundliches Ergebnis hat: Das Kapital erbringe geringen Gewinn, die Arbeit erhalte hohen Lohn, überdies gebe es niedrige Preise.

Erneut wird die Moral nicht unmittelbar mächtig, vielmehr als Initialfaktor eines gesellschaftlichen Systems, das seinerseits eine ungeheure Macht entfaltet. Innerhalb des Systems wird nun das Gemeinwohl zwar befördert, aber nicht angestrebt. Wieder geht es nicht um die vertraute, personale, sondern um die neue, systemische Moral und den ihr innewohnenden Demokratisierungeffekt. Die Marktteilnehmer dienen der Moral sogar, indem sie die personale Moral verleugnen und ihre eigenen Interessen verfolgen.

Außerdem stärkt die Moral die Glaubwürdigkeit ihres Glücksversprechens, indem sie es erneut alltagsnah abgibt und dann für jeden sichtbar erfüllt. Aus der fallenden Profitrate, dem wachsenden Lohn und den relativ niedrigen Preisen resultiert ein früher unbekannter Lebensstandard für breite Schichten. Andererseits dürfte Sokrates' Einsicht gültig bleiben: Wichtiger als der Lebensstandard ist die Achtung der (wahren) Freunde und die Selbstachtung. In dieser Hinsicht geht aber mit dem freien Markt eine Entmachtung der Moral einher. Was vorher als eine Leidenschaft, vielleicht sogar als ein Laster galt, mithin als moralisch verdächtige bzw. moralisch verwerfliche Antriebskraft, wird jetzt zu einem neutralen, vielleicht sogar positiv bewerteten Interesse. Dort, wo aus dem Laster des Neides wirtschaftliche Kompetenz und aus der Leidenschaft der Habgier ein bewunderter Geschäftssinn wird, verdient ein Unternehmer erst dann Sokratische Achtung, wenn er nach dem Muster von Rockefeller die bisherige Lebensart dementiert und in einer Entmachtung der Entmachtung zum Mäzen im Dienst des Gemeinwohls wird.

In einem dritten Bereich, der Politik, ist die Macht der Moral so fundamental und zugleich selbstverständlich gegeben, daß sie schon ins ABC der Staatsbürgerkunde gehört. Erneut kommt es auf eine systemische Moral an, die sich nicht gegen ein widerstreitendes Selbstinteresse durchsetzen muß: Die öffentlichen Gewalten sind nur dann legitim, wenn sie von den Betroffenen, dem Volk, ausgehen. Solange man dieses lediglich als Kollektiv versteht, genügt man aber erst jener utilitaristischen Moral, die die Einheit von Gemein- und Eigenwohl nicht garantiert. Die deshalb erforderliche Korrektur, die Gerechtigkeit, verlangt, das die Politik legitimierende Demokratieprinzip um eine die Politik normierende Moral zu erweitern, nämlich um Rechtsansprüche, die jedem zugute kommen, um die Menschenrechte.

Über eine ähnlich überwältigende Macht verfügt die Fortsetzung einer menschenrechtsverpflichteten Demokratie zu ihrer materiellen und bildungspolitischen Absicherung. Der zuständige

Sozialstaat erfreut sich einer so wirksamen Anerkennung, daß man die Abwandlung von Marquis Posas berühmtem Wort aus Schillers Don Carlos, die Forderung: «Sire, geben Sie soziale Gerechtigkeit», vielfältig einklagen kann. Insoweit erweist sich die Moral in einem weiteren, inzwischen vierten Bereich als weder knapp noch nicht-regenerierbar, allerdings erneut unter der Voraussetzung, daß man sich auf ihre systemische Gestalt und auf eine Übereinstimmung mit dem gewöhnlichen Selbstinteresse konzentriert. Würde das Eigenwohl allein in Begriffen von Selbstachtung und Achtung der wahren Freunde definiert, so dürfte es um die Initialmacht der Moral schlecht bestellt sein.

Eine Kontrollmacht

Wird eine Epoche von moralischen Antriebskräften so vielfältig bestimmt und trotzdem im Namen der Moral kritisiert, so drängt sich der Verdacht auf Fehldiagnose auf: Entweder die Moderne oder aber ihre Kritik beruft sich zu Unrecht auf Moral. Weil aber in Wahrheit für beide Seiten gute Argumente, freilich auch Gegenargumente sprechen, heißt die umfassendere Diagnose, in Hegelschen Begriffen gestellt: Dialektik der Moderne.

Ein erster Grund der Dialektik liegt in der Art der moralischen Macht. Eine Initialmacht unterwirft den betreffenden Bereich einer Vorgabe und gibt ihn ansonsten den ihm eigentümlichen Sachgesetzlichkeiten frei. Auf diese Weise gewinnt die Moral eine Macht, die die neuere Gesellschaftstheorie bestreitet, ohne deren Einsicht, die relative Autonomie der gesellschaftlichen Systeme, infrage zu stellen. Eine bloße Initialmacht hat aber die von ihr initiierte Macht nicht voll in der Hand. Der Komplex Wissenschaft-Medizin-Technik zeigt besonders deutlich, daß man der Rolle des Zauberlehrlings nie prinzipiell entkommt. Während Bacon die Naturforschung an humanitäre Zwecke unmittelbar binden will, lassen sich ihre Ergebnisse, selbst wenn man sie aus Nächstenliebe gesucht hat, am Ende unabhängig von der moralischen Antriebskraft einsetzen. Beispielsweise gibt es auf *Neu-Atlantis* keine Forschung zu Zwecken des Zerstörens; gleichwohl lassen sich ihre Entdeckungen destruktiv mißbrauchen.

Es wäre verkehrt, hier ideologiekritisch zu argumentieren und die humanitäre Ausrichtung als falsches Bewußtsein anzusprechen. So grundlegend täuscht sich Bacon nicht. Die Moderne gibt ja das antike Ideal, die Forschung als Selbstzweck, weitgehend auf und stellt sich in den Dienst menschlicher Zwecke. Die Reichweite dieser humanitären Ausrichtung wird aber überschätzt, weshalb die Moral ein weiteres Mal gefragt ist. Gerade weil sie der Macht, die sie auf den Weg bringt, nur die Richtung vorgibt, bedarf die Initialmoral der Ergänzung durch eine Kontrollmoral.

Die Aufgabe der Kontrollmoral beginnt bei der Einschätzung der humanitären Chancen, die der initiierenden Macht innewohnen. Die Gebote sind Ehrlichkeit und Nüchternheit; Forscher dürfen nicht mehr versprechen, als sie auf klar absehbare Weise halten können. Daß führende Molekularbiologen auf dem Londoner Ciba-Symposium 1962 eine keimfreie, der Gefahr von Infektionserkrankungen enthobene Welt erwarteten, ferner ein schmerzfreies und dank Organtransplantationen endloses Leben, schließlich eine wesentliche Verbesserung der menschlichen Genausstattung, zeugt von Hybris.

Wer derartige Hoffnungen in die Welt setzt, ohne vorab die Schwierigkeiten gründlich zu studieren, wer die Autorität des erfolgreichen Forschers zu schwärmerischen Träumereien mißbraucht, überdies mit ihnen zunächst «moralische», dann finanzielle Unterstützung sucht, handelt gewiß unverantwortlich. Schwärmerische Träume gibt es freilich auch andernorts, etwa in der Politik. Noch immer erwarten manche vom Sozialstaat eine Versicherung gegen fast alle Unbilden des Lebens; tatsächlich kann er nie mehr als für gewisse Rahmenbedingungen sorgen. Für das Glück selbst ist er ohnehin nicht zuständig, allenfalls kann er zu jenem maternalistischen Fürsorgestaat degenerieren, der durch seine einengenden

Vorgaben den ursprünglichen Zweck, die Freiheit und Selbstver-
antwortung der Subjekte, gefährdet.

Weiterhin prüft die Kontrollmoral, wie weit das System der For-
schung den Baconschen Antrieb der Nächstenliebe denn realisiert.
Im Unterschied zum einschlägigen Vorbild, dem barmherzigen
Samariter, hilft die Forschung nicht in konkreter Not, sondern stellt
lediglich Hilfspotentiale bereit und überläßt deren tatsächlichen
Einsatz, einschließlich der gerechten Verteilung, anderen Instanzen.

Noch stärker bedarf es der Kontrollmoral bei der Durchführung
der Forschung, bei Experimenten nämlich, die den geschlossenen
Raum eines Labors verlassen und in unsere Welt eingreifen. In der
Frühen Neuzeit blieb die entsprechende Kontrollmoral noch inaktuell: Wer die Fallzeit einer Kugel mißt, achtet darauf, daß niemand
im Fallweg steht; ansonsten handelt er an der Natur und darf
trotzdem die Verantwortung für sie vergessen. Anders sieht es bei
Tierversuchen aus; anders bei Versuchen, die wie das Freisetzen
von Radioaktivität so gut wie irreversible Folgen haben; anders bei
Experimenten, deren Folgen man wie in der Genforschung schwer
abschätzen kann.

Moralisten behaupten hier gern eine Ohnmacht der Moral. Daß
bei den einzelnen Forschern das Gewissen und ein Mitgefühl mit
anderen zu vermissen ist, hat, falls es denn zutrifft, nach sozia-
lwissenschaftlicher Ansicht nicht eigentlich persönliche, sondern
strukturelle Gründe. Die modernen Gesellschaften, so heißt es,
leben von moralischen Voraussetzungen, die sie selbst nicht garantieren können.

Wo man das Erfordernis hoch ansetzt und Garantie verlangt,
läßt sich die These leicht bestätigen. Wer sich aber mit einer großen
Wahrscheinlichkeit zufrieden gibt, ausgewiesen durch die bisherige
Entwicklung, findet die Ressource Moral weder als auffallend
knapp noch als schwer regenerierbar vor, zumal wenn er die Neu-
artigkeit der Probleme beachtet. Ihretwegen braucht es Prozesse
des Lernens und der Anerkennung, mithin eine gewisse Zeit. Daß
sie mancherorts genutzt worden ist, steht außer Frage. Beispiels-

weise unterwirft sich die Genforschung gegen Anfang, in den frühen 70er Jahren, einem selbstauferlegten Moratorium und später strengen Sicherheitsvorkehrungen. Andernorts, etwa bei Tierversuchen, wartete man aber, bis von außen Druck entstand. Inzwischen gibt es teils vorlaufende, teils begleitende Ethikdebatten, geführt in den entsprechenden, nicht nur professionellen Medien und unterstützt von Einrichtungen wie Akademien der Technikfolgenabschätzung. Träume von der Art des Londoner Symposiums liest man dagegen schon des längeren nicht mehr.

Auf die Anschlußfrage nach ihrer Wirksamkeit stellt die Kontrollmoral keine Rezepte, wohl aber Kriterien bereit. Ein erstes: Weil im Konkurrenzsystem «Wissenschaft» geringere moralische Skrupel einen Wettbewerbsvorteil erbringen, darf man sich auf die personale Gestalt der Moral, das Gewissen, nicht allein verlassen. Damit der Moralische nicht als der Dumme dasteht, sind auch soziale Vorkehrungen vonnöten. Diese müssen allerdings, so ein zweites Kriterium, flexibel sein, damit sie die Kreativität der Forschung nicht ersticken. Schon um ihren Kredit nicht zu verspielen, also erneut aus Eigeninteresse, könnte die Forschergemeinschaft mittels berufs- und standesethischer Regeln einem Sokratischen Kriterium des Eigenwohls zur Wirklichkeit verhelfen: Wer gegen die Regeln verstößt, verliert das Analogon zur Achtung von Seiten der Freunde, jene Reputation unter Kollegen, die zu den stärksten Antriebskräften ehrgeiziger Forscher zählt. Allerdings ist mit Grenzen der Selbstkontrolle zu rechnen, etwa in der nichtuniversitären Forschung oder bei neuartigen und zugleich moralisch komplexen Themen, nicht zuletzt dort, wo die Gesellschaft eine neue moralische Sensibilität gewinnt.

Wer über den Tagesaufgaben nicht die Geschichte und über den Reststreitigkeiten nicht den Grundkonsens vergißt, entdeckt in einem zweiten Bereich der Moderne ebenfalls beides: die Notwendigkeit einer moralischen Kontrolle und ein Wahrnehmen der Notwendigkeit, mithin die Macht der Kontrollmoral: Der Sozialstaatlichkeit gelingt es nicht bloß, die Demokratie materiell und bildungspolitisch abzusichern. Sie tritt auch den Gefahren einer Wirtschaft entgegen, die sich von nichts anderem als dem freien Markt und entmoralisierten Antriebskräften bestimmen läßt.

Mißbrauch und Illusion

Macht pflegt zu korrumpieren, große Macht noch mehr. Zu den deshalb erforderlichen Gegeninstanzen spielt neben der Machtteilung die Moral eine besondere Rolle. Wäre die Welt rein logisch eingerichtet, von Selbstwidersprüchen frei, so müßte bei der Moral die Korruptionsgefahr hinfällig werden. Daß die Moral, zur Kontrolle der Macht an die Macht gekommen, der Versuchung der Macht erliegt, käme nicht vor. Die Wirklichkeit belehrt uns eines Besseren.

Die Macht der Moral dient zum Beispiel der Macht ihrer Propheten und Priester, der Moralisten. Das Muster der einschlägigen Argumentation und zugleich ihre spekulative Form kennen wir von Nietzsche. Daß der universale Blick aufs menschliche Leben, die Moral, in partikulare Dienste trete, behauptet er nicht für Individuen, Schichten oder Klassen, vielmehr für eine grundlegendere Konkurrenz, für den Widerstreit von Lebensformen. Die im Leben Schlechtweggekommenen, die Armen, Schwachen und Ängstlichen, versuchen, um ihr eigenes Dasein erträglicher zu machen, das der anderen abzuwerten, und erfinden das Ressentiment. Indem sie den tatkräftigen Naturen ihre bislang unbelastete Lebenssteigerung zum Vorwurf machen, vollziehen sie einen Sklavenaufstand der Moral.

Es ist hier nicht der Ort, Nietzsches subtilere Argumentation zu überprüfen. Es genügt, für den Argumentationstyp sensibel zu werden, daß der hohe Standpunkt der Moral in den Dienst niedriger, zumindest recht gewöhnlicher Interessen treten kann, zugespitzt: Man redet moralisch und denkt politisch. Und weil die Moral so mächtig geworden ist, wird kein Machiavellist von heute darauf verzichten, seine eigennützigen Interessen moralisch zu verbrämen.

Verbreitet ist die Strategie der moralischen Diffamierung; Menschen, deren Ansichten man zutiefst ablehnt, greift man am besten in ihrer moralischen Integrität an. Die bescheidenere Variante: Man wirft dem Gegner fehlende Moral vor, obwohl er «nur» die Faktenlage anders beurteilt. Ähnlich kann man politisch unerwünschte Themen abblocken: Wer es versteht, an der moralischen Integrität dessen Zweifel zu säen, der eine mißliebige Debatte anstößt, kann oft die Debatte selbst verhindern.

Die Strategie kann ihre Reichweite ausdehnen. Bei gewöhnlichen Interessen gilt die Grundregel der Demokratie: Jede Person zählt gleich viel. Wem es gelingt, unliebsame Interessen als unmoralisch hinzustellen, drängt sie *eo ipso* aus dem politischen Wettstreit heraus. Auch in der anderen Richtung läßt sich die Grundregel außer Kraft setzen; Interessen, die sich als einen moralischen Auftrag zu deklarieren verstehen, gewinnen ein Übergewicht. Aus diesem Grund pflegt man Besitzstände nicht als solche, sondern im Namen der sozialen Gerechtigkeit zu verteidigen, obwohl man genau sie anderen, namentlich den künftigen Generationen, vorenthält: Mit der wachsenden Schuldenlast lebt nämlich die Gegenwart auf Kosten der Zukunft. Mit der zunehmenden Belastung von Institutionen verschlechtert sie die soziale Infrastruktur der Nachgeborenen; beispielsweise werden die unterfinanzierten Universitäten durch Überfüllung und durch den wachsenden Lehr-, Betreuungs- und Verwaltungsaufwand an jener Aufgabe gehindert, der Forschung, mit der man in die Zukunft investiert. Auch eine Verschiebung der finanziellen Gewichte beeinträchtigt die soziale Gerechtigkeit; daß die Kosten im Gesundheitswesen stärker als im Bildungswesen steigen, dürfte heißen, daß wir mehr für unser Alter als für unsere Jugend ausgeben.

Einer zweiten Form von Mißbrauch erliegt so mancher Protest, der im Gewand der Moral auftritt. Statt sich der in Demokratien erforderlichen Überzeugungsarbeit zu unterziehen, blockiert er lieber deren Entscheidung. Verwandt damit ist die Selbsttäuschung über echte Zivilcourage. Auch in rechtsstaatlichen Demokratien kann ein Widerstand gegen «die Obrigkeit» gerecht sein. Da er aber häufig den Beifall der Presse, ohnehin den der vielen Gleichgesinnten findet und da er weder das Leben noch die wirtschaftliche oder soziale Existenz aufs Spiel setzt, sondern allenfalls das Gehalt weniger Tage, sollte er sich nicht mit dem Mut vor Königsthronen und schon gar nicht mit einem Widerstand gegen eine Tyrannis vergleichen. Statt dessen wäre ein Anflug jenes moralischen Unbehagens angemessen, das aus dem Bewußtsein entsteht, gegen eine demokratisch autorisierte, also moralisch legitime Gewalt vorzugehen.

Ob sie bewußt oder unbewußt geschieht – in der selektiven Problemwahrnehmung tritt eine dritte Form von Machtmißbrauch zutage. Indem man sich aus komplexen Weltlagen nur wenige Faktoren herausgreift, erspart man sich die Mühe, verworrene Sachlagen zu entwirren und neue Sachgesetzlichkeiten zur Kenntnis zu nehmen. Die gründlichere Problemdiagnose könnte auch gefährlich sein, da sie eigene Vor-Urteile in Frage stellt und die gute Gesinnung zwingt, Farbe zu bekennen, nämlich Unvoreingenommenheit und Lernbereitschaft unter Beweis zu stellen. Stattdessen verhalten sich manche Moralisten wie schlechte Detektive: Bevor sie die Fakten kennen, haben sie schon ihre Theorie und halten an ihr auch gegen die Wirklichkeit fest.

Weiterhin erspart man sich gern die Arbeit der Urteilskraft. Denn die Moral bietet zwar klare Vorgaben, aber keine fix und fertigen Entscheidungen. In der Biomedizin beispielsweise muß man sich mit einem längst selbstverständlichen Prinzip, dem Lebensschutz, überlegen, ob es Embryonenforschung geben darf; ferner ab welcher Woche ein Fötus, der den Mutterleib verläßt, «alle nur erdenkliche medizinische Hilfe» verdient. Auch spielt der Zeitindex eine Rolle. Anfangs der 70er Jahre für die Genforschung ein Moratorium zu verlangen, hat mit Moral zu tun, sie noch in unserem Jahrhundert *lediglich* mit Argwohn zu betrachten, mit fehlender Sachkenntnis. Bei derartigen Fragen sonnt sich manch einer in einem guten Gewissen, obwohl er in Wahrheit die schwierige Güterabwägung scheut.

Eine vierte Mißbrauchsstrategie wird «jesuitisch» genannt, obwohl wir sie eher vom Jakobinerterror und den totalitären Regimen unseres Jahrhunderts kennen. Danach soll der Zweck die Mittel heiligen: Das Gemeinwohl erlaube, auch Unschuldige zu bestrafen; das Wohl der Zukunft berechtige, die Gegenwart zu opfern usf.

Besonders verbreitet ist die vierte Strategie, die der doppelten Moral: Man lebt nicht nach den Maßstäben, die man an andere anlegt; oder man mißt Unrecht mit verschiedenen Ellen. So empört man sich vielleicht über die Aktionen der einen, aber nicht über die der anderen oder umgekehrt. Oder man zieht gegen die eine politische Annexion zu Felde und toleriert die vielen anderen. Oder – der Universalismus der Moral erlaubt den Blick über die Grenzen – man geißelt den Rechtsradikalismus zwar in der Fremde, besonders gern in Deutschland, aber nicht im eigenen Land. Oder man sagt «Nie wieder Auschwitz» und schweigt doch zum Völkermord in anderen Ländern.

Nicht zuletzt gibt es die Wichtigtuerei und das falsche Pathos. Da fordern Wortführer der ökologischen Debatte, ebenso schlicht wie unbescheiden, einen neue Moral. Die Nachprüfung verlangt ein Dementi. Erstens lesen wir Hans Jonas' Gedanken «Heiligkeit des Lebens» zumindest zwei Generationen früher, bei Albert Schweitzer, hier als «Ehrfurcht vor dem Leben». Zweitens täuscht sich Schweitzer, wenn er glaubt, die «europäischen Denker» wachten sorgfältig «darüber, daß ihnen kein Tier in der Ethik herumlaufe» (2006: 75). Denn schon Schopenhauer setzt sich für eine Rücksicht auf Tiere ein, vor ihm Bentham, davor Hume, noch einmal früher Montaigne; außerdem wollen wir Franz von Assisi nicht vergessen. Nicht zuletzt führt man die Umweltkrise auf einen übersteigerten Selbstbezug des Menschen zurück. In Wahrheit setzt sie dessen Lebensgrundlage aufs Spiel; sie verstößt gegen den zweifelsohne nicht neuen Gesichtspunkt, das Selbstinteresse.

Paradoxerweise bekräftigen derartige Formen des Mißbrauchs die Macht der Moral; sie bekräftigen sie sogar in drei Hinsichten, also gründlich. Bestätigt wird als erstes der Rang der Moral: Interessen zählen, Moral zählt mehr. Wie bei der Erpressung, so auch beim Mißbrauch – bekräftigt wird zweitens die Anerkennung der Moral: Nur weil man ihren überragenden Rang voraussetzen darf, kann sich der Mißbrauch dieses Ranges lohnen. Schließlich funktioniert die Kritik am Mißbrauch nur mittels der moralischen Prämisse, daß der Mißbrauch, obwohl er dem Selbstinteresse zugutekommt, der Moral widerspricht. Der beiden ersten Hinsichten wegen ist die Moral ein mächtiges Mittel für Wettbewerbsverzerrung, das mit der dritten Hinsicht dagegen Einspruch erhebt und, sobald die Argumentation überzeugt, den Einspruch schon gewonnen hat: Einmal erkannt, ist der Mißbrauch auch schon diskreditiert.

Eine Epoche, die dem Mißbrauch der Moral dadurch Vorschub leistet, daß sie zuvor der Moral zur Macht verhilft, müßte eine Theorie des illegitimen Gebrauchs entwickeln, eine Pathologie der Moral, die eine Pathologie der Medien und der Politik einzuschließen hätte. Während der bedeutendste Moralphilosoph der Neuzeit, Kant, an entsprechender Stelle, in der Schrift *Zum ewigen Frieden*, das Thema, die Beziehung von Moral und Politik, ausführlich erörtert, scheut man merkwürdigerweise heute davor zurück.

Eine künftige Pathologie müßte bei Grundfragen beginnen, beispielsweise bei einer Auseinandersetzung mit dem Satz, den ein «alter Immoralist und Vogelsteller», Nietzsche, schreibt: «Das Leben ist nun einmal nicht von der Moral ausgedacht: es *will* Täuschung, es *lebt* von Täuschung» (*Menschliches, Allzumenschliches*, Erster Band, Vorrede). Auch wäre das Verhältnis von systemischer zu personaler Moral näher zu klären. Denn die Möglichkeit, die Moral zu mißbrauchen, setzt voraus, daß sie nicht lediglich eine Eigenschaft gesellschaftlicher Systeme ist. Fortsetzen müßte sich die Pathologie in einer Topik, die mit einer Grundlegung der Mißbrauchsmöglichkeiten anfängt und über den Entwurf einer Systematik von Mißbrauchsarten bis hin zu einer Sammlung von entsprechenden Gemeinplätzen, von Topoi, reicht.

Eine Pathologie der Moral fehlt erstaunlicherweise selbst zu dem Phänomen, das weit mehr als nur einen Mißbrauch der Moral darstellt, zum Bösen. Obwohl die erste Hälfte des vergangenen Jahrhunderts an Zeugnissen überreich war und die Menschheit bis heute den Hang zum Bösen nicht abgelegt hat, sucht man, wofür einzelne Beiträge nicht ausreichen, eine philosophische Grundlagendebatte vergebens.

Eine Theorie des Bösen könnte als erstes jene verschiedenen Stufen wachsender Ohnmacht der Moral bestimmen, die in der Tradition bei der «moralischen Gebrechlichkeit» beginnt – auch wenn man nicht aus Pflicht handelt, werden die Neigungen doch so arrangiert, daß sie sich gegenseitig paralysieren – und über die «Ohnmacht des Herzens» – man handelt zwar moralisch, aber nicht aus moralischen Motiven – zur Bösartigkeit selbst reicht: Hier handelt man der Moral mit Wissen und Willen zuwider. Und eine nochmals gesteigerte Bösartigkeit besteht in der Verderbnis.

Wer verdient die Macht?

Nur die wirkliche und ungetrübte Moral läßt sich in fremde Dienste nicht nehmen. Als ein Standpunkt, der sich im Konfliktfall über die anderen Standpunkte hinwegsetzt, läßt sie sich weder kaufen noch erpressen noch verführen, und zwar weder von anderen noch von anderen Antrieben seiner selbst. Die genuine Moral will auch nichts versprechen, selbst nicht das Glück, ausgenommen das Glück, das schon in der Moral liegt, jene volle Selbstachtung, deretwegen man bei denen mit Achtung rechnen kann, auf die es ankommt, weil sie nämlich selbst moralisch denken.

Etwas, das derart jedem Preis enthoben ist, hat bekanntlich nicht mehr einen Wert, vielmehr Würde. Sie gebührt aber zunächst ausschließlich der Moral, während die meisten Menschen ihren Preis haben.

Wer der eigenen Erfahrung nicht traut, greife zur Literatur: Nach Dürrenmatts *Besuch der alten Dame* lassen sich zwei junge Burschen schon mit einem Liter Schnaps bestechen; nach Aischylos' *Sieben gegen Theben* braucht es für eine Frau, Eriphyle, nur das kostbare Halsband Harmonia; für einen Mann dagegen, so Oscar Wilde in *Ideal Husband*, die Erwartung einer politischen Karriere. Ein Sokrates, der selbst im Angesicht des Todes Unrecht lieber erleidet als es begeht, bleibt dagegen die Ausnahme. Sie allerdings ist mächtig, ohne daß man ihr Macht verleihen müßte, sogar übermächtig, da sich alle andere Macht an ihr bricht.

Weil aber der gewöhnliche Mensch von Leidenschaften bestimmt ist, verlangt die Philosophie seit der Antike, die Macht an Gesetze, sprich: Regeln, zu binden. Deren Inbegriff, das Recht, eignet sich daher als Medium der Moral, und zwar der Moral eines Gemeinwesens, der politischen Moral. Weil das Recht aber von Menschen gemacht und von Menschen gehandhabt wird, kommen deren Leidenschaften denn doch ins Spiel. Selbst durch Diskurs-Elemente können sie nur gemindert, aber nicht so grundsätzlich ausgeschaltet werden, daß sich die Mitglieder der Gesetzgebung nicht als Vertreter ihrer Klientel, sondern ausschließlich als Volksvertreter verstehen, und daß Richter stets bloß Recht sprechen und nicht auch Politik machen wollen.

Schon aus diesen Gründen weicht das positive Recht oft genug vom moralisch gebotenen Recht ab. Dazu kommt eine «Dialektik der Verrechtlichung»: Durch ein immer feiner gesponnenes Regelwerk nimmt das Medium, das jedem einen Rahmen freien Handelns garantieren sollte, das Recht, eine Einschränkung eben dieser Freiheit vor. Nicht zuletzt gibt es Unstimmigkeiten. Da verlangt das Recht vom Nachbarn, einen Baukran über seinem Grund schwenken zu lassen; wenn der Kran aber bricht, muß der Nachbar selber den Schadenspflichtigen eruieren; und weil es zu viele Kandidaten gibt – den Bauherrn, die Baufirma und die Unterfirma, den Kranhersteller, den Zulieferer, den Geräteprüfer und den Kranführer – bleibt häufig der Schaden beim Geschädigten hängen.

Um zumindest *ein* Problem zu lösen und die Macht der Leidenschaften zu bannen, soll man nach Platons *Politeia* die Macht jenen Menschen übertragen wollen, die einerseits, dank institutioneller Vorkehrungen – sie verfügen weder über Besitz noch eine eigene Familie –, keine partikularen Interessen haben und die darüber hinaus, dank einer Kenntnis der Ideen, durch und durch gerecht sind. Hobbes ist bescheidener; er wünscht seiner Staatsphilosophie nur, daß sie in die Hände eines Souveräns falle, der sie, ohne die Hilfe mißgünstiger Interpreten, selbst überdenke und durch Ausübung seiner Souveränität in praktischen Nutzen verwandle (*Leviathan*, Kap. 31). Hier ist der Philosoph nicht Herrscher, sondern lediglich Ratgeber.

Kant tritt für eine weitere Bescheidung ein: Weil «der Besitz der Gewalt das freie Urteil der Vernunft unvermeidlich verdirbt» (*Zum ewigen Frieden*, Zweiter Zusatz), weil also die Moral, einmal zur Macht gekommen, sich zu korrumpieren droht, hält er Platons Ideal für nicht wünschenswert. Keiner natürlichen Person und auch keiner Gruppe, weder einem Souverän noch einem Areopag von Wissenschaftlern, Künstlern oder Journalisten, gebührt jene Macht, die nur die Moral als solche verdient. Zur Moral gibt es aber keinen privilegierten Zugang, es sei denn, man denkt an das Privileg, das jedem Menschen offensteht und gleichwohl, wie Kant im zitierten Text, der Friedensschrift, fortfährt, «hundert Ausflüchte und Bemäntelungen» aussinnt (*Zum ewigen Frieden*, Anhang I). Das Privileg liegt bei der allgemeinen, aber menschlichen, daher nicht bloß dem Irrtum, sondern auch der Verführung ausgesetzten Vernunft. Selbst die genuin moralische Instanz, das Gewissen, bleibt als Teil einer integralen Person deren Fehlbarkeit ausgesetzt. Kein Gewissen ist rundum verläßlich, weder im Spruch des Gewissens noch in des Gewissens Macht.

Die Moral ist gewiß keine wehrlose Angelegenheit. Als eine Instanz, die über die Integrität einer Person, folglich über Selbst- und Fremddachtung entscheidet, als eine Instanz, die unseren Blick auf die Welt und die Antriebsrichtung prägt, die überdies Erwartungen schafft, das Recht verändert, dabei die Grenzen von Kulturen überschreitet und für deren Koexistenz mitzuständig ist, enthält sie ein großes Machtpotential. In der Aktualisierung aber, eingespannt zwischen Macht und Ohnmacht, überdies dem Mißbrauch, auch der Illusion ausgesetzt, bleibt die Macht der Moral stets prekär.

Anhang

Literatur

Kapitel 1

Aristoteles: Metaphysik, hrsg. v. U. Wolf, Reinbek bei Hamburg 1994.

Camus, A.: Der erste Mensch., übers. v. U. Aumüller, Hamburg 1995.

Marx, K.: Thesen über Feuerbach, in: Marx, K./Engels, F.: Marx Engels Werke (MEW), Bd. 3, Berlin 1969, 533–535.

Kapitel 2

Aristoteles: Nikomachische Ethik, übers. u. hrsg. v. U. Wolf, Reinbek bei Hamburg ³2006.

–, Politik, hrsg. v. U. Wolf, Reinbek bei Hamburg 1994.

Foot, Ph.: Die Natur des Guten, übers. v. M. Reuter, Frankfurt/M. 2004 (orig.: Natural Goodness, Oxford 2001).

Gehlen, A.: Der Mensch. Seine Natur und seine Stellung in der Welt, Berlin 1940.

Habermas, J.: Philosophische Anthropologie, in: Fischer Lexikon Philosophie, Frankfurt/M. 1958, 18 ff.; neu abgedruckt in: Ders., Kultur und Kritik, Frankfurt/M. 1973, 89–111.

Herder, J. G.: Abhandlung über den Ursprung der Sprache (1772), hrsg. v. H. D. Irmscher, Stuttgart 1979.

Höffe, O.: Lebenskunst und Moral. Oder macht Tugend glücklich?, München 2007.

Holbach, P. H. Th. d': System der Natur oder Von den Gesetzen der physischen und der moralischen Welt, übers. v. F.-G. Voigt, Frankfurt/M. 1978 (orig.: Système de la nature ou des loix du monde physique et du monde moral, London 1770).

Horkheimer, M.: Bemerkungen zur philosophischen Anthropologie (1935), in: Gesammelte Schriften, Bd. 3, Frankfurt/M. 1988, 249–276.

Kant, I.: Anthropologie in pragmatischer Hinsicht (1768), in: Gesammelte Schriften, hrsg. v. d. Preußischen Akademie der Wissenschaften, Berlin 1902 ff. (Akademie-Ausgabe), Bd. VII, 117–334.

Lukács, G.: Geschichte und Klassenbewußtsein. Studien über marxistische Dialektik (1923), Amsterdam 1992.

Maïstre, J. de: Considérations sur la France (1814), in: Œuvres complètes. Nouvelle Edition, Bd. 1/2, hrsg. v. R. de Maïstre, Lyon 1884, 1–184.

Nietzsche, F.: Zur Genealogie der Moral (1887), Bd. VI 2, hrsg. v. G. Colli/ M. Montinari, München 1968.

Platon: Protagoras, übers. v. F. Schleiermacher, in: Platon, Werke in acht Bänden, gr.-dt., Darmstadt 2005, Bd. 1.

Plessner, H.: Die Stufen des Organischen und der Mensch. Einleitung in die philosophische Anthropologie (1928), in: Gesammelte Schriften, hrsg. v. G. Dux, Frankfurt a. M. 1981, Bd. 4.

Rousseau, J.-J.: Discours sur l'origine et les fondements de l'inégalité parmi les hommes (1755), Paris 1985; dt. Über den Ursprung der Ungleichheit unter den Menschen, übers. v. K. Weigand, Hamburg 1955.

Sartre, J.-P.: Ist der Existenzialismus ein Humanismus?, in: ders., Drei Essays, Frankfurt/M 1975.

Scheler, M.: Die Stellung des Menschen im Kosmos (1928), Bonn 2007.

Kapitel 3

Aristoteles: Metaphysik, hrsg. v. U. Wolf, Reinbek bei Hamburg 1994.

Descartes, R.: Discours de la Méthode. Von der Methode (1637), franz.-dt., übers. u. hrsg. v. L. Gäbe, Hamburg 1960.

Höffe, O.: Moral als Preis der Moderne, Frankfurt/M [4]2000.

Kant, I. : Kritik der Urteilskraft (1790), in: Gesammelte Schriften, hrsg. v. d. Preußischen Akademie der Wissenschaften, Berlin 1902 ff. (Akademie-Ausgabe), Bd. V, 165–485.

Kapitel 4

Aristoteles: Politik, hrsg. v. U. Wolf, Reinbek bei Hamburg 1994.

Baxter, M. G.: Age-Related Effects on Prefrontal Cortical Systems: Translating Between Rodents, Nonhuman Primates, and Humans, in: Bizon J. L./ Woods, A. (Hg.): Animal Models of Human Cognitive Aging, New York 2007, 59–72.

Bizon J. L./Woods, A. (Hg.): Animal Models of Human Cognitive Aging, New York 2007.

Brandt, R.: Können Tiere denken? Ein Beitrag zur Tierphilosophie, Frankfurt/M. 2009.

Glock, H.-J.: «Können Tiere denken?», 2. April 2007; zwei Postskripte 2008; auf Spanisch als »La mente de los Animales», Oviedo 2008.

Newen, A./Bartels, A.: «Animal Minds and the Possession of Concepts», in: Philosophical Psychology, 20, 3 (2007), 283–308.

Perler, D./Wild, M. (Hg.): Der Geist der Tiere. Philosophische Texte zu einer aktuellen Diskussion, Frankfurt 2005.

Piscula, W.: Curiosity and Information seeking in Animal and Human Behavior, Boca Raton/Florida 2009.

Reznikova, Z.: Animal Intelligence. From Individual to Social Cognition, Cambridge 2007.

Tomasello, M.: Die Ursprünge der menschlichen Kommunikation, Frankfurt/M. 2009.

Wilson, E. O.: Sociobiology. The New Synthesis, Havard 1975.

Woods, A.: Animal Models of Human Cognitive Aging, New York 2007.

Kapitel 5

Aristoteles: Metaphysik, hrsg. v. U. Wolf, Reinbek bei Hamburg 1994.

–, Nikomachische Ethik, übers. u. hrsg. v. U. Wolf, Reinbek bei Hamburg ³2006.

–, Über die Teile der Lebewesen, übers. u. erläutert v. W. Kullmann, Berlin 2007.

Augustinus: Confessiones, dt.: Bekenntnisse, hrsg. u. übers. v. K. Flasch/ B. Mojsisch, Stuttgart 2009.

Bacon F.: The Instauratio magna Part II: Novum organum and Associated Textes, hrsg. v. G. Rees/M. Wakely, Oxford 2004.

–, New Atlantis, in: The Advancement of Learning and New Atlantis (1623), hrsg. V. Arthur Johnston, Oxford 1974; dt.: Neu-Atlantis, übers. v. G. Bugge, Stuttgart 1997.

Bloch, E.: Das Prinzip Hoffnung, Gesamtausgabe, Bd. 5, Frankfurt/M. 1959.

Diels, H./Kranz, W.: Fragmente der Vorsokratiker, 3 Bde, Zürich 1996–1998.

Jonas, H.: Das Prinzip Verantwortung. Versuch einer Ethik für die technologische Zivilisation, Frankfurt/M. 1979.

Thomas von Aquin: Summa Theologica, 5 Bde., Madrid 1957.

Kapitel 6

Höffe, O.: Ein bemerkenswerter Fortschritt, in: FAZ 29.06.2011, Nr. 148, 31.

–, Wirtschaftsbürger, Staatsbürger, Weltbürger. Politische Ethik im Zeitalter der Globalisierung, München 2004.

Kapitel 7

Kant, I.: Anthropologie in pragmatischer Hinsicht (1768), Akademie-Ausgabe, Bd. VII, 117–334.

Ortega y Gasset, J.: Betrachtungen über die Technik. Der Intellektuelle und der Andere, Stuttgart 1949.

Platon: Politeia, übers. v. F. Schleiermacher, in: Platon, Werke in acht Bänden, gr.-dt., Darmstadt 2005, Bd. 4.

Kapitel 8

Aristoteles: Politik, hrsg. v. U. Wolf, Reinbek bei Hamburg 1994.

Beck, U.: Risikogesellschaft. Auf dem Weg in eine andere Moderne, Frankfurt/M. 1986.

Freud, S.: Das Unbehagen in der Kultur (1930), in: ders., Studienausgabe, Bd. 9, Frankfurt/M. 1974.

Platon: Protagoras, übers. v. F. Schleiermacher, in: Platon, Werke in acht Bänden, gr.-dt., Darmstadt 2005, Bd. 1.

Kapitel 9

Aristoteles: Metaphysik, hrsg. v. U. Wolf, Reinbek bei Hamburg 1994.

Bujo, B.: Die ethische Dimension der Gemeinschaft. Das afrikanische Modell im Nord-Süd-Dialog, Freiburg/Schweiz 1993.

Foucault, M.: Archäologie des Wissens, Frankfurt/M. 1973 (orig.: L'archéologie du savoir, Gallimard 1969).

Geuss, R.: Public Goods, Private Goods, Princeton 2001.

Kant, I.: Kritik der reinen Vernunft (1781), Akademie-Ausgabe, A: Bd. IV, 1–252 u. B: Bd. III, 1–552.

Mong Dsi: Die menschliche Natur ist gut, in: Die Lehrgespräche des Meisters Meng K'o, übers. v. Richard Wilhelm, Köln 1982.

Kapitel 10

Bentham, J.: An introduction to the principles of morals and legislation (1789), in: The collected works of Jeremy Bentham, hrsg. v. J. H. Burns, London 1970.

Descartes, R.: Discours de la Méthode. Von der Methode (1637), franz.-dt., übers. u. hrsg. v. L. Gäbe, Hamburg 1960.

–, Die Prinzipien der Philosophie (1644), lt.-dt., übers. u. hrsg. v. C. Wohlers, Hamburg 2005.

Hobbes, Th.: Leviathan or the Matter, Form and Power of a Commonwealth, Ecclesiastical and Civil (1651), Cambridge u. a. 1991; dt. Leviathan oder Stoff, Form und Gewalt eines bürgerlichen und kirchlichen Staates, hrsg. u. eingeleitet v. I. Fletcher, übers. v. W. Euchner, Neuwied 1966.

Hume, D.: An Enquiry Concerning the Principles of Morals (1751), hrsg. v. T. L. Beauchamp, Oxford/New York, 2009.

Imboden, D.: Maßnahmen zur Erhaltung der globalen biologischen Vielfalt, in: Schweizerischer Wissenschaftsrat (Hg.): Technologien zur Erhaltung der biologischen Vielfalt, Bern 1990, 13–45.

Kant, I.: Kritik der Urteilskraft (1790) Akademie-Ausgabe, Bd. V, 165–485.

–, Metaphysik der Sitten (1797) Akademie-Ausgabe, Bd. VI, 203–494.

Markl, H.: Natur als Kulturaufgabe, Stuttgart 1986.

Meadows, D.: Die Grenzen des Wachstums: Bericht des Club of Rome zur Lage der Menschheit, Stuttgart 1972.

Kapitel 11

Hobbes, Th.: Leviathan or the Matter, Form and Power of a Commonwealth, Ecclesiastical and Civil (1651), Cambridge u. a. 1991; dt. Leviathan oder Stoff, Form und Gewalt eines bürgerlichen und kirchlichen Staates, hrsg. u. eingeleitet v. I. Fletcher, übers. v. W. Euchner, Neuwied 1966.

Kapitel 13

Herodot: Historien, übers. v. A. Horneffer, Stuttgart 1963; gr. Historiae, hrsg. v. C. Hude, Oxford 1963.

Höffe, O. (Hrsg.) : Lesebuch zur Ethik. Philosophische Texte von der Antike bis zur Gegenwart, München ⁵2012.

Nietzsche, F.: Götzen-Dämmerung (1889), in: Kritische Studienausgabe, hrsg. v. G. Colli/M. Montinari, Bd. VI 3, München 1969.

Kapitel 14

Bacon F.: The Instauratio magna Part II: Novum organum (1620) and Associated Textes, hrsg. v. G. Rees/M. Wakely, Oxford 2004.

–, New Atlantis (1623), in: The Advancement of Learning and New Atlantis, hrsg. V. Arthur Johnston, Oxford 1974; dt. Neu-Atlantis, übers. v. G. Bugge, Stuttgart 1997.

Descartes, R.: Discours de la Méthode. Von der Methode (1637), franz.-dt., übers. u. hrsg. v. L. Gäbe, Hamburg 1960.

Euripides: Die Phoinikerinnen, in: Sämtliche Tragödien in zwei Bänden, übers. v. J. J. Donner, Stuttgart 1958, Bd. 2, S. 301–365.

Hobbes, Th.: Leviathan or the Matter, Form and Power of a Commonwealth, Ecclesiastical and Civil (1651), Cambridge u. a. 1991; dt. Leviathan oder Stoff, Form und Gewalt eines bürgerlichen und kirchlichen Staates, hrsg. u. eingeleitet v. I. Fletcher, übers. v. W. Euchner, Neuwied 1966.

Kant, I.: Zum ewigen Frieden. Ein philosophischer Entwurf (1795), Akademie-Ausgabe, Bd. VII, 341–386.

Nietzsche, F.: Menschliches, Allzumenschliches (1878, 1886), in: Kritische Studienausgabe, hrsg. v. G. Colli/M. Montinari, Bd. IV 2 u. IV 3, München 1967.

–, Morgenröthe (1887), Bd. V 1, München 1971.

Platon: Politeia, übers. v. F. Schleiermacher, in: Platon, Werke in acht Bänden, Darmstadt 2005, Bd. 4.

Schweitzer, A.: Ehrfurcht vor den Tieren: Ein Lesebuch, München 2006 .

Weber, M.: Wirtschaft und Gesellschaft, Grundriß der verstehenden Soziologie (1922), Tübingen ⁵1976.

Nachweise

Ein Teil der Texte beruht auf Vorträgen. Der andere, schon veröffentlichte Teil wurde gründlich überarbeitet und aktualisiert.

Biozentrik oder Anthropozentrik? – unter dem Titel: «Biozentrische Anthropozentrik. Hierarchie des Lebendigen» veröffentlicht in: Merkur 2013/2, S. 107–117.

Können Tiere denken? Ein Literaturbericht – unter dem Titel «Wie stark ähneln wir unseren biologischen Verwandten?» veröffentlicht in: Merkur 2010/4, S. 331–336.

Prolegomena einer jeden künftigen ökologischen Politik. Neun Bausteine – unter dem Titel «Animal morale. Über das Fundament einer ökologischen Politik» veröffentlicht in: Zeitschrift für Rechtspolitik 1993/26, S. 394–399.

Mut machen – unter dem Titel «2000 Worte zur Ermutigung – Maßvolle Kritik, Sach- und Fachkenntnisse helfen, Ängste zu besiegen» ursprünglich in «StadtAnsichten», Oktober 2009 , S. 20–23.

Der Mensch zwischen Sicherheit und Risiko – Eine Kurzfassung erschien im Handelsblatt.

Über die Macht der Moral –veröffentlicht in: Merkur 1996/570–571, S. 747–760.

Personenregister

Sachregister

Aus dem Verlagsprogramm

Otfried Höffe bei C.H.Beck

Aristoteles
4., überarbeitete Auflage. 2014.
330 Seiten mit 7 Abbildungen. Paperback
Beck Paperback Band 535

Immanuel Kant
8., überarbeitete Auflage. 2014.
348 Seiten mit 8 Abbildungen. Paperback
Beck Paperback Band 506

Thomas Hobbes
2010. 251 Seiten mit 6 Abbildungen. Paperback
Beck Paperback Band 580

Kants Kritik der reinen Vernunft
Die Grundlegung der modernen Philosophie
4. Auflage. 2004. 378 Seiten. Leinen

Kants Kritik der praktischen Vernunft
Eine Philosophie der Freiheit
2012. 456 Seiten. Paperback
Beck Paperback Band 6072

Lebenskunst und Moral
oder macht Tugend glücklich?
2009. 393 Seiten. Paperback
Beck Paperback Band 1926

Kleine Geschichte der Philosophie
2., durchgesehene Auflage. 2008.
384 Seiten mit 20 schwarz-weiß-Abbildungen. Paperback
Beck Paperback Band 1597

Verlag C.H.Beck München

Otfried Höffe bei C.H.Beck

Ethik
Eine Einführung
2013. 128 Seiten. Paperback
C.H.Beck Wissen Band 2800

Lexikon der Ethik
Herausgegeben von Otfried Höffe,
in Zusammenarbeit mit Maximilian Forschner,
Christoph Horn und Wilhelm Vossenkuhl
7., neubearbeitete und erweiterte Auflage. 2008. 379 Seiten.
Paperback
Beck Paperback Band 152

Lesebuch zur Ethik
Philosophische Texte von der Antike bis zur Gegenwart
Herausgegeben von Otfried Höffe
5., durchgesehene Auflage. 2012. 456 Seiten. Paperback
Beck Paperback Band 1341

Demokratie im Zeitalter der Globalisierung
2002. 476 Seiten. Paperback
Beck Paperback Band 1459

Ist die Demokratie zukunftsfähig?
Über moderne Politik
2009. 334 Seiten. Paperback
Beck Paperback Band 1911

Wirtschaftsbürger, Staatsbürger, Weltbürger
Politische Ethik im Zeitalter der Globalisierung
2004. 309 Seiten. Broschiert

Verlag C.H.Beck München